中国共同富裕研究文库·典型案例

共同富裕实践探索

| 浙江案例 |

主　编◎文雁兵　卢新波
副主编◎欧阳仁根　顾骅珊

PRACTICE EXPLORATION
OF COMMON PROSPERITY

ZHEJIANG CASE

ZHEJIANG UNIVERSITY PRESS
浙江大学出版社
·杭州·

图书在版编目（CIP）数据

共同富裕实践探索：浙江案例 / 文雁兵，卢新波主编. — 杭州：浙江大学出版社，2025. 6. — ISBN 978-7-308-26232-3

Ⅰ. F127.55

中国国家版本馆 CIP 数据核字第 2025GE6913 号

共同富裕实践探索：浙江案例

文雁兵　卢新波　主编

策划编辑	吴伟伟
责任编辑	丁沛岚
责任校对	陈　翩
封面设计	雷建军
出版发行	浙江大学出版社
	（杭州市天目山路 148 号　邮政编码 310007）
	（网址：http://www.zjupress.com）
排　　版	大千时代（杭州）文化传媒有限公司
印　　刷	杭州高腾印务有限公司
开　　本	710mm×1000mm　1/16
印　　张	17.25
字　　数	232 千
版 印 次	2025 年 6 月第 1 版　2025 年 6 月第 1 次印刷
书　　号	ISBN 978-7-308-26232-3
定　　价	88.00 元

总　序

在全面建设社会主义现代化国家、向着第二个百年奋斗目标迈进的新征程中，扎实推进共同富裕是重大战略任务。党的十九大报告提出，到 21 世纪中叶，"全体人民共同富裕基本实现，我国人民将享有更加幸福安康的生活"①。党的十九届六中全会进一步提出，要"立足新发展阶段、贯彻新发展理念、构建新发展格局、推动高质量发展，全面深化改革开放，促进共同富裕"，"协同推进人民富裕、国家强盛、中国美丽"。② 完成这样的战略任务，需要就共同富裕涉及的一系列重大问题，就理论与实践的结合做出符合我国实际的回答。由嘉兴大学中国共同富裕研究院与浙江大学出版社共同策划的以共同富裕为主题的综合文库的出版发行，适应了时代和实践发展的需求，是极具意义的事情。我们向文库的出版表示热烈祝贺！向为文库出版做出贡献的学者们和出版社的同志们表示衷心的感谢！

共同富裕是马克思主义的一个基本目标，也是自古以来我国人民的一个基本理想，是中国共产党自成立以来团结带领人民矢志不渝艰苦奋斗的基本希望。在新民主主义革命时期，中国共产党团结带领人民，经过艰苦卓绝的反对帝国主义、封建主义、官僚资本主义，争取民族独立人民解放的斗争，取得革命的胜利，建立了新中国，为实现国家繁荣富强和全体人民共同富裕创造了根本社会条件。在社会主义革命和建设时期，经过艰苦奋斗，实现了从新民主主义到社会主义的转

---

① 习近平.决胜全面建成小康社会　夺取新时代中国特色社会主义伟大胜利[N].人民日报，2017-10-28(001).

② 中共中央关于党的百年奋斗重大成就和历史经验的决议[N].人民日报，2021-11-17(001).

变,建立了社会主义制度,为实现中华民族伟大复兴和共同富裕奠定了根本政治前提与制度基础。在改革开放和社会主义现代化建设新时期,经过艰辛探索打破传统体制束缚,推动解放和发展社会生产力,创造了改革开放和社会主义现代化建设的伟大成就,实现了从高度集中的计划经济体制到充满活力的社会主义市场经济体制、从封闭半封闭到全方位开放的历史性转变,实现了从生产力相对落后的状况到经济总量跃居世界第二的历史性突破,实现了人民生活从温饱不足到总体小康、奔向全面小康的历史性跨越,推进了中华民族从"站起来"到"富起来"的伟大飞跃。

党的十八大以来,以习近平同志为核心的党中央将实现全体人民共同富裕摆在更加重要的位置上,采取有力措施保障和改善民生,带领人民打赢脱贫攻坚战,全面建成小康社会,创造了世所罕见的经济快速发展奇迹和社会长期稳定奇迹,为促进共同富裕创造了更加良好的条件。2021年,国内生产总值达到114万亿元,人均生产总值超过1.25万美元,超过世界平均水平。在实现共同富裕的实践奋斗中,习近平总书记指出:"共同富裕是社会主义的本质要求,是人民群众的共同期盼。我们推动经济社会发展,归根结底是要实现全体人民共同富裕"①,"共同富裕本身就是社会主义现代化的一个重要目标。我们要始终把满足人民对美好生活的新期待作为发展的出发点和落脚点,在实现现代化过程中不断地、逐步地解决好这个问题"②。"共同富裕是全体人民的富裕,是人民群众物质生活和精神生活都富裕,不是少数人的富裕,也不是整齐划一的平均主义,要分阶段促进共同富裕。"③"实现共同富裕不仅是经济问题,而且是关系党的执政基础的重大政

---

① 习近平.关于《中共中央关于制定国民经济和社会发展第十四个五年规划和二〇三五年远景目标的建议》的说明[N].人民日报,2020-11-04(001).
② 完整准确全面贯彻新发展理念 确保"十四五"时期我国发展开好局起好步[N].人民日报,2022-01-30(001).
③ 在高质量发展中促进共同富裕 统筹做好重大金融风险防范化解工作[N].人民日报,2021-05-18(001).

治问题。我们决不能允许贫富差距越来越大、穷者愈穷富者愈富，决不能在富的人和穷的人之间出现一道不可逾越的鸿沟。"①这些主张，标志着中国共产党对共同富裕的认识达到了更高的理论高度。

但要看到，逐步实现全体人民共同富裕，也面临发展不平衡不充分的挑战：地区、城乡居民收入差距和城乡居民内部收入差距需要进一步缩小，中等收入群体需要进一步扩大，教育、卫生、社会保障等领域需要进一步实现社会公平，特别是受新冠肺炎疫情冲击和外部环境影响，当前经济发展还面临需求收缩、供给冲击、预期转弱三重压力。这说明扎实推进共同富裕是一项长期任务。在新的征程上，要逐步实现全体人民共同富裕，更好满足人民日益增长的美好生活需要，必须进一步推动经济高质量发展，全面深化改革，付出更为巨大的努力。必须进一步推动经济高质量发展。发展是解决一切问题的基础和关键，没有高质量发展，就不可能实现共同富裕。因此，要坚持以人民为中心的发展思想，坚持以经济建设为中心，贯彻新发展理念，大力发展生产力，以现代经济的高质量发展促进共同富裕。实现高质量发展，一要大力推动创新，包括科技创新、制度创新、理论创新和文化创新等，着力解决发展不充分的问题。二要大力调整结构，着力解决发展不平衡的问题。调整区域结构，实施区域重大战略和区域协调发展战略，解决区域发展不平衡问题，缩小地区差距；调整产业结构，解决产业不平衡问题，促进三次产业协调发展；调整城乡结构，实施乡村振兴战略，推动"四化"同步，推动城乡协调发展，缩小城乡差距。三要大力推进绿色发展，加强环境保护，建设生态文明。加强生态环境综合治理和生态保护修复，持续改善生态环境；发展低碳经济，全面提高资源利用效率，稳步推进碳达峰、碳中和；促进人与自然和谐共生，在绿色发展中实现高质量发展。四要大力进行开放发展。抓住全面建设社会主义现代化国家新阶段和世界百年未有之大变局的新机遇，构建以

---

① 习近平.把握新发展阶段,贯彻新发展理念,构建新发展格局[J].求是,2021(9).

国内大循环为主、国内国际双循环相互促进的新发展格局；构建对外开放新体制；构建人类命运共同体。五要大力促进共享发展。坚持全民共享、全面共享、共建共享、渐进共享。

同时要全面深化改革，为扎实推进共同富裕提供强大动力和制度保证。一要在改革实践中坚持和完善社会主义基本经济制度。坚持公有制为主体、多种所有制经济共同发展，毫不动摇地巩固和发展公有制经济，毫不动摇地鼓励支持引导非公有制经济的发展；坚持按劳分配为主体、多种分配方式并存，允许鼓励支持一部分地区和个人靠诚实劳动和合法经营先富起来，先富起来的地区和个人要带动相对落后的地区和个人，实现共同富裕；坚持社会主义市场经济体制，充分发挥市场在资源配置中的决定性作用，更好发挥政府作用。二要深化企业改革。企业是最主要的市场主体，既是实现经济高质量发展的主力军，也是通过初次分配"分好蛋糕"，扎实推动共同富裕的主力军。据国家市场监督管理总局统计，至 2021 年底，在我国 1.54 亿户市场主体中，企业有 484.3 万户。这些企业的效益如何、初次分配如何，对实现高质量发展和共同富裕至关重要。企业改革要分类进行，但要坚持建立和完善中国特色社会主义现代企业制度的共同目标，着力探索公有制为主体、多种所有制经济共同发展的实现形式，培育社会主义市场经济具有活力和创造力的市场主体。在努力提高企业效益的基础上，坚持效率与公平统一的原则，处理好初次分配关系，处理好资本与劳动的分配关系。三要深化宏观领域改革，更好发挥政府作用。加强科学宏观政策调节，合理调节城乡、区域、不同群体间分配关系。构建初次分配、再分配、三次分配协调配套的基础性制度安排，鼓励高收入人群和企业更多回报社会。加大税收、社保转移支付等调节力度并提高精准性，增加低收入群体收入，扩大中等收入群体比重。建立全国统一大市场，完善要素市场，规范市场秩序，充分发挥价格、供求、竞争等市场机制的调节作用。整顿收入分配秩序，坚决取缔非法收入，依法保护合法收入，合理调节过高收入，促进社会公平正义。四要深化社会保障制度改革。建立科学的公共政策体系,促进基本公共服务均等化,不断提升公共服务水平,着力解决人民群众普遍关心关注的民生问题。要尽力而为量力而行,形成人人享有的合理分配格局。重点加强基础性、普惠性、兜底性民生保障建设,为人民提高受教育程度、增强发展能力创造更加普惠公平的条件,给更多人创造致富机会,形成人人参与的发展环境。完善养老和医疗保障体系、兜底救助体系、住房供应和保障体系。五要全面深化供给侧结构性改革。提高发展的平衡性、协调性、包容性,增强区域发展的平衡性,强化行业发展的协调性。尤其要在全面脱贫基础上,巩固拓展脱贫攻坚成果,全面推进乡村振兴,千方百计增加农民的收入,加强农村基础设施和公共服务体系建设,改善农村人居环境,促进农民农村共同富裕,以缩小城乡收入差距。六要深化上层建筑领域改革,促进全体人民精神生活共同富裕。培育和践行社会主义核心价值观,深化群众性精神文明创建。繁荣新闻出版、广播影视、文学艺术、哲学社会科学和档案等事业,不断满足人民群众多样化、多层次、多方面的精神文化需求。浙江,是中国革命红船起航地、改革开放先行地、习近平新时代中国特色社会主义思想重要萌发地。2021年5月,中央赋予浙江高质量发展建设共同富裕示范区、率先破解共同富裕普遍性难题和创新共同富裕体制机制的光荣使命,这是习近平总书记亲自谋划、亲自定题、亲自部署、亲自推动的重大战略决策,既体现了党中央对浙江的高度信任,也寄托了全国人民的殷切期望。

嘉兴大学,是中国革命红船旁的百年红色学府,时刻牢记习近平总书记"努力把学校办成一所有特色、善创新的综合性大学"的殷切嘱托,大力弘扬伟大建党精神、红船精神,自觉扛起总结共同富裕实践经验和推进理论创新的使命担当。2021年3月,嘉兴大学联合省市相关政府部门组建中国共同富裕研究院,构建集共富论坛、共富讲堂、共富宣讲团、共富案例库、共富数据库于一体的"共同富裕+"研究和活动矩阵,努力打造宣传中国共同富裕思想创新、理论创新和实践创新的重要阵地，奋力建设展示浙江高质量发展建设共同富裕示范区重要成效的"重要窗口"。嘉兴大学中国共同富裕研究院成立虽然时间不长，但已经得到学界、政界、社会和媒体的广泛支持，取得了阶段性的系列重要成果，正在产生共同富裕研究的广泛社会影响。

"中国共同富裕研究文库"是嘉兴大学中国共同富裕研究院与浙江大学出版社共同策划出版的共同富裕主题综合文库，包括学术研究、典型案例、发展报告、指数分析、名家谈、青年说等系列，内容丰富，分量厚重，意义深远。立时代之潮头，通古今之变化，发思想之先声，积极为党和人民述学立论，既是责任，更是担当。热切地期望，该文库的出版能够以多角度、多维度、多层次的理论创新，为浙江高质量发展建设共同富裕示范区和全国扎实推进共同富裕，提供思想、理论和智力支持。

实践在发展，时代在前进。在社会主义现代化建设和实现共同富裕的征程中，必定会出现许多新情况，面临许多新问题，让我们紧跟实践发展和时代前进的步伐，探索不止，创新不止，为建成社会主义现代化强国、实现中华民族伟大复兴贡献智慧和力量！

逄锦聚　南开大学讲席教授

嘉兴大学中国共同富裕研究院学术委员会主任

目　录

导　言

共同富裕是社会主义的内在要求,也是人民群众的共同期盼。党的二十大报告指出,中国式现代化是全体人民共同富裕的现代化。《中华人民共和国国民经济和社会发展第十四个五年规划和 2035 年远景目标纲要》明确赋予浙江高质量发展建设共同富裕示范区的重大任务。2021 年,中共中央、国务院颁布《中共中央　国务院关于支持浙江高质量发展建设共同富裕示范区的意见》,提出浙江建设共同富裕示范区,到 2025 年,取得明显实质性进展;到 2035 年,基本实现共同富裕。为全面落实《中共中央　国务院关于支持浙江高质量发展建设共同富裕示范区的意见》,浙江省出台了《浙江高质量发展建设共同富裕示范区实施方案(2021—2025 年)》,对共同富裕示范区建设作出了具体部署,强调"创造性系统性落实示范区建设各项目标任务,率先探索建设共同富裕美好社会,为实现共同富裕提供浙江示范"。

浙江富裕程度较高、发展均衡性较好、改革创新意识强烈,省内部分县(市、区)、乡(镇、街道)、村(社区)、企业在"做大蛋糕""做优蛋糕""切好蛋糕"工作上具有一定先发优势,在解决地区差距、城乡差距、收入差距,以及在劳动就业、收入分配、教育、社保、医疗、住房、养老、托幼等民生福祉工作和体制机制创新上有一定的成功经验,为推进共同富裕奠定了坚实基础。

为总结提炼和宣传展示浙江部分县(市、区)、乡(镇、街道)、村(社区)、企业"逐步共富""共建共富""全民共富""全面富裕"的实践创新和经验做法,营造全面推进共同富裕先行示范、创新建设的良好氛围,为共同富裕理论研究提供实践指导,由浙江省社会科学界联合会指导,嘉兴大学中国共同富裕研究院、浙江省农村发展研究中心、浙江大学区域协调发展研究中心、浙江省共同富裕研究智库联盟、浙江大学共享与发展研究院、浙江大学民营经济研究中心、浙江省发展和改革研究所(排名不分先后)共同开展"浙里共富"调研活动,通过实践调研、案例研究、座谈交流、学术研讨等方式,推进浙江高质量发展建设共同富裕示范区的理论创新、经验总结和宣传推广。

本次活动最终形成较高质量案例成果 18 篇,总结了省内各地依靠当地特色产业、依托美丽乡村建设、通过村集体带动、发动妇女与乡贤等多元主体实现共富的不同经验。

一、立足优势,产业共富

乡村要发展,产业是关键。共同富裕离不开产业的发展,省内多地结合本地优势资源,在挖掘农产品自身价值基础上,以农产品为基础延伸产业链,实现以一产为基础,接"二"连"三",延展农产品的价值链,持续提升农产品的附加值,如绍兴市嵊州市三界镇以粮为业、杭州市西湖区外桐坞村与湖州市长兴县滩龙桥村以茶为业、绍兴市柯桥区棠棣村以花为业、杭州市桐庐县钟山乡以快递为业,延伸乡村产业链条、拓展产业范围、丰富产业功能、提升产业层次,激发农民追求共同富裕的不竭动力。

绍兴市嵊州市三界镇素有"嵊北粮仓"之称,种粮氛围浓厚。2021年,落实粮食作物播种面积 2.3 万公顷,实现粮食总产量 13.8 万吨。成功实施万亩订单粮基地建设,建立了一二三产联动机制。三碗米业作为绍兴市农业龙头企业、浙江省骨干农业龙头企业、浙江粮仓试点定点单位,在嵊州粮食全产业链建设中充分发挥链主作用,积极承担链主责任,在嵊州市政府的大力支持下,通过"公司+合作社+农户""基地+农户"等合作方式,以契约和订单等形式,紧密联结链点企业和农户,构建了嵊州完整的粮食产业链。三碗米业在推动粮食安全建设的同时,也树立了带动农民共同富裕的典型。《绍兴嵊州市三碗米业:以契约联结农户同奔共同富裕路》通过实地调研,总结了"以三碗米业为龙头企业搭建粮食全产业链、通过多样化的合作形式借助订单联农带农、坚持提供良种从源头保障终端的粮食品质、政府引导多元主体提供全程社会化服务、提高企业核心业务质量夯实全产业链基础"的主要做法,提炼出三碗米业"依靠灵活多样的联农带农方式建链紧链、不断提升自身核心业务竞争力稳链强链、坚持以提供多种支农助农服务稳链益链、以政府有力的政策保障为后盾撑链带链"等联合其他组织为农民搭建平台、提高农民收入、带动农民共同富裕的经验启示。在此基础上,文章亦指出了嵊州三界粮食全产业链建设及三碗米业本身存在的问题,包括产业链的利益联结不够紧密,欠缺稳定性;产业链延伸不足,降低了产业链的整体收益;企业自身存在仓储能力有限和粮食损耗较高等经营性问题;粮农的融资问题、保险问题等,并提出了相关的发展建议,包括推动利益共同体的形成、延伸产业链、加强自身实力、强化政府支持保障等。

茶为国饮,杭为茶都,中国国际茶叶博览会永久会址落户杭州市龙坞镇。杭州龙坞省级特色小镇、国家 4A 级景区龙坞茶镇,四周群山环绕,茶园茶山连绵起伏,是西湖龙井最大产区,素有"万担茶乡"之称,通过"茶产业+旅游业+文化艺术"融合发展,已经形成九街"茶专业市场"、长城埭村"茶庄园"、外桐坞村"茶画艺术小镇"及何家村"茶文创+婚庆+低空飞行"等特色经济形态,基本实现"物质富裕、精神富有"。其中,外桐坞村就处于素有"万担茶乡"之称的龙坞茶叶基地之中,是西湖龙井茶的主要产地。外桐坞村以强化党建引领思想铸魂提升管理为前提,以美丽乡村景区村庄环境建设为基础,以"茶画融合"主题服务平台建设为抓手,成功吸引大批画家入驻,推动了村庄文化品质提升,进而带动民宿、文创、研学等新兴产业发展、综合效益提升,村集体年收入达到 600 万元,人均年收入达到 7 万元。这里已经成为浙江省委党校和浙江大学全国干部培训现场教学点。《杭州市西湖区外桐坞村:"茶画融合"引领共富新格局》指出,外桐坞村通过抓班子带队伍,让团队"强"起来;抓产业促发展,让村民"富"起来;抓整治强民生,让村风"美"起来;抓党建优服务,让村庄"红"起来。该村村两委的思想站位高,美丽村庄的形象打造效果好,村庄产业发展定位准,村庄文旅产业融合深,村庄精细管理有效率。同时,结合乡村振兴、共同富裕和"重要窗口"建设的战略要求,针对践行乡村合作、探索制度创新、打造高端平台、深化产品研发及谋求共享发展等重大问题,指出该村需要进一步强化乡村合作与探索制度创新相统一、坚持物质富裕与精神富有相统一、坚持效率优先与公平正义相统一、坚持普遍富裕与差别富裕相统一及坚持创新创业与共建共享相统一。

湖州市长兴县滩龙桥村享有"江南白茶第一村"的美誉。该村过去产业结构单一,经济发展水平较为滞后,农民生活水平相对较低。自2019年始,滩龙桥村茶产业进入快速发展阶段,围绕"绿色经济、美丽经济"打造"一村一品"(白茶品牌)、"一村一景"(霞幕湖景区)、"一村一韵"(茶文化韵味)、"一村一特色"(茶+文旅特色产业)的总体规划,滩龙桥村将茶产业作为支柱产业、特色产业,发挥产业联盟会的优势,严格把控茶叶质量,不断延伸产业链、提升价值链,形成"江南白茶第一村"的"一村一品"品牌效应;大力开发霞幕湖景区,发展"美丽经济",以"强村公司+村组入股+党群参与"的模式开展景区管理,实现由共建到共享的"一村一景";成立和平镇非物质文化遗产传承体验基地、建设江南白茶博物馆,开展茶文化的宣传、展示和培训等工作,形成内涵丰富的"一村一韵";培育茶产业和文旅产业为村集体经济特色产业,发掘"茶+生态涵养""茶+休闲观光""茶+文化体验"等新业态,打造农村产业融合发展的"一村一特色"。《湖州市长兴县滩龙桥村:从一片叶子富一方百姓到富多方百姓》指出,滩龙桥村的发展得益于该村以基层党组织的建设为抓手,组建"政策明白人"队伍、"致富带头人"队伍和"稳定协调人"队伍,领导基层治理、引领茶产业发展、协调和团结群众,以茶为业,开辟出一条茶园种出"金元宝",景区长出"摇钱树",乡村变成"聚宝盆"的致富之路。

绍兴柯桥区棠棣村素有"千年兰乡"的美誉,是一个以花闻名、以花为业、以花致富的小山村。自1980年起,棠棣村的人们以"一根扁担闯天下"的干劲将棠棣的花木销往全国。近些年来,棠棣村立足传统兰花种植产业,以农村三产融合为抓手,探索出一条由"兰"文化传承、花木产业培育和美丽乡村建设相结合的绿色经济发展道路。棠棣村以花为媒发展特色花木种植基地,并整合农业资源开展文化旅游,依托"花木种植""花木基地"和"文旅＋研学"三种路径,实现从美丽生态到美丽经济的转变,创新完成强村富民任务,逐步走出以"人勤春早"的棠棣精神为内涵的"农旅结合、三产融合"的绿色经济发展之路。《绍兴市柯桥区棠棣村:以花闻名、以花为业、以花致富的"千年兰乡"蝶变之路》一文从"绿水青山就是金山银山"理念和三产融合背景出发,探讨了以勤俭、勤快、勤奋、勤劳、勤勉"五勤"为内涵的棠棣模式。其主要做法可用"三个一"来概括:一个定位谋全局,即找准一个以"花满棠棣"IP品牌为中心、两大高地为目标、三大产业为引擎的发展定位;一种模式促增收,即探索出一种合作共赢、村企合营的"棠棣模式";一种理念贯始终,即坚持党建统领、绿色发展、数字赋能,全力打造气质乡村。"棠棣模式"营造出"艺术村落、花居生活"的乡村生活场景,"花乡棠棣、人勤春早"的花木产业场景和"花间趣玩、田园研学"的亲子研学场景。在进一步改革和发展中,棠棣村要解决产业融合中村域内改革空心化、村落布局内空外延、集体经济与个体经济发展不平衡、村民情感关系弱化等问题,只有这样,才能以互助共享为导向铺就共同富裕新路,以人文精神为核心扮靓农家富足生活,以凝聚共富主体之向心力振兴花满棠棣。

杭州市桐庐县钟山乡位于桐庐县中南部,属典型的山区乡镇,拥有"中国民营快递第一乡"之称,全乡5000余人在外从事快递产业,占据快递业大半份额的"三通一达"创始人均来自钟山。2021年4月6

日,浙江省桐庐县一季度片区常委会确定了钟山乡共同富裕的主题,要求钟山利用好快递(企业)等资源和特色,探索建设共同富裕示范乡镇。同年 6 月 12 日,桐庐县正式将钟山乡确立为全县唯一的普惠制共同富裕示范乡。作为著名的"三通一达"快递企业发源地,钟山乡风文化浓厚,乡贤回馈家乡热情高涨,加上快递行业显著的资源禀赋优势,为逐步启动共同富裕建设工作奠定了良好的基础。目前,钟山乡已与以中通、圆通、申通、韵达为代表的大型快递企业达成共识,在全面推进钟山乡实现共同富裕的工作中成立共建联盟。一方面,全面启动农户家庭情况地毯式摸底调查,初步确定子胥、歌舞、夏塘三个快递村建立共同富裕联合体,先走共富路;另一方面,找准方向,对接快递乡贤资源,盘活农村闲置生产要素,创新股份经济合作社的管理运营模式,推广公益性帮扶举措,力争在"先富带后富"的体制机制上实现突破。《杭州桐庐县钟山乡:以快递产业为支撑的政企协同共富之路》指出,钟山乡通过政企协同,以快递产业为支撑,充分盘活当地的山水、农特、石材等特色资源,积极探索致富路径,为其他乡镇同走共富路提供了示范和经验。具体做法包括:推进快递回归项目落地,为共同富裕提供经济支撑;以快递回归带动农旅发展,发挥共同富裕辐射效应;美丽环境生成美丽经济,涵养共同富裕美丽气质;数字农业与数字乡村建设,为共同富裕注入新动能;以制度建设实现整体帮促共富,夯实共同富裕制度基础;强化完善公共服务与社会保障,力保共同富裕覆盖全面;加强精神文化与乡风文明建设,以共富文化引领共同富裕。钟山乡共同富裕的探索表明,建设共同富裕示范乡,需要依托乡镇的既有资源与特色,在结对帮富、项目带富、创业致富、环境促富、文明引富、体制保富等六方面做出探索和实践。

二、诗画浙江,文旅共富

浙江是"绿水青山就是金山银山"理念的发源地,也是全国最早开展乡村振兴战略实施的省份之一,农村发展起步早、基础好、效果佳。自党的十九大提出实施乡村振兴战略以来,浙江全省上下把乡村振兴作为高水平全面建成小康社会的重要抓手,多年来坚持推动"千村示范,万村整治"工程,并于2017年6月首次提出"万村景区化"战略。万村景区化就是要通过乡村景区化,以旅游产业发展带动乡村特色产业体系构建、村民增收、乡村生态环境提升。舟山普陀区东极镇、杭州临安"龙门秘境"村落、湖州安吉县横山坞村和受荣村等地根据党中央及浙江省委的指示精神,在农村改革建设的大环境下,严格贯彻"绿水青山就是金山银山"理念,提升发展乡村旅游、民宿经济,使山水景观和城乡建设互为一体,自然风情与民俗文化相得益彰,努力成为诗画浙江、文旅共富的样板。

　　舟山市普陀区东极镇地处中国海洋最东端的边境岛屿,处于舟山渔场的中心位置,海洋生态环境多样,具有丰富的鱼类资源,有着"海上粮仓"的美誉。渔业是全镇的传统产业,当地居民几乎人人皆渔民,从事着与传统渔业相关的行业。但是,由于前些年的过度捕捞和粗放经营,东极镇渔业资源已大幅萎缩,传统渔业产业进入瓶颈期。同时,东极镇是21世纪中国第一缕曙光的照射地,被称为"东海极地",具有得天独厚的海洋旅游资源和浓郁的渔家文化,其不仅有着十分丰富的自然景观,奇石嶙峋、礁岩交错、阳光充沛、水质清澈,而且拥有被称为"海上布达拉宫"的渔村石屋建筑群落和大树湾历史文化村,还有不同种类的野生海鲜、淳朴的渔家生活方式和渔乡风情浓厚的民间绘画,具有极高的旅游开发价值。但是,由于东极镇的海岛基础设施建设落后,土地资源短缺、生态系统脆弱、品牌意识较差等问题,旅游产业的发展面临着重重挑战。面对海岛创新发展的瓶颈和挑战,东极镇立足海洋优势,坚持渔业和旅游业"双轮驱动",深入探索物质富裕、生态良好和人民满意的有机统一,为浙江建设共同富裕示范区提供了典型的案例。《舟山市普陀区东极镇:"渔旅双轮驱动"带共富》一文分析了东极镇的共富做法,即渔旅结合:兴产业,成为"渔旅融合的海洋经济典范镇"；以旅促渔：保生态，成为"海洋生态文明的示范镇"；渔旅齐飞：强品牌，成为"海岛形象的窗口镇"；渔旅智建：融数字，成为"科技兴海的展示镇"；渔旅统筹：创机制，成为"海岛共富的引领镇"。"十三五"期间，东极镇积极打造共同富裕基本单元，推进传统产业、资源环境、海岛文化、基础设施、基层治理、民生项目的建设与创新，实现了海岛面貌的精彩蝶变，初步勾勒出"岛在海中居、人在画中居，客在景中游"的美好图景。东极镇通过实施"渔旅双轮驱动"工程，加快产业结构调整，发力海洋科技创新，拉长做厚旅游产业链，在兴产业、保生态、强品牌、融数字、创机制等方面探索出了鲜明的具有地域特色的发展模式，开辟并带动了东极镇渔民及周边海岛的共同富裕之路。

　　杭州市龙门秘境村落景区位于临安区东北部的高虹镇、天目山脉北麓，中苕溪的源头猷溪贯穿全境，融合了高虹镇境内石门村历史村落、龙上村攀岩体验、大山村生态休闲三个特色村共同打造的村落景区。大鱼线将石门村、大山村及龙上村三个村聚集串联起来，是临安区重点打造的示范型村落景区之一。高虹镇"龙门秘境"村落景区作为浙江省 6 个农村乡镇综合改革集成示范区试点之一，以"生态秘境、攀岩胜地、运动山乡、传统村落"为基本定位，突出自身特色，以生态保护为先，实施控制性适度开发，发挥石门文化、龙上运动、大山休闲、动静结合、功能互补的优势，实现了三个村庄的组团发展。以乡村产业发展为重要目标，在原来美丽乡村、历史文化村、村庄生态修复等项目基础上进行提升，将环境整治、景区建设和产业培育"三合一"，积极培育旅游休闲观光新业态，深度挖掘"龙门秘境"乡土文化，打造"百年古村落、千年大梯田、万年峭岩壁、亿年巨石阵"IP 概念和品牌形象，打通"绿水青山"与"金山银山"双向路径。《杭州市临安区"龙门秘境"村落景区：乡村运营让乡村风景更有"钱景"》一文以龙门秘境为案例，分析了该景区如何通过三村联创促使资源整合串联，提高旅游吸引力；通过运营宣传等方式将农特产品进行推广，稳步提升村民收入；响应"两进两回"行动，实现村落景区的可持续发展。并提出有针对性的发展建议:吸引多家投资商和运营商,减少单一风险;充分了解村民需求,增强村民的内生动力;缩减村落间投资差异,提倡均衡发展;避免过于强调本地村民,完善新村民入驻机制。临安区高虹镇龙门秘境村落景区已成为乡村振兴、共同富裕较为成功的案例,为全省探索乡村运营提供了示范和经验。

　　湖州市安吉县是"绿水青山就是金山银山"理念诞生地、"中国美丽乡村"政策发源地,部分区域具有每立方厘米空气中含 3 万个负氧离子的优越自然环境,在发展生态经济、推进生态致富方面具有得天独厚的生态资本。随着浙江村庄景区化和全域旅游工作的有序推进,安吉县横山坞村较早启动了民宿旅游产业,在乡村振兴、共同富裕等多方面积累下不少典型经验,成为安吉县民宿产业的代表,其中又以"小瘾·半日村"为佼佼者。"小瘾·半日村"民宿村落位于灵峰国家级旅游度假区横山坞村,2014 年,村民开始陆续搬迁,该村成为一个典型的"空心村"。为有效盘活闲置资产,灵峰度假区(街道)和横山坞村通过土地收储托管、山林资源流转等举措,积极吸引工商资本入驻。2015 年,安吉半日村文化休闲有限公司对该村落进行整体规划和建筑改造,共改建房屋 71 幢。一是有效盘活了闲置资源:通过民宿村落项目入驻,使得原先空置的土地、房屋、山林、茶园等资源得到有效利用,横山坞村抢抓机遇,积极配合民宿经济产业链延伸,大力发展乡村旅游业,快速拉动起了村庄资源经营。二是解决了"空心村"治理的问题:通过打造民宿村落,把一个原先垃圾遍地、残墙破壁的村庄打造成环境优美、业态丰富的艺术乡村,激活了山野乡村独特耀眼的生态价值。三是促进了村民就地就业:民宿运营中的管家、餐饮、客房、清洁等多种岗位解决了 120 多位村民就业,特别是解决了一批"4050"劳动力的就业问题,让村民在家门口有班上、在村里有钱赚。安吉"小瘾·半日村"民宿村落是国内首个以"集群民宿村落"概念打造的集书、花、茶、餐、宿于一体的乡村旅游综合体。《湖州市安吉县横山坞村:从"空心村"到民宿"网红村"的共富之路》指出,该村三方共管,最大限度地保护生态底色；品牌塑造，最大程度地实现乡村价值；创造生活，最大强度地彰显乡村魅力；"网红"效应，最大力度地融合多元文化。通过产业带动，促进了乡村经营；通过品牌效应，推动了项目发展；通过放管结合，实现了合作共赢。把一个破败的"空心村"打造成集高端休闲旅游、艺术文化创意于一体的新晋"网红"民宿村落，为我国的生态资源的产品价值实现和乡村振兴提供了一种新范式。

湖州市安吉县受荣村景区拥有森林、水库、竹海、草原、沙滩等天然的生态资源，坐拥青山绿水，具有白茶和毛竹的生态产业优势，探求出了自然资源与旅游经济完美结合的发展方式。天子湖镇受荣村旨在打造"乐游云端，阳光沙滩"的独特美域，让游客找到宾至如归、意享山水、怡然自得的生态旅游体验。这一生态致富思路符合我国当前社会主义生态文明发展战略，与安吉美丽乡村的建设主题相符，当地的生态旅游业、民宿、农家乐等服务产业也满足了游客对于美好生活的需求，为村民实现共同富裕找到了新路径。《湖州市安吉县受荣村：构建社会资本与农户利益联结机制促进农民共同富裕》指出，受荣村的主要经验包括：基层"五好党建"发挥信任、互惠、合作的社会资本组织功能，推进村庄实现"美丽乡村→美丽环境→美丽经济"的迭代升级；创立生态旅游开发的天衡公司，吸引天韵公司的社会资本嵌入生态旅游经济，激活村民致富的主体力量，发挥资本聚合效应，共同创造生态旅游效益；构建生态旅游网络，吸引人力资本的有效注入和持续运行，解决生态旅游产业在生态经济人才、生态保护技术和项目方案论证等方面面临的问题；开发自然生态资源，培育特色旅游景点，打造农业全产业链模式，健全现代农业全产业链标准体系，培育新型农业经营主体，促进村企合作增创增收，扩大村民产业增值收益，实现了社会资本带动旅游地农户共同开发生态旅游产业的共同富裕。文章强调受荣村今后发展应充分发挥基层党建的组织功能，扩展生态主体的社会网络；充分利用安吉"公铁水空"立体式交通架构，打通生态旅游、服务、产品的运输网络；发展受荣村生态文化服务体系，建设精品示范型美丽乡村;鼓励社会资本参与生态保护与环境修复,提升美丽乡村的发展韧性;科学规划合理布局,建设智能型生态旅游区;以生态致富经济为示范,筑建生态文化基地,书写生态教育新篇章。

三、美丽乡村,善治共富

中国共产党第十六届五中全会提出,要按照"生产发展、生活宽裕、乡风文明、村容整洁、管理民主"的具体要求构建社会主义新农村。2013年中央一号文件第一次提出了建设"美丽乡村"的奋斗目标,对农村生态文明建设提出新要求。党的十九大明确将"逐步实现全体人民共同富裕"作为新时代的重要历史特征;并且指出"共同富裕是全体人民共同富裕",阐明"中国要强,农业必须强;中国要美,农村必须美;中国要富,农民必须富"。湖州市长兴县新川村以美丽乡村精品筑就乡村共富的新川样板,证明了美丽乡村是实现乡村共同富裕的必由之路。

湖州市长兴县煤山镇新川村坚持"绿水青山就是金山银山"理念,通过村企共建、绿色发展、乡贤带富推进美丽乡村精品建设,使新川由一个"革命老区、贫穷山区、落后库区、传统工矿区"蝶变为"绿色工业园区、富饶生态库区、美丽旅游景区、共同富裕新区"。以美丽乡村精品筑就乡村共富的新川样板具有示范作用,能够为中国其他乡村在建设理念、资源配置、发展道路、突破瓶颈等方面提供有益启示和新的思路。《湖州市长兴县新川村:以美丽乡村精品筑就乡村共富的新川样板》指出,新川村在"八八战略"和"绿水青山就是金山银山"理念引领下,把"绿水青山"和"金山银山"生动结合,通过村企共建、三产融合,实现经济富民;通过优化环境、美丽经济,实现生态富民;通过党建引领、乡贤带动,实现精神富民。新川村实现了产业兴旺,筑牢了共同富裕经济底盘;村民富裕,夯实共同富裕物质基础;生态宜居,擦亮共同富裕生态底色;乡风文明,构建共同富裕和谐乡村。从新川经验来看,先富者回乡、在场和共富,是建设精品美丽乡村和实现共同富裕的关键,也是难点所在。要发挥好先富者优势,让先富者回得来、留得住、用得好。实施新乡贤带富工程,要继续完善新乡贤带富机制,发挥和放大新乡贤的共富效应;利用先富者优势,大力开展新乡贤带富工程;制订新乡贤"万人计划",加强新乡贤回乡激励;破除回乡障碍,完善新乡贤在场机制;支持新乡贤村企共建,做大做强共富产业集群;创新发展村集体经济,放大新乡贤的物质共富效能;建设新乡贤文化场地,发挥新乡贤的精神共富作用。新川村提供了一个如何从乡村层面找准推动共同富裕的着力点和突破口,实现农民农村共同富裕的新样本,即在党的领导下,打造产业高质高效、生活富裕富足、先富带动后富、环境宜居宜业、物质精神共富的农村现代化发展新模式。

村是农民生活的基本单元,也是共同富裕的基本单元。新时代推进乡村振兴,实现共同富裕,必须坚持抓基层打基础,发挥党建引领作用,建立健全共建共治共享的乡村善治体系。杭州萧山区佛山村以善治促蝶变的强村富民之路,是推动乡村治理的优势和活力转化为经济社会发展的效能和动力的范例。杭州市萧山区佛山村原本是萧山南部的经济欠发达村,村两委班子从三改一拆到紧抓全域土地综合整治的政策机遇,聘请中国美术学院设计团队,打造市级美丽乡村示范村,逐步实现美丽蝶变的目标。《杭州市萧山区佛山村:以善治促蝶变的强村富民之路》分析了佛山村从"后进生"一跃成为"优等生"的过程和原因,为浙江省共同富裕示范区建设提供了创新基层治理实现新型集村体经济高效发展的村级样板。萧山区佛山村强村富民之路建设的总体思路是,在乡村治理体系中实现"领治、整治、智治"的"三治融合"。通过坚持党建引领、发展红色文化引擎加速重振"后进生"奋起直追的信心,通过重构空间资源激活乡村复兴的财富密码,通过"数字赋能+全民参与",实现"共治+共富"的美好未来。佛山村以基层治理创新为基础,激发乡村共富内在动力;以要素配置创新为手段,增强乡村共富效力;以经营方式创新为依托,释放乡村共富活力;以产业内容创新为推力,凝聚乡村共富合力,实现了从"输血"到"造血"的转变,村集体年收入一直保持在 300 万元以上。美丽乡村、数字乡村、产业乡村建设成效显著,村民幸福感和获得感得到了极大提升。本文调研也发现了佛山村在促富共富过程中还存在基层治理创新实践内卷化、小农户种植业产业链条碎片化和高成本、数字乡村建设对接标准化不足等问题。针对这些难点和痛点问题,需要在为村务工作人员减负提质、对农业产业链进行整合、建设数字乡村标准体系等方面进一步发力。

四、集体经济,股份共富

2017 年 12 月 28 日,习近平总书记在中央农村工作会议上指出:"壮大农村集体经济,是引领农民实现共同富裕的重要途径。"[①]"要把好乡村振兴战略的政治方向,坚持农村土地集体所有制性质,发展新型集体经济,走共同富裕道路。"[②]近年来,宁波市奉化区滕头村以村集体经济促进全面共同富裕、台州市玉环市干江镇以"股份众筹"赋能乡村蝶变,为探寻农村集体经济发展路径提供了有益借鉴。

滕头村的地理位置有点偏,位于鄞奉平原和西部山区的交错地区,三面环山,一面平原,剡江从村庄北部流过,离村中主要生产区有一定距离。多年来,滕头村依靠"一犁耕到头"的奉献奋斗精神,牢牢记住习近平总书记的谆谆嘱托,坚持集体经济,自觉把生态建设和发展作为奋斗方向,坚持"党建统领、绿色发展、共同富裕"的全面乡村振兴思路,人均年收入从 1991 年的 1712 元增至 2021 年的 7 万多元,提前 30 年实现全面小康的目标。近年来,这个小小的村庄相继获得"全球生态 500 佳""世界十佳和谐乡村""全国文明村"等 70 多项国家级

---

① 中共中央党史和文献研究院.习近平关于"三农"工作论述摘编[M].北京:中央文献出版社,2019:149.

② 中共中央党史和文献研究院.习近平关于"三农"工作论述摘编[M].北京:中央文献出版社,2019:194.

及以上称号、荣誉，先后吸引了多位外国领导人和政要莅临参观，成为浙江乃至全国的共同富裕示范区样板村。《宁波市奉化区滕头村：以集体经济促进全面共同富裕之路》总结了滕头村集体经济发展的三个阶段：发展以土地为基础的集体经济、发展市场导向的集体经济、发展以生态经济为特色的新型集体经济。在不断的转制转型过程中，滕头村在保障集体经济不受到冲击的前提下不断吸收社会资本加入，除农业公司、旅游公司等完全归村集体所有以外，村集体占爱伊美公司48％的股份，占其他核心企业，如园林公司、房地产公司、包装厂等企业51％的股份。市场化的环境推动滕头村对集体经济进行创新。除了在核心企业的控制权和村集体收益的分享权上仍保留有集体经济的影子，滕头村更习惯用日趋专业化、市场化的模式来促进经济的发展。滕头村集体经济的发展离不开一以贯之的发展理念、因地制宜的发展思路、市场导向的发展模式、取民用民的主导思想、吃苦耐劳的集体精神。滕头村共同富裕的多年实践不但致富一方百姓，更为中国特色社会主义新农村建设探索出具有普遍意义的集体经济实践经验。

中共中央、国务院于2018年印发的《乡村振兴战略规划（2018—2022年）》提出，需要深入推进农村集体产权制度改革，发展多种形式的股份合作。股份合作制曾为台州市玉环市完成原始积累作出了不可磨灭的历史性贡献，为玉环市从资源禀赋型岛屿迈向东南沿海经济百强县打下民营经济厚实基础。玉环市干江镇因地制宜、因势利导、推陈出新，传承弘扬股份合作内在机制，创造性地尝试"股份众筹"，集众人之资、众人之智、众人之力，以产业发展为重点，推进乡村振兴，壮大村集体经济，助农增收致富，实绩可圈可点。这条村民共同富裕的新路子，经由台州市玉环市干江镇探索实践，被证明行之有效，初结硕果，堪称共同富裕的"干江模式"。《台州市玉环市干江镇："股份众筹"赋能乡村蝶变的共富之路》指出，依托独特的海岛环境与海洋区位优势，干江镇紧扣"政府有形之手、市场无形之手、群众勤劳之手"同向发力，创新建立"村集体＋村民、村集体＋村集体、村集体＋专业公司"等多种股权结构模式,推动村民向"股民"转变、村庄向景区转变、资源向资产转变,让村民与村集体实现利益共享,形成上下同心共同推动家乡发展的新局面。为避免重复建设和恶性竞争,各村走差异化发展路子,分别实行多家合作和互补战略。针对新模式发展中产品可持续性欠佳、重工程轻文本、农村整体基础设施相对薄弱等问题,提出共同富裕固化路径,即强化品牌塑造,优化资源配置,深化产业融合。干江镇聚集"加快乡村产业融合发展、建立创业平台股权制度、提升镇村公共服务水平、美化湾区村庄宜居环境"四个重点内容,以产带村,以村促产,为实现"产业兴旺、生态宜居、乡风文明、治理有效、生活富裕"的乡村振兴总目标,壮大浙江海洋经济,探索富有特色的湾区渔村综合改革集成建设新机制、新路径提供重要的共同富裕先行先试方案。

五、多元主体,全民共富

2021年4月,习近平总书记在广西考察时强调:"要在新起点上接续奋斗,推动全体人民共同富裕取得更为明显的实质性进展。"[①]共同富裕不是少数人的富裕,是全体人民的共同富裕,要充分发挥不同群体共同富裕的积极性和主动性。杭州市建德市千鹤村以妇女的力量助推共同富裕、温州市乐清市下山头村借助乡贤之力追求共同富裕的经验,为中国提供了多元主体参与全民共富的范例。

共同富裕的实质是注重公平发展、共享发展成果,让全体人民过上美好幸福的生活。推动共同富裕,实现包括广大妇女在内的全体人民的共同富裕,是践行男女平等基本国策和推进妇女事业发展的根本要义。杭州市建德市千鹤村是"妇女能顶半边天"精神的重要发源地。20世纪50年代,为了解决当时劳动力不足的困境,千鹤村妇女积极响应党和政府的号召,团结一心,在妇联组织的带领下,打破旧俗,走出

① 解放思想深化改革凝心聚力担当实干　建设新时代中国特色社会主义壮美广西[N].人民日报,2021-04-28.

家庭,走上田头,参加农业生产,孕育了"不等不靠、敢想敢干、团结协作、艰苦创业"的千鹤妇女精神。在不同历史时期,党和国家都高度重视促进男女平等和发挥妇女主体性作用。1955年,毛泽东同志为"千鹤妇女精神"亲自作出512字的批示,提出了"中国的妇女是一种伟大的人力资源"①的重要论断。习近平同志在浙江工作期间也高度重视并系统推进妇女事业发展。尤其是党的十八大以来,习近平同志更是从党和国家事业全局的战略高度,就做好妇女工作作出一系列重要论述,肯定了妇女在追求性别平等中的权利,强调了妇女在社会治理中不可或缺的地位,同时也深化了对马克思主义妇女观的认识。《杭州市建德市千鹤村:以妇女"半边天"的力量助推共同富裕》指出,近年来,千鹤村依托区位条件优越、生态资源丰富、城镇化潜力巨大等发展优势,围绕"立足浙江、面向全国"进行高起点谋划,以"一基地、一区块、一园多点"的模式高标准打造农文旅红色文化基地。千鹤妇女以"半边天"力量参与基层社会治理、助农创业增收、美化乡村环境,赋予了"千鹤妇女精神"新的时代内涵。千鹤村探索共同富裕的经验表明:要充分发挥党建的组织力和领导力,抓住时代机遇,在深入践行"绿水青山就是金山银山"理念的同时带动美丽经济发展,跑出乡村振兴和共同富裕的"加速度"。同时,千鹤村继续弘扬传承"千鹤妇女精神",通过吸引社会资本盘活红色资源、数字赋能公共服务、积极引才引智等举措,为浙江省建设"重要窗口"贡献了千鹤的智慧和力量。

温州市乐清市下山头村坐落于雁荡山北麓,位于大荆镇东面。下山头村自然禀赋并不好,属于丘陵地貌,人多地少,人均耕地面积仅0.4亩,难以养活全村人口。该村虽位于雁荡山的北麓,但距离景区大门还有5公里的距离,雁荡山的旅游经济对村庄的辐射作用十分有限,可谓靠山却吃不到山。除了碎片式分布的耕地,村里没有什么独特资源。无资源、无产业往往意味着无出路,这使得村民只能外出谋

---

①　中共中央文献研究室.毛泽东文集(第六卷)[M].北京:人民出版社,1999:476.

生,造就了 4 名亿万富翁、数名千万富翁。在外成功创业致富的乡贤们利用自己积累的各项资本回村发展产业、建设村庄、致富于民,将资源相对匮乏的小山村发展成三产融合的产业兴旺村、基建完善生态宜居的环境优美村。《温州市乐清市下山头村:资源贫乏型村庄的乡贤助村共同富裕经验》提炼出了乡贤群体在村庄发展与治理中的多样功能:贤资——乡贤的经济资本与社会资本;贤智——乡贤发表的建设性意见;贤调——有威望的乡贤在矛盾纠纷、项目落地中发挥的调解作用。根据能力与职责,村两委将乡贤安排在适合其发挥作用的位置:公益事业建设、邻里纠纷调解、推动村民自治等,最大限度地发挥乡贤的作用。下山头村乡贤助村共同富裕的主要经验在于:有情有理的乡贤参与、政企共促的项目落地、村企分置的风险分配、共同富裕的文化传统。通过乡贤的反哺,下山头村将生活富裕富足、环境宜居宜业、民生福利普惠、精神自信自强、村企共建共治的共富图景转变为现实。下山头村的乡贤回归乃至温州推行的新乡贤"礼贤工程",为资源贫乏型村庄的共富之路提供了有益借鉴。

六、深挖潜力,资源共富

实施乡村振兴战略,唯有唤醒乡村"沉睡资源",才能有效促进农村一二三产加速融合,释放新一轮改革红利。湖州市南浔区荃步村、绍兴市嵊州市温泉湖村、宁波市慈溪市傅家路村深挖本土资源促进共同富裕,提供了推动农村闲置资源要素市场化的经验借鉴。

湖州南浔区荃步村内水网交织,水陆交通便利,自然资源和历史文化资源丰富。《湖州市南浔区荃步村:深挖本土资源强链延链促进共同富裕》总结出荃步村总体发展途径:首先,瞄准本村特色湖羊产业,以湖羊文化为引流点奋力打造湖羊品牌,壮大了湖羊经济;其次,面对本村拥有的人文历史和自然资源,因地制宜,细心挖掘整理并充分开发利用,建成 3A 级景区村庄,培育新产业,形成新业态,很好地延伸了本村的产业价值；再次，科学整合本村土地资源，同时鼓励资本下乡，引进社会资本投资本村农业；最后，让人才资源充分涌动，重视产业培育，吸引乡贤回乡发展，为振兴乡村产业注入新的活力源泉。荃步村在探索共同富裕过程中的主要创新之处：一是瞄准特色资源——湖羊和古建筑，完善产业规划，走产业链发展和品牌经济之路；二是加强产业融合，将湖羊产业与文化产业深度融合，打造本村农旅特色产业品牌，实现"以节为媒、发展特色、推动旅游、促进共富"的目的；三是坚持多种所有制共同发展，通过村集体经济方式实现经济共同富裕。荃步村建立村集体合作社，创新村庄合作社运营模式，同时积极引进外商资源，建立"公司＋合作社＋农户"的运作机制，优化了劳动、土地以及技术等资源要素的配置。荃步村带给我们的经验启示在于，要抓住自身优势发展产业，促进共同富裕，包括：立足自身资源优势，铺设共富之路；注重特色产业发展，推动共富发展进程；探索集体经济，巩固共富成果。针对产业发展不够均衡、缺乏下乡人才、湖羊品牌影响力不足、互联网产业建设不全面，以及本村服务体系不健全等问题，荃步村需要在重视农村人才培养、接轨现代化"互联网＋产业"模式、持续延伸品牌效益以及完善服务体系，提升旅游服务人员素质等方面加以改善。

绍兴市嵊州市崇仁镇温泉湖村位于嵊州市西北部的会稽山丘陵地带，下辖董郎岗、湖村桥、宋家墩、地雅园等四个自然村，村两委会驻原董郎岗村。以前的董郎岗村主要存在"三少"现象：一是村民收入少。村里的土地以山地为主，高低不平，土地贫瘠，一直以来，这里的村民主要以种植茶叶、板栗等经济作物作为收入来源，农业经济单一，村民收入不高，生活非常艰辛。二是常住人口少，由于经济来源单一，青壮年劳动力大多外出打工谋生，村内常住人口比重不到50%，且以妇女、老人为主。三是资金投入少。由于村集体经济薄弱，自身造血功能缺乏，基础设施投入十分有限，村中几条大小道路都是土路，可谓"晴天一身灰，雨天一身泥"，因此也被称为"烂泥岗"，很多房屋都破旧不堪,人居环境脏乱差。近年来,嵊州市崇仁镇温泉湖村积极践行"绿水青山就是金山银山"理念,依托温泉生态环境和红色文化基因,挖掘乡间尘封遗存,唤醒乡村沉睡资源,激活农村沉寂风景,全面推动城与乡一体发展、居与业互促共进、建与营有机结合、点与面串联整合、村与民共同增收、先与后互帮互促,走出了一条乡村形态整体提升的蝶变之路。《绍兴市嵊州市温泉湖村:激活沉睡资源打造乡村振兴先行示范村的实践》分析了该村激活红色资源、生态资源和乡贤资源促共富的实践做法,总结了该村的共富经验:一是坚持改革创新,激活闲置土地资源,解决"地"的问题,这是实现共同富裕的根本;二是坚持市场推动,实现多元化投资,解决"钱"的问题,这是实现共同富裕的基石;三是坚持错位发展,突出特色建设,解决"产业"的问题,这是实现共同富裕的关键;四是坚持共建共享,充分发挥主体作用,解决"人"的问题,这是实现共同富裕的核心。温泉湖村从一个资源贫乏、交通闭塞、吃不饱饭的小村逆袭为今天绍兴市乡村振兴示范先行村,在共富路上率先探出身位,为乡村振兴提供了一个很好的实践范例。

在浙江省共同富裕示范区建设试点工作中,宁波市慈溪市被确定为缩小城乡差距领域的试点。慈溪市是全国百强县,在区域经济发展和城乡统筹发展方面具有良好的基础。傅家路村位于慈溪市崇寿镇西部,它从一个"无资金、无资源、无特色"的"三无村"发展成"典范村",更一跃成为浙江省美丽乡村特色精品村和全国乡村治理示范村,很多经验值得借鉴。《宁波市慈溪市傅家路村:党建引领的共同富裕之路》归纳了傅家路村探索共同富裕的主要做法:一是党建引领,为共同富裕提供强大的组织保障;二是能人治村,开拓发展思路盘活政策和存量资源;三是壮大实体经济,助力村民增产增收;四是网格化管理与数字化融合,推进公共服务精细化;五是拓宽村民议事渠道,促进村庄治理权利的平等配置;六是先富带后富,与周边乡村组建发展联合体,谋求共同富裕;七是以文化构筑共同富裕精神家园。从傅家路村推进共同富裕的实践中,不难得出几个结论,一是共同富裕是以市场力量为基础，政府与市场共同作用的结果；二是共同富裕离不开政府、企业和社会组织的广泛参与；三是数字化推进必须以乡村振兴和共同富裕为目标，通盘谋划整体布局；四是经济发展和公共服务的共建共享离不开能人带动和专业人才队伍发力。

本书编入的 18 个案例充分展示了浙江各地在建设共同富裕示范区过程中探索出来的不同实践路径，也充分说明了共同富裕并无统一模式，各地要在自身资源禀赋的基础上，在各级党委的领导下，更好发挥政府的主导性作用，充分发挥人民群众的主体性作用，大力发挥市场配置资源的决定性作用，践行"绿水青山就是金山银山"理念，找准符合本地资源优势的共富产业，积极引才引智，以数字赋能提供技术支撑，方能实现全体人民的物质富裕和精神富有。

第一单元
立足优势,产业共富

绍兴市嵊州市三碗米业：
以契约联结农户同奔共同富裕路

程秋萍　邱晓军

摘要： 粮食安全是国家安全的重要基础，《"十四五"推进农业农村现代化规划》指出，要推进农业全产业链开发，加快农村三产融合发展，把产业链主体留在县域，把就业机会和产业链增值收益留给农民。本案例通过实地调研，以三碗米业作为切入点，分析了嵊州三界粮食全产业链的建构和发展，提炼了三碗米业在建链、稳链、益链、强链中联合其他组织为农民搭建平台、提高农民收入、带动农民共同富裕的经验。在此基础上，进一步探讨了嵊州三界粮食全产业链建设及三碗米业本身存在的问题，包括产业链的利益联结不够紧密，欠缺稳定性；产业链延伸不足，降低了产业链的整体收益；企业自身也存在仓储能力有限和粮食损耗较高等经营性问题；粮农的融资问题、保险问题等。最后，提出了相关的发展建议，包括推动利益共同体的形成、延伸产业链、加强自身实力、强化政府支持保障等。

关键词： 三碗米业；契约联结；粮食全产业链

一、研究背景：以全产业链建设保障国家粮食安全

（一）保障粮食安全的必要性和重要性

习近平总书记多次强调："保障好初级产品供给是一个重大战略性问题，中国人的饭碗任何时候都要牢牢端在自己手中，饭碗主要装

中国粮。"[1]"决不能在吃饭这一基本生存问题上让别人卡住我们的脖子。"[2]"对粮食安全不能有丝毫松懈。"[3]我国是一个人口规模超大的国家,这是我国的基本国情,初级产品供给是关乎民生的大事。

我国人口众多,人均资源不足,这决定了我们必须依靠国际市场来满足部分初级产品的需求。在大宗农产品中,大豆、油料等初级产品的自给率较低,进口比例较大,对外依存度高。但如果过度依赖进口,这类初级产品供应的重大缺口就存在巨大的粮食安全风险隐患。当前,世纪疫情交织百年变局,国际形势复杂多变,全球粮食供应链产业链潜在风险加大,国际粮价出现了较大幅度的波动,部分国家和地区出现了食品供应短缺和粮食供应链中断等现象,充分说明了保障粮食安全的重要性和必要性,必须立足国内供给端稳住中国饭碗。

(二)以农业全产业链建设保障中国的农产品供给安全

农业全产业链以消费者为导向,从产业链源头做起,经过种植与采购、贸易及物流、食品原料和饲料原料的加工、养殖屠宰、食品加工、分销及物流、品牌推广、食品销售等环节,实现食品安全可追溯,形成安全、营养、健康的食品供应全过程。农业产业链是联结农业生产资料供应,以及农产品生产、加工、储运和销售、消费等环节的有机整体。它一般由产品链、价值链、创新链、资金链、信息链、组织链构成。

(三)粮食全产业链建设为保障粮食安全提供现实基础

粮食产业是农业的核心领域,在共富使命下,粮食全产业链建设有助于建设高质量的粮食供给,是粮食保供的坚实基础。嵊州三界镇素有"嵊北粮仓"之称,种粮氛围浓郁。2021年落实粮食作物播种面积34.5万亩[4],实现粮食总产量13.8万吨。成功实施万亩订单粮基

---

① 中共中央国务院关于做好二〇二二年全面推进乡村振兴重点工作的意见[M].北京:人民出版社,2022:25.
② 本书编写组.习近平的小康情怀[M].北京:人民出版社,2022:439.
③ 习近平总书记两会"下团组"[N].人民日报,2020-05-24.
④ 1亩约等于666.67平方米。

地建设,建立了三产联动机制。

集粮食"产购储加销"等功能于一体的粮食全产业链建设,为保障粮食安全提供了稳定性。嵊州市通过财政支持机制、社会化服务体系的完善,有效推动了粮食全产业链的建设。构建"龙头企业＋合作社＋农户"粮食订单式产销模式,投入财政资金用于粮食功能区提标改造,培育三碗米业等企业实行订单完全市场化运作,辐射带动粮农增加收益。同时扶持"三界种粮大队"品牌,保障种粮主体的稳定发展。以上措施为保障粮食安全提供了有力的现实基础。

(四)三碗米业带动全产业链建设、树立共富典型

嵊州市三碗米业有限公司成立于 2004 年,经过多年发展,已形成集粮油收购、烘干、加工、仓储、销售等功能于一体的粮食专业化生产和经营体系,是浙江省—绍兴市—嵊州市三级粮食应急加工企业。公司拥有强大的粮食加工能力,拥有先进的稻谷(油菜)烘干及大米精加工设备,日烘干能力 600 吨,大米日精加工能力 150 吨,每年收购、烘干、销售粮食达到 5.85 万吨。

在嵊州市政府的大力支持下,三碗米业作为绍兴市农业龙头企业、浙江省骨干农业龙头企业、浙江粮仓试点定点单位,在嵊州粮食全产业链建设中,充分发挥链主作用,承担链主责任,通过"公司＋合作社＋农户""基地＋农户"等合作方式,以契约和订单等形式,紧密联结链点企业和农户,形成了嵊州完整的粮食全产业链。在推动粮食安全的同时,也树立了带动农民共同富裕的典型。

二、做法成效:以龙头企业带动粮食全产业链建设

(一)以三碗米业为龙头企业搭建粮食全产业链

2022 年中央一号文件明确提出要按照让农民种粮有利可图,健全农民种粮收益保障机制。嵊州三界粮食全产业链的主要环节包括农资端、生产端和加工销售端,如图 1 所示。三碗米业在其中每个环

节中都占据了重要的供给主体地位,按照链主的特点,三碗米业已经成为嵊州粮食全产业链当之无愧的链主。

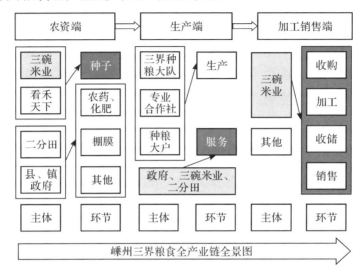

图 1　嵊州三界粮食全产业链

(二)通过多样化的合作形式联农带农

嵊州当地农民熟谙种粮技术,不仅在本地种粮,外出种粮的历史也可追溯到 20 世纪 80 年代中期,因支持上海种粮,开始在当地流转耕地种粮。此后,种粮队伍越来越壮大,成为"三界种粮大队","走出去种粮"成为嵊州市三界镇农民的一条致富路。截至 2021 年底,嵊州市三界镇共有外出种粮大户 1500 多个,从业人员 6300 多人,占全镇户籍人口的 11%。流转耕地面积达 40.5 万亩,相当于三界镇水田总面积的 7 倍,年粮食播种面积 70.5 万亩以上,年生产粮食 38.3 万吨,实现总产值 10.25 亿元。一方面,数量众多的粮农为企业发展带来契机;另一方面,粮食品控要求供应的稳定性。三碗米业通过多种形式建构以订单为基础的联农带农方式。

一是"公司+合作社+基地+农户"的联结形式,通过与合作社建立合作,带动农户共富。三碗米业合作的专业合作社主体登记地主要在三界镇,但专业合作社负责人在杭州、苏州等地有大规模的流转农田，辐射范围较大。目前市内合作的粮食合作社有 35 个，家庭农场有 45 个，种粮大户有 1000 个左右，粮食基地 5 万亩左右。这种以合作社为中介的联结方式，降低了农户的经营风险，且能让农户享受到来自专业合作社提供的社会化服务。

二是"公司＋基地＋农户"的联结形式。公司产粮基地有本地和外拓两种。本地合作主要通过与村集体签订订单，粮食收割后将全部销往该公司，而且收购价格比浙江省常规晚粳稻最低保护收购价要高。这种联结方式的特点是，对公司来说，保证了粮食的稳定来源；对农户来说，不用担心粮食的销路问题，可直接通过公司对接市场。此外还有外拓基地，在江苏吴江以及上虞沥海、盖北等嵊州市域外地建有外拓基地 7000 亩。2021 年，这两种类型的种粮基地已经拓展到 2 万亩。基地农户与三碗米业签订合作协议，不用担心粮食的销售问题，不但解决了粮食收购问题，还提高了农户的收益，公司的收购价格在国家保护价的基础上提高了 180 元/吨。这样每亩稻田可以增收 200—300 元，对种粮大户和合作社来说，都是一笔可观的收益。

三是"公司＋农户"的联结形式。直接与单个的规模较大的粮食经营主体建立订单合作关系，将农户嵌合于产业链中，为农户提供优质的社会化服务。既解除了农民对粮食销售的后顾之忧，凭借较为完善的一条龙服务降低了农户的生产经营成本，还为农户提高了粮食的价格，进一步提高了收益。

（三）坚持提供良种，从源头保障终端粮食品质

种子被誉为农业的"芯片"，种业是保障粮食安全的源头。党的十八大以来，习近平总书记高度关注种业发展问题，多次在不同场合为种业改革发展指明方向。2021 年 7 月，中央全面深化改革委员会第二十次会议审议通过《种业振兴行动方案》，习近平总书记在主持会议时强调，"农业现代化，种子是基础，必须把民族种业搞上去""实现种业

科技自立自强、种源自主可控"。[①]

　　粮食产业链的良种有两大来源：三碗米业公司和看禾选种基地。一是由三碗米业提供良种，从源头保证粮食的品质。万亩优质稻米基地种植主打的品种是获评"浙江省好稻米"的甬优 15 杂交水稻。该品种口感好，偏糯，有嚼劲，适合江南人的口味，深受嵊州、新昌两地民众的喜爱，订单粮基地生产的稻谷每年可加工成精品米 4500 吨，全部供应嵊新两地市场。甬优 15 杂交水稻品种也适合在江苏种植，产量比较高。二是由看禾选种基地提供良种。嵊州市省看禾选种核心基地于 2017 年成立，2018 年，基地列入全国水稻新品种展示示范区之一，承担国家级水稻新品种展示示范任务。基地通过打造水稻新品种展示示范基地，举办全省水稻新品种大会，组织发布主导品种，积极推进优新品种的选育和推广。作为浙江省首个被认定的水稻作物类国家级基地，也责无旁贷地承担了嵊州本地的粮食良种供给任务。每年展示 500 多个水稻新品种，基地开设专门区域，优先为种粮大户供应优质种子，并上门提供农技服务。

（四）政府引导联合多元主体提供全过程社会化服务

　　粮食生产环节包含粮食生产和社会化服务提供，涉及的主体主要包含生产经营主体和农资、农机、农技等企业和政府部门。在生产环节中，三碗米业主要依靠嵊州市、三界镇政府联合粮食产业联盟，围绕当地粮食生产主体以及"三界种粮大队"，提供农资、农机、农技等社会化服务。作为链主企业，三碗米业主要以订单方式联农带农，并配备专业技术人员为生产全过程提供一条龙服务。

　　三碗米业通过联合粮食产业联盟提供完善的社会化服务，建立社会化服务联合体，包括粮食生产、农机、金融、保险等多部门，形成了集农资供应、社会化服务、收购加工于一体的产业链，进一步保障了粮食

---

①　统筹指导构建新发展格局 推进种业振兴 推动青藏高原生态环境保护和可持续发展[N].人民日报，2021-07-10.

生产安全。多元主体参与,为种粮大户提供金融贷款、农机购置补贴、上门技术指导、法律咨询等服务。

(五)提高企业核心业务质量竞争力,夯实全产业链基础

三碗米业着力推进优质粮食产购加储销,严格把好"过程关""成效关"。一是使用专业化设备,对收购粮食进行优质加工。建立了浙江省首条最大规模的精品大米加工生产线,总投资 850 万元(包括低温冷藏库),日加工精品大米 30 吨。二是建设高标准粮仓,对粮食进行优质储藏保存,确保粮食不变质。三是加强产品品牌化建设,拓展销售渠道,优化销售方式。打造"三碗米""大饭桶"两个品牌,市内已在三江街道、浦口街道、黄泽镇、金庭镇等乡镇(街道)设立了 35 家专卖店。在新冠疫情防控期间,三碗米业在嵊州市粮食保供稳价上发挥了积极作用,坚持原价配送,持续稳定向市场供应,助力打赢疫情阻击战。

三、经验启示:以多元主体协同合作建设全产业链

(一)依靠灵活多样的联农带农方式建链紧链

粮食全产业链的稳定性主要来自生产端种粮大户的稳定性。三界镇是嵊州重要的粮食生产基地,粮食播种面积上万亩,承包农田的农户数量也较多,但产业链要求供应源头稳定且能够保证粮食品质。三碗米业在多年经营中逐渐将订单作为稳定供应链基础的主要形式。订单联结是一种相对比较灵活的形式,具有多种实现方式。三碗米业经过多年经营,形成了多种基于订单的与农户联结的组织方式,主要包括"公司＋合作社＋农户""公司＋基地＋农户""公司＋农户"等。不同的联农形式适合不同的农户,他们因此拥有多种选择。通过中间组织的订单方式,虽然降低了农户的经营风险,但是在农户的收益并不占据优势,而直接与企业签订订单的农户可以有更高的收益。三碗米业公司依靠市场的力量,提高了自身对农户的吸引力,并将其牢牢

嵌合在农业产业链上。

(二)不断提升自身核心业务竞争力稳链强链

只有自身竞争力强大,才有能力建立较为稳固的产业链。三碗米业的核心业务主要有收购、加工、储存和销售等(见图2)。一是注重投入新机器、新设备以提高粮食加工能力。在嵊州三界镇,三碗米业是唯一的粮食加工企业,市场空间大,加工能力强,为公司稳定了当地市场,并且有较大余力开拓镇外市场。同时,加工品质的提高为公司带来了更大的利润空间,既提高了产品品质,也通过增强农户对公司的信任提高了公司与农户的链接力。二是致力于保证企业仓储能力。标准粮仓为销售赢得了时间,同时还保障了产品品质的稳定性。仓储作为连接加工和销售的中间环节,既影响加工能力,又关系销售业务的畅通,因此要求科学仓储保粮。三碗米业致力于提高仓储能力,为销售争取了时间,同时保障了加工的正常运行。三是通过控制种子端的统一标准保障粮食安全,保证与本地消费者的黏合度。三碗米业基于当地消费者对大米口感和黏度的偏好去选择稻种,提高了市场对公司的依赖度,稳定了产品价格。同时配备7名专业研发人员,保证稻种的品质。对农户的稻种实施统一要求,凡是与公司签订订单的稻谷品种,从源头保证收购粮食的品质。四是通过打造广为人知的品牌形象扩大市场影响力,在嵊州粮食市场中占据主要地位。同时,广泛调查当地消费者对大米包装规格的需求,增加了包装的类型,提高了消

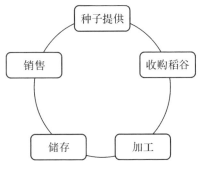

图2   三碗米业核心业务

费者的满意度。

(三)坚持提供多种支农助农服务稳链益链

三碗米业作为粮食加工龙头企业,除了提供常规性的社会化服务,还提供特殊情况下的应急服务,积极承担社会责任。一是组织车辆,上门帮助种粮大户把刚收割下来的粮食运到公司加工。粮食收割往往时间短,任务紧,对农户的实力挑战较大。为了减轻农户压力,三碗米业在收割季节组织物流车队,为农户提供运输服务,降低收割损耗。二是帮助种粮大户烘干粮食,提高特定时间内的加工能力。植物有其生长成熟特性,为降低农户损失,三碗米业每年在粮食收割季节加班加点,开足所有设备,为农户加工、烘干粮食,确保不让粮食烂在田间地头。必要时候,三碗米业启动24小时连续烘干模式,以每天烘干600吨的速度,为本市乃至周边种粮大户提供周到的服务。三是帮助农民贷款。融资难一直是制约农民扩大生产规模的瓶颈,单个农民融资程序繁杂,难度较大。三碗米业为订单农户提供担保贷款服务,本质上是为农户提供了便利的融资渠道。

(四)以政府有力的政策保障为后盾撑链带链

政府的支持是稳定农业全产业链农企关系、保证产业链正常运行的基础,是支撑产业链、带动产业链的重要力量。当地政府给予的支持主要来自以下四个方面。

一是通过搭建"百亿崇粮"数字化平台提供智能化服务、产品追溯服务、农机服务和产品延伸服务,实现科技强农。数字化平台的建设通过整合市内农业数据资源,为产业链提供智能化服务。

二是通过"一码溯源"串联粮食全产业链条上的各个环节,精密智控稻米从育苗、生长、收割到加工、销售等环节,实现粮食生产全程可视化、可追溯、可评价。活用"码"技术,串联农户和企业,智能调度农业服务资源,实现供需服务的供需对接,做到农机服务"一键响应"。通过建立龙头企业和专卖门店之间的联系,实现粮食销售"一网畅通",延长产业链条。

三是致力于推进粮食生产机械化,引进新模式,应用新农机和新技术,实现机械强农。采用叠盘育秧模式,实现了水稻生产的耕地、育秧、播栽、植保、施肥、收获、烘干、加工、包装等环节的机械化作业。运用智能农机等新机械、共享经济等新模式进行施肥用药、统防统治等作业,高效解决了大面积病虫害防治的难题,推动农业植保领域向高效安全方向发展,打通了植保"最后一公里"。引进新农机,支持本地农机研发。引进利用秸秆还田机,对玉米秸秆进行机械粉碎还田,解决了多年多地秸秆不能利用、难以利用的难题,为水稻种植争取了时间,同时也破解了制约玉米产业发展的瓶颈。支持本地农机企业开拓创新,研发新产品,提高了经营效益和生产规模。推广应用机耕水田埋草轮、自动平衡装置、机插侧深施肥等新技术,提高了早稻耕种的机械化率。

四是提供基础农业保险,并联合农商银行推出"越美·粮农贷"产品,向包田户、种粮大户、农民专业合作社提供支持粮食生产的专项贷款产品。这在一定程度上缓解了经营主体压力,提高了他们种植粮食的积极性。

四、发展建议:围绕全产业链以企带农同奔共富路

受新冠疫情和气候变化等因素影响,全球粮食生产面临前所未有的压力,从企业和政府的角度考虑粮食产业链的建设和完善,成为保障粮食供给安全的基础。以三碗米业为链主的粮食产业链在发展中遇到的瓶颈主要来自四个方面:一是产业链的利益联结不够紧密,欠缺稳定性,缺乏利益共同体意识;二是产业链延伸不足,"接二连三"的能力弱,降低了产业链的整体收益;三是仓储能力和粮食损耗上的短板,制约了加工能力和销售能力,降低了粮食收益;四是粮农的融资问题、保险问题、土地承包经营权问题,影响了粮农的生产积极性。要解

决这些问题,需要统筹考虑以下四个方面。

(一)多途径推动利益联结,增强产业链的紧密性和稳固性

粮食全产业链涉及的主体有多种,包括龙头企业、专业联合社、专业合作社、家庭农场、种粮大户等。粮食全产业链的牢固性、稳定性依靠各个环节背后主体利益联结机制的紧密性和稳固性,经营主体之间只有建立紧密的利益联结机制才能牢靠持久地相互促进,共同获利。一是通过建立产业联合体,加强与其他环节服务主体的联结。在嵊州三界镇粮食全产业链中,"三界种粮大队""二分田"合作社联合社和三碗米业之间需要通过制定契约或利益分享机制,建立长期稳定的合作关系,强化企业为农服务意识。二是加强与种粮大户的联结紧密程度。数量众多的家庭农场和种粮大户经营者在整个链条中处于弱势地位,对政府、龙头企业、专业合作社的依赖性大,在产业链中是最弱势的群体。建议通过为信誉好的农户提供信用担保、加强一条龙的社会化服务、建立利益分享机制等措施加强与农户的联结程度。

(二)多方式延伸产业链,提高产业链整体价值

延伸产业链,主要通过拓展产业链目前产品的应用广度,引导下游产品主体进入产业链中,提高产业链价值,将更多收益留在县域,提高农民收入。具体来看,主要通过创新现有加工产品、分析消费者的消费习惯和消费方式、推进主食加工产业供应基地的建设等措施提升产业链整体价值,带动农民就业,提高农民收入。一是充分利用嵊州小吃的名气,开发推广新产品,将嵊州小吃的经营者纳入产业链。二是依靠大数据技术分析消费者的粮食消费习惯和消费方式,将家庭中的消费形式带入产业链,形成新产品。三是按照"优质营养、健康美味、经济方便"的要求,支持建设主食加工产业供应基地,提高主食产业化经营能力,创新主食产业发展模式。

(三)多手段加强自身实力,提高企业带农实力

三碗米业作为龙头企业,其在产业链中的地位决定了它必须承担

起社会责任。对此,只有加强自身实力建设,才能高质量地承担带农共富的责任。三碗米业的欠缺主要表现在仓储问题和粮食损耗问题上。建议如下:一是加强仓储能力。仓储能力低是制约粮食加工企业发展的瓶颈因素,三碗米业的加工能力和销售能力较强,相比之下,仓储能力成为制约公司发展的重要因素。可以通过新建仓储基地来解决问题,但目前土地审批受限,而粮食仓储问题却急于解决。不如利用政府现有的粮食仓储设备,通过共享来实现新建仓储基地,对公司来说,既解决了当务之急,又降低了新建仓储的成本;对政府来说,既提高了仓储基地的利用效率,又提高了当前的收益。二是解决粮食损耗问题。据联合国粮农组织统计,从收获到零售,全球粮食损失率高达14%。在粮食的供给端,需要进一步通过流程衔接、技术标准化、工艺现代化等方式加强收购环节、运输环节、存储环节的标准化管理,提升加工精细、精准程度,全链条降低粮食在各个环节的损耗,维护国家粮食安全。

(四)多保障加大政策支持,助企实现带农共富

政策支持是产业链稳定发展的强有力保障,主要可以从拓宽融资渠道、加强标准化运作、加大保险的保障力度和联合外地政府部门形成合力四个方面入手。一是拓宽融资渠道,加快农村金融产品创新和金融服务创新。精准分析粮食产业链各环节的资金需求,开发有针对性的金融产品。通过评估经营主体的未来收益,进而评估融资风险,提高经营主体融资风险评估的灵活性。探索以农村耕地承包经营权、大型农机具等为抵押品的多样化抵押形式,来降低经营主体的融资难度。简化信贷流程,灵活还贷方式,提高金融服务水平。二是推动产业链各个环节的标准制定,包括农资、生产、收购、加工、储存、销售等各个环节的标准化。标准化的产业链有利于经营主体之间利益边界的划分和利益联结的稳定,有利于粮食产品品质的稳定,降低农业生产经营风险。三是加大农业保险的保障力度。扩大政策性保险赔偿

范围,适当放宽赔偿条件。尝试与三大粮食作物完全成本保险和种植收入保险对接,分担生产主体种粮风险,充分发挥保险的生产经营兜底作用。四是联合外地政府部门完善"三界种粮大队"的社会化服务。通过补贴待遇本地化提高农户外拓种粮的积极性,使农户充分享受种粮地政府的社会化服务。通过政策制定抑制"二田东"现象,减少收益流失,切实保障种粮农户的经济利益。

主要参考文献

[1] 崔磊.农业大数据建设的需求、模式与单品种全产业链推进路径[J].大数据,2019(5):100-108.

[2] 韩喜艳,高志峰,刘伟.全产业链模式促进农产品流通的作用机理:理论模型与案例实证[J].农业技术经济,2019(4):55-70.

[3] 韩喜艳,刘伟,高志峰.小农户参与农业全产业链的选择偏好及其异质性来源:基于选择实验法的分析[J].中国农村观察,2020(2):81-89.

[4] 刘西涛,王盼.乡村振兴视角下农产品全产业链流通模式构建及协同发展策略[J].商业经济研究,2021(11):122-125.

[5] 倪冰莉."互联网+"时代农业全产业链发展模式创新[J].商业经济研究,2020(21):85-88.

[6] 孙永朋,王美青,徐萍,等.打造新时代浙江农业全产业链升级版的战略思考[J].农业经济,2021(12):3-5.

[7] 田剑英.农业全产业链融资方式与完善对策:基于浙江省55条农业全产业链的调查与跟踪研究[J].经济纵横,2018(9):112-121.

[8] 温涛,陈一明.数字经济与农业农村经济融合发展:实践模式、现实障碍与突破路径[J].农业经济问题,2020(7):118-129.

作者单位:程秋萍,嘉兴大学;邱晓军,嵊州市委党校

杭州市西湖区外桐坞村：
"茶画融合"引领共富新格局

张跃西

摘要：浙江省杭州市西湖区转塘街道外桐坞村，以强化党建引领思想、铸魂提升管理为前提，以美丽乡村景区村庄环境建设为基础，以"茶画融合"主题服务平台建设为抓手，成功吸引了大批画家入驻，推动了村庄文化品质提升，进而带动了民宿、文创、研学等新兴产业发展、综合效益提升，探求出了走向共同富裕的新路子、新方式和新方法，村集体年收入达到 600 万元，村民人均年收入达到 7 万元。这里已经成为浙江省委党校和浙江大学全国干部培训现场教学点。结合乡村振兴、共同富裕和"重要窗口"建设的战略要求，针对该村践行乡村合作、探索制度创新、铸造高端平台、深化产品研发及谋求共享发展等过程中遇到的各大重大问题，我们提出对策建议：强化乡村合作与探索制度创新相统一、坚持物质富裕与精神富有相统一、坚持效率优先与公平正义相统一、坚持普遍富裕与差别富裕相统一、坚持创新创业与共建共享相统一。

关键词：外桐坞村；茶画融合；共同富裕

一、研究背景：画外桐坞成为乡村振兴知名品牌

2020 年 3 月，习近平总书记在浙江考察时指出，浙江要成为新时代全面展示中国特色社会主义制度优越性的重要窗口，要把保护好西

湖和西溪湿地作为杭州城市发展和治理的鲜明导向,统筹好生产、生活、生态三大空间布局,在建设人与自然和谐相处、共生共荣的宜居城市方面创造更多经验。① 茶为国饮,杭为茶都。杭州需要抢抓机遇,勇于担当,敢为人先,高起点高水平推动杭州生态文明高质量发展,充分发挥城市主题公园功能作用。以龙坞茶镇为主阵地,引领文化与制造业、旅游业、会展业联动发展,推动生产、生活、生态深度融合,推动美好家园和宜居城市建设,提升杭州世界名城品牌效应,奋力展现"重要窗口"头雁风采,具有重大的现实意义。

自 2017 年起,中国国际茶叶博览会永久会址落户龙坞茶镇。作为杭州省级特色小镇、国家 4A 级景区,龙坞茶镇距离杭州市中心约 15 公里,面积 217.26 公顷,四周群山环绕,茶园茶山连绵起伏,是西湖龙井茶的最大产区,素有"万担茶乡"之称。"茶产业＋旅游业＋文化艺术"融合发展,已经形成九街"茶专业市场"、长埭村"茶庄园"、外桐坞村"茶画艺术小镇"及何家村"茶文创＋婚庆＋低空飞行"等发展方式,基本实现"物质富裕、精神富有"。

外桐坞村是西湖区转塘街道龙坞茶镇的建制村之一,村庄区位优越,交通较为便利,紧邻杭州主城区,绕城高速穿村而过。村庄是素有"万担茶乡"之称的龙坞茶叶基地的重要成员,是西湖龙井茶的主产地。村庄占地面积 130 公顷,163 户人家生活于此,常住人口有 663 人。外桐坞村环境优美,历史人文底蕴深厚。该村以美丽乡村建设为基础,积极与中国美术学院等单位合作,吸引 167 名艺术家入驻,成功打造了"茶画风情小镇"品牌,已经实现村民年收入 7 万元,村集体年收入 600 多万元。探索了党建引领下的文化艺术与旅游业融合发展的、推进共同富裕的一条新路子。"画外桐坞"已成为全国乡村振兴的知名品牌。

---

① 统筹推进疫情防控和经济社会发展工作 奋力实现今年经济社会发展目标任务[N].人民日报,2020-04-02.

二、主要做法:党建引领产业融合的共同富裕之路

外桐坞村位于浙江省杭州市西湖区转塘街道北面,置身于素有"万担茶乡"之称的龙坞茶叶基地之中,是西湖龙井茶的主要产地。近年来,外桐坞村坚持党建引领,立足本土,因地制宜,在诗情画意中走出一条乡村振兴的特色之路、和谐之路、幸福之路。

"绿水青山就是金山银山"理念是新时代推进生态文明建设的根本遵循。城市的综合能级,关键在于产业能级,核心在于发展动能。2015年以来,龙坞茶镇以建设"中国第一茶镇"为目标,坚持生态立镇、文化兴镇、经营强镇发展战略,聚力项目建设、产业培育、智慧赋能、品牌打造,成功通过省级特色小镇综合验收,挂牌国家4A级景区(全省首个成功命名的历史经典特色小镇),吸引了越来越多的国际目光。杭州在生态文明、历史文化、创新活力等方面厚积薄发,后劲十足。西湖龙坞茶镇作为杭州城市西南生态带上的重要明珠,坐拥优质生态底色、深厚文化底蕴、良好产业基础,大力推进茶文旅、康养产业高度集聚与功能提升,培育杭州文旅康养新增长极,打造国际化战略新优势,创造生态文明高质量发展突破性标志性成果,助推展示"重要窗口"头雁风采。根据杭州市建委《2020年度全市美丽城镇建设工作要点》,转塘街道(龙坞)成为全市首批列入美丽城镇创建样板名单的小镇,也是杭州市主城区唯一列入名单的小镇,属于文旅特色型美丽城镇。随着杭州未来科技城、未来城市等建设布局的推进,龙坞茶镇及周边区位优势将更加明显,高端创新要素将进一步集聚,基础条件和特色优势将进一步显现,成为主城区不可多得的城市生态发展空间,为该区块的高质量发展带来历史性机遇。

(一)抓班子带队伍,让团队"强"起来

对标"党建双强"标准,强化党组织的核心作用和主导地位。培养年轻后备干部积极领办民生实事,创新开展"七心工程",利用新生代

群体喜闻乐见的形式,引导党员融入村内各个新生创业群体,"零距离"服务群众。

(二)抓产业促发展,让村民"富"起来

锚定"江南艺术旅游第一村"这一发展目标,立足"西湖龙井＋中国美院"的资源优势,大力发展茶产业和艺术产业。依托中国美院的辐射效应,鼓励村民将旧农庄改造成特色民宿,从最初引进的 40 多名艺术大师,到如今家家都有艺术家入驻,形成了国画、雕刻、油画、陶瓷、音乐五大文创区块。精心培育元帅茶园,建成元帅茶炒制中心,致力打造元帅茶品牌。2020 年实现茶叶收入 1300 万元,带领村民走上致富道路,村民生活品质得到显著提升。

(三)抓整治强民生,让村风"美"起来

自 2013 年全面启动美丽乡村建设行动以来,村干部以身作则带头拆违,带领党员、村民代表、村民拆除各类违建 5000 平方米,成功创建国家 3A 级旅游景区、全省新时代美丽乡村精品村。整合入驻艺术家资源,组建国画、书法等各类兴趣小组,举办各类文化活动,让村民享受"小有所学、老有所乐"的精神文化生活。

(四)抓党建优服务,让村庄"红"起来

立足红色文化底蕴,打造系列红色教育基地,建成朱德纪念室及元帅亭、元帅茶园等红色地标,累计接待各级参观访问团共 120 多次,其他基层考察团 1000 多次。定期举办"红色书房"读书会、公益廉政课堂、红色文化行等主题活动,组建西湖区首支"红领巾"宣讲团。让党建、红色元素充分发挥作用,激发党员、群众积极参与村庄自治的内生动力,极大地提高了村民的获得感、幸福感、安全感。

三、实践成效:传统茶村走向茶画融合共富标杆

2005 年,外桐坞村里只有 60 多万元的可用资金,农民的收入以茶

叶生产为主，年人均收入近万元，村庄环境也与其他村庄相差无几。直到 2006 年，村两委带动居民主动求变，通过改造集体用房，引艺术家入驻，"画外桐坞"雏形初现。紧接着，2007 年定位为艺术村落，2010 年创建风情小镇，2013 年建成 3A 级景区，2015 年打造龙坞茶镇特色小镇，2017 年被评为中国美丽乡村百佳范例和全国文明村，2021 年被评为全国民主法治示范村，实现了从传统茶村向美丽乡村、艺术村落和乡村振兴标杆的华丽转身。

外桐坞村在党建引领下，有效破解了"美丽、健康与富裕"协同发展的难题。2019 年在实现人均收入近 7 万元的前提下，保持了村庄的生态美、人文传统的文化美，还借助艺术家赋予村庄艺术特质，提升了当地居民的人文素养。同时，艺术家的创作才能及艺术功能得以展现，实现艺术（家）、村民、访客、社区和自然环境的多方共赢与共同发展。

一是探索实践西湖龙井茶产业的延伸，包括民宿业和茶画文化创业，成为实现共同富裕的新典型。

二是成为"建设生态就是发展生产力"的典型，美丽乡村环境成为重要的优势资源。外桐坞村因此从 10 多年前的一个破旧的小山村发展成今天的"画外桐坞"品牌景区村。

三是搭建功能平台，引进艺术家群体入驻，共创共建共享"茶画融合体"，基本实现产业兴旺、生态宜居、乡风文明、治理有效、生活富裕的乡村振兴战略目标。

四、经验启示：围绕特色产业规划融合精细管理

（一）村两委思想站位高

村两委从主观能动教育出发，培养村干部的工作荣誉感。村干部是为本村村民服务的，进入班子之前要先考虑好能为村民做些什么。将集体利益放在首位，不计较个人利益，团结班子里的每一个成员，工

作要有团队意识、抱团精神,提倡能者多劳。班子成员目标一致:为村民服务,发展村落。他们即使在意见上存在分歧,工作时也能拧成一股绳。如果班子成员不团结或者很难团结,就很难实现为村民服务的目的,因此外桐坞村所有选出来的干部都必须带着为村民服务的观念去工作,只有这样才能让外桐坞村的管理变得更加有序,村干部也才能让村民信服。

(二)美丽村庄形象效果好

在着手村庄的改造和整治之前,必须先全面剖析和明确整个村庄的未来发展方向,对村庄的产业规划、布局有一个清晰的思路,在行动之前有一个详细的计划,才能在实际工作中以不变应万变,减少因为突发情况如产业布局未能如期铺开而造成时间和资源的浪费,磨刀不误砍柴工,行动之前考虑周全,下手才能稳准狠。在打造风情旅游小镇时,外桐坞村两委和中国美院风景设计院经过多次讨论和筹划,在产业规划上提前布局,在合适的地点建造接待中心、文化礼堂、村民活动场馆等与旅游相关的设施,这些产业的布局也为之后艺术村落的打造奠定了基础。

(三)村庄产业发展定位准

要想找准一个村庄的发展定位,首先必须了解整个村庄的历史、文化以及人文特色,这些内容往往决定着村庄的发展方向,将这些元素与现有的村庄基础设施进行融合,做好产业定位,酝酿适合村庄发展的思路。外桐坞村在完成风情小镇村庄整治后,依托中国美院的区位优势,将非常适合做艺术空间的村内老茶叶加工场所利用起来,引进了第一批艺术家老师,利用艺术家老师的优势去说服和引导当地的村民、党员和村民代表腾出空间引入产业。这几年的发展表明,村庄资源融合艺术产业的发展模式是符合外桐坞的产业定位的,是一条有效的发展之路。

（四）村庄文旅产业融合深

把外桐坞定位为一个艺术村落之后，必须把所有的房屋、空间等资源进行整合，清退与艺术不相关的产业，将整个村庄都融入艺术氛围中，也让村民融入艺术的世界。把整个村落的房屋做好分级管理，并按照艺术生活、工作和展示等不同功能进行分割。与此同时，村两委对村民进行相应的劝导，不能任由其发展一些与艺术不相关的其他产业。例如当村民想开农家乐的时候，村干部要对他进行劝说，因为农家乐不仅会影响环境，也会影响村庄的艺术产业发展。村两委会采用资金鼓励或者补助的形式进行协调，将整个村庄的产业都融合到艺术产业中，并达成相应的平衡状态。

（五）村庄精细管理效率高

一个村落发展到一定的程度之后，要想继续往前走，就要求村两委对村庄进行长期有效的管理。外桐坞是一个艺术村，要想让入驻的艺术家和村民以及外来游客和谐相处，必须做到以下几点：①村落要建立景区式管理模式。外桐坞村在2013年成功创建了3A级国家景区。②景区产业全面带动村庄的发展，并为村集体经济发展做出贡献。外桐坞成立了龙腾画外桐坞旅游开发有限公司，将村庄治理与旅游管理分离，不仅能够对外来游客、景区环境进行更好的管理，还能给村集体经济带来100万元的年收入。③建立物业管理制度。村庄成立了画外桐坞物业管理有限公司，对村民进行垃圾分类的宣传和引导，对车辆进行管理，对整个村庄的环境卫生进行整治。对整个村庄进行封闭式区域管理，每个入驻的艺术家老师都要为其工作室缴纳物业费，用于整个村庄的卫生、车辆、消防设施管理和维护，让村民生活在更加快乐、安静、有序的新农村——画外桐坞。

五、发展建议：持续深化改革创新，促进共同富裕

文化总部理论强调，通过机制体制优化，促使全世界同类文化的

优势资源实现在特定区域的高度集聚,并不断强化优势集聚、传承创新、示范引领及服务辐射四大功能,形成具有特定主题的代表性、标志性及复合功能的文化中心区域,这个区域就称为文化总部。文化总部理论,与文旅融合"只争第一、只做唯一"的特色发展原则高度契合,因而对推进文旅融合深化、强化中国名城创新发展具有重要的学术理论价值和实践指导价值。应用文化总部理论,创建"世界茶都公园",通过集聚世界茶文化优势资源,打造世界茶文化交流合作的高端平台,是具有理论依据和实践经验支撑的。

对照高质量发展与共同富裕示范引领的要求,外桐坞村还存在五个亟待破解的突出问题:一是在党建引领思想铸魂、践行具有中国特色的"乡村合作"创新方面,特别是横向联合、纵向联合及跨区联合方面亟待取得新突破;二是茶画融合尚需要抢占战略制高点,借助世界茶都品牌和国际茶叶博览会永久会址落户龙坞茶镇的契机,尽快构筑国际化高端平台,大力推出会展、节事旅游等产品,努力拓展平台经济和体验经济;三是"茶画融合"的国际研学旅行及外地干部培训尚需尽快强化课程开发与教材建设,特别是沉浸式体验旅游产品开发亟待加强;四是在"茶画融合"主题招牌菜系及文创产品开发及综合效益提升等方面,需要尽快整合区域优势资源,建立共享机制;五是在产权经济、共享经济及三次分配制度优化方面,亟待取得新的突破。

立足龙坞茶镇核心功能,进一步集聚优势资源,整体联动茶叶博览、国际研学、康养休闲、艺创孵化、文化交流、禅茶体验、短途游憩、演艺展示、配套服务九大功能区块。借助中国国际茶叶博览会永久会址落户龙坞茶镇的契机,积极创建世界茶文化博览园,大力创建共享田园与茶文旅艺术体验一体化新模式,打造国际茶文化研学示范基地。着力提升画外桐坞"茶画小镇",打造长埭村"音乐小镇"和长城埭村"茶康养庄园"。延续杭州亚运会余热,助力健康城市建设,依托西山国家森林公园,建设全民体育和运动康养基地。探索茶文化和艺术的深度融合,壮大葛衙庄核心区块艺术之都、外桐坞村茶画融合的艺术村落,以及慈母桥村民族团结石榴子主题文化园,打造葛衙庄核心艺创产业孵化器。对接浙江音乐学院,吸引音乐人才和配套产业入驻,打造集音乐创作、制作和交流于一体,积极创建长埭村区块音乐小镇,促进茶文化和智慧产业的结合。依托金莲寺、白龙潭和龙门坎村,建成"禅茶一味"传统文化活态传承示范区。对茶镇—西山—午潮山旅游资源串珠成链,打造长三角南翼重要的在地旅游目的地。借助中国美术学院、浙江音乐学院等杭州演艺优势资源,策划演艺经济,打造世界茶都大秀场。提升和完善配套服务,在现有茶镇九街的茶业展示、销售、体验和社区配套服务基础上,立足各功能区块,构建分级分类、侧重不同的配套服务体系,完善各区块的交通、商贸、民生设施等配套功能。

对此,我们提出如下对策建议:

第一,强化乡村合作与探索制度创新相统一。按照生产、供销和信用"三位一体"乡村合作指导思想,进一步壮大村集体经济,优化分配制度体系,切实打造"制度优越、国际领先、示范引领"的经典样本。

第二,坚持物质富裕与精神富有相统一。这是共同富裕的战略方向问题。共同富裕,既要物质富裕,也要精神富有,实现"两富"共同发展齐头并进。对此,要坚定不移坚持社会主义政治方向,弘扬社会主义核心价值观。高质量建设共同富裕示范区,要坚持"文化先行",激发广大民众的奋进激情和旺盛斗志。

第三,坚持效率优先与公平正义相统一。这是共同富裕的根本制度问题。共同富裕,不能搞"劫富济贫",也不能搞"一刀切"平均主义。要坚持效率优先与公平兼顾,切实健全完善三次分配制度。着力推进一次分配和二次分配制度优化,积极拓展与健全三次分配制度。三次分配以募集、捐赠和资助等慈善公益方式对社会资源和社会财富进行再分配,是对一次分配和二次分配的有益补充,有利于缩小社会差距,推进共同富裕。

第四,坚持普遍富裕与差别富裕相统一。这是共同富裕的渐进路径问题。共同富裕是一个战略性、长远性的奋斗目标,不可能"齐步走",更不能急于求成。要允许一部分人先富起来,先富带后富,最终实现共同富裕。习近平总书记强调"要根据现有条件把能做的事情尽量做起来,积小胜为大胜,不断朝着全体人民共同富裕的目标前进"①,积极作为、稳中求进、尽力而为、量力而行、善作善成。

第五,坚持创新创业与共建共享相统一。习近平总书记强调"要尊重人民群众的主体地位"②,共同富裕是共同奋斗、共建共享,是全体人民的共同富裕,"幸福都是奋斗出来的"③。要发挥人民群众的首创精神,保障人民群众的各项权益,走共同富裕道路,促进人的全面发展,做到发展为了人民、发展依靠人民、发展成果由人民共享。着力构建高端新平台,大力拓展新经济,积极探索新模式,有效丰富新业态,助推创建"世界茶都公园",奋力展示"重要窗口"头雁风采。

杭州敢为人先、勇于担当,瞄准未来城市发展战略目标,依托龙坞茶镇深度推进健康中国、美丽中国和乡村振兴战略的协同发展,以龙坞茶镇和西山国家森林公园生态涵养与茶文旅康养功能为基底,以新经济和智慧产业植入为主体,以构筑国际交流高端平台重大项目为抓手,有效集聚世界优势资源,创建世界茶都公园,打造世界茶文化总部。注重生产、生活与生态一体化,融合康养旅游、会展演艺、国际研学、休闲度假及共享平台创意体验等新经济业态,通过"三生四融"、三创(科创、文创、农创)并进和多功能复合叠加,要努力成为长三角重要的智慧生态经济示范区、世界多元茶文化展示区及"禅茶一味"优秀传统文化资源活态保护区,努力成为引领高能级未来都市型生态社区发展的浙江样本。加快培育杭州文旅康养新增长极,铸造新时代生态文明高质量发展"重要窗口"新典范。

主要参考文献

[1] 保继刚.主题公园研究[M].北京:科学出版社,2015.

[2] 张跃西.民族文化总部与体验旅游协同发展探讨[A]//第十六届中国科协年会——分4民族文化保护与生态文明建设学术研讨会论文集[C].中国科学技术协会学会学术部,2014:201-205.

[3] 张跃西.新时代旅游国际化与战略转型研究[M].北京:人民日报出版社,2018.

[4] 姚伟.杭州"智圈融合"推进长三角一体化发展的思考[J].杭州科技,2020(2):42-43.

[5] 李勇刚.浅谈未来城市与智慧城市理念的发展[J].低碳世界,2019(10):310-311.

[6] 张京祥.我们需要什么样的未来城市?——杭州样本的探索[J].中国建设信息化,2020(21):18-19.

作者单位:张跃西,浙江外国语学院"重要窗口"研究所

湖州市长兴县滩龙桥村：
从一片叶子富一方百姓到富多方百姓

陆珠希

摘要：享有"江南白茶第一村"美誉的浙江省湖州市长兴县和平镇滩龙桥村，过去产业结构单一，经济发展较为滞后，农民生活水平相对较低。近年来，滩龙桥村以基层党组织建设为抓手，组建了"政策明白人"队伍、"致富带头人"队伍和"稳定协调人"队伍，这三支队伍致力于领导基层治理、引领茶产业发展、协调和团结群众，开辟出一条切合产茶山区绿色可持续发展的共富道路。经济方面，滩龙桥村通过结合自身资源禀赋，深耕茶产业，依托山水优势和茶文化赋能驱动，深入挖掘文旅产业的多重价值，推动村域范围内的资源整合，打造茶旅融合新业态，为共同富裕构建坚实的物质基础。文化方面，滩龙桥村结合茶文化特色，在保护传承的基础上赋予乡村传统文化更丰富的时代内涵和更多元的表现形式，为共同富裕厚植文化底蕴。乡村治理方面，滩龙桥村深化村民自治实践，依托户主大会、村民代表会议、和治理事会、村民监事会等多种群众组织，基本形成多方参与、村民自治的共建、共治、共享、共发展的基层治理格局。

关键词：滩龙桥村；白茶产业；茶旅融合；基层治理

一、研究背景：滩龙桥村围绕白茶产业的发展历程

滩龙桥村位于浙江省湖州市长兴县和平镇最南端，区域面积

12.40 平方公里,山林面积 17300 亩,总耕地面积 730 亩,下辖 4 个承包组、6 个自然村,农户 247 户,总人口 865 人,其中中共党员 39 人。近年来,滩龙桥村以白茶为支柱产业,叠加文旅产业优势,走出了一条契合产茶山区可持续发展的共富道路。

(一)起步阶段:1976—1983 年

滩龙桥村的茶叶种植历史最早可追溯至 1976 年,当时的山坞生产队为增加副业,鼓励村民开垦山地、种植茶树。1983 年,时值改革开放初期,国家推行的家庭联产承包责任制将个人付出与收入直接挂钩,极大地激发了滩龙桥村民投入生产的积极性,约 20 多户村民加入改革浪潮,通过分田分山、承包到户,走上了种植茶树、手工制茶的致富之路。

(二)布局阶段:1984—2018 年

2003 年,时任浙江省委书记的习近平同志在总结浙江八方面优势的基础上,提出了面向未来发展的八项举措。其中提到要"进一步发挥浙江的生态优势,创建生态省,打造'绿色浙江'"①。在此背景下,长兴县鼓励各村镇结合自然资源优势,扩大茶叶种植范围,给予茶叶种植每亩 300 元的财政补贴。滩龙桥村抢抓机遇,逐步调整农村产业结构,鼓励村民全面开垦荒山荒地,大规模种植白茶。截至 2018 年,初步形成 1.5 万亩的规模化茶园,成为长兴县和平镇茶叶种植面积最大的村。除村集体经济茶叶合作社外,另有自营茶场 21 家,初步形成滩龙桥村茶产业格局。

(三)发展阶段:2019 年至今

自 2019 年始,滩龙桥村茶产业进入快速发展阶段,围绕"绿色经济、美丽经济"打造"一村一品"(白茶品牌)、"一村一景"(霞幕湖景

---

① 习近平.干在实处 走在前列——推进浙江新发展的思考与实践[M].北京:中共中央党校出版社,2006:"自序"3.

区）、"一村一韵"（茶文化韵味）、"一村一特色"（茶＋文旅特色产业）的总体规划。滩龙桥村将茶产业作为支柱产业、特色产业，发挥产业联盟会的优势，严格把控茶叶质量，不断延伸产业链、提升价值链，形成"江南白茶第一村"的"一村一品"品牌效应。大力开发霞幕湖景区，发展"美丽经济"，以"强村公司＋村组入股＋党群参与"的模式开展景区管理，实现由共建到共享的"一村一景"。成立和平镇非物质文化遗产传承体验基地，建设江南白茶博物馆，开展茶文化的宣传、展示和培训等工作，形成内涵丰富的"一村一韵"。培育茶产业和文旅产业作为村集体经济特色产业，培植"茶＋生态涵养""茶＋休闲观光""茶＋文化体验"等新业态，打造农村产业融合发展的"一村一特色"。

滩龙桥村以茶为业，开辟出一条茶园种出"金元宝"、景区长出"摇钱树"、乡村变成"聚宝盆"的致富之路。滩龙桥村的实践路径和经验对于浙江省以茶叶种植、加工为主要经济来源的村镇有着重要的借鉴意义。

二、主要做法：以队伍建设带动资源产业快速发展

（一）抓好三支关键队伍

乡村振兴、共同富裕的任务能否高质量完成，关键在人，关键在干部队伍。滩龙桥村以基层党组织建设为主线组建了三支关键队伍：一支能够引领基层治理、推动改革发展、团结动员群众的"政策明白人"队伍；一支由支部、联盟会、企业、农户组成的引领茶产业发展的"致富带头人"队伍；一支以民情收集和矛盾化解为己任的"稳定协调人"队伍。

1. 建设农村基层党组织队伍，坚定信心，当好"政策明白人"

滩龙桥村坚定党支部的领导核心地位，推行村两委班子成员交叉任职，党支部书记任村委主任和村农民合作社负责人。一方面，以农村基层党组织建设为抓手，突出政治功能，引导农村党员自觉用习近

平新时代中国特色社会主义思想武装头脑,把基层党组织建设成引领全村发展的红色堡垒。村两委积极学习党和国家的方针、政策,争做"政策明白人",做政府和群众之间的桥梁和纽带,做政策的解读者和贯彻者。另一方面,村两委在充分领会政策精神的基础上,利用政策空间,以项目为中介,向上借力,通过利用财税扶持、土地政策、金融支持、帮扶指导等各类惠民政策,开展多形式项目申报,近三年汇聚"精品村"建设、省 3A 级景区村庄建设、移民村建设等各类补助资金总计748 万元,成功破解村集体融资难题。

2. 探索成立茶叶产业联盟会,发展经济,当好"致富带头人"

2003 年,滩龙桥村两委抢抓机遇、趁势而为,利用经济杠杆补助政策鼓励农户开垦山地种植白茶。2018 年初步形成 1.5 万亩的规模化茶园。次年,探索成立滩龙桥茶产业联盟会,积极推进"支部＋联盟会＋企业＋农户"的"致富带头人"模式。一方面,联盟会积极做好产业服务,制定茶叶技术政策和标准,提出全村茶叶产业中长期发展规划和年度计划,引导和推进全村的茶叶产业结构调整,实现茶产业可持续发展。另一方面,做好上传下达工作,对上向政府和有关部门反映茶农、茶企的愿望和诉求,对下传达政府和主管部门的精神和政策,加强行业管理。同时,协调滩龙桥村茶叶产业的产、供、销关系,维系茶农、茶企之间的良好关系,维护茶叶正常的生产、流通秩序。

3. 创建公共事务和治理事会,心系群众,当好"稳定协调人"

滩龙桥村是移民村,主要由河南省各地和浙江省温州、台州等地移民组成,人口组成较为复杂。在十多年前,滩龙桥村一直是"问题村"。近年来,滩龙桥村致力于探索村域善治新形式,发展出一条以村民委员会、农村社会组织、农民个人等为行为主体,通过民主协商等多种形式,依法对农村社会矛盾、公共事务、公共生活进行规范和管理的农村社会治理新路径。2019 年,成立滩龙桥和治理事会,及时协调民意、化解矛盾;2020 年,滩龙桥村结合"白茶种植第一村"的优势,在村便民服务中心设立"滩龙桥村茶和天下茶舍"，接待村民来访、记好民情台账，为群众提供自由反映问题的场所，建立起及时发现问题、解决问题的快速反应机制。遇到家庭矛盾、村民纠纷等情况，由和治理事会组织矛盾双方通过吃讲茶的形式调解纠纷、化解矛盾，开创了村域善治新格局。

（二）兴旺一项核心产业

乡村振兴，共同富裕，产业兴旺是重点。滩龙桥村自 1976 年开始发展茶产业，现已形成规模化茶园 1.6 万亩，成为长兴县茶园面积最大的建制村。平均每户茶园面积超 100 亩，形成"家家有茶园，户户种茶叶"的产业格局。

1. 多措并举，提升茶园生产能力

由村两委牵头，凝聚党支部、企业和农户多方合力，成立"滩龙桥茶产业联盟会"，推广白茶良种种植，提高茶园良种率和专业化水平；完善茶园配套设施，提高茶园智能化管理水平；推广绿色种植技术，加强茶园土壤治理，减少化肥、农药的使用。定期邀请中国科学院院士等专家讲解茶叶的绿色种植方法，引导农户树立生态种植理念，改进种植方式，推进土壤环境质量提优、茶产业可持续发展。

2. 产学融合，创新茶叶加工工艺

通过与浙江大学茶学系展开互惠合作项目，在研究茶叶初、精制加工技术对茶叶品质影响的基础上，引进最新制茶技术，经过工艺改进和技术融合，创新研制出滩龙桥红茶茶叶加工连续化、自动化生产线。在浙江大学茶叶研究所的技术加持下，进一步研究茶叶、茶汤的光谱和色差特性，精准测定茶叶的香气成分、滋味成分，探索运用现代设备鉴定茶叶品质的技术。

3. 精准定位，打响特色茶叶品牌

滩龙桥村在原有茶叶合作社基础上，倾力打响"百岁爷"白茶和

"霞幕红"红茶两个特色茶叶品牌。以土质好、海拔好、朝向好、肥料好、采摘好、炒制好、包装好、储藏好、服务好"九好"和无农药残留、无焦老叶、无水分超标"三无"标准为基本原则追求茶叶品质品位。2019年,滩龙桥村申报"江南白茶第一村"品牌字号,并顺利获得国家版权局批准。2020年,滩龙桥村"霞幕红"手工小种红茶制作技艺被列入长兴县县级非物质文化遗产名录。

4. 文化驱动,繁荣发展乡村文化

滩龙桥村以中华优秀传统文化——茶文化为核心,利用文化的内在驱动力,通过各种形式繁荣和发展乡村文化。自 2017 年起,村庄每年都会举办茶叶专业评审比赛,评选出茶叶品质最优的"茶王",以此调动广大农户继承和发扬传统制茶工艺的积极性。村庄还成立和平镇非物质文化遗产传承体验基地,大力开展茶叶制作技术的宣传、展示和培训等工作。滩龙桥村党支部主动与湖州师范学院音乐学院党支部开展结对合作,通过校地合作构建党建联盟,创立"助力乡村振兴,探寻共富密钥"实践基地,合力创作出《茶和天下》《党章守护人》等艺术作品,极大地丰富了乡村文化内涵。

(三)盘活一片美丽山水

乡村振兴,共同富裕,绿色发展是关键。滩龙桥村依山傍水,背靠的霞幕山为天目山余脉,海拔 560 米,山峰有霞幕泉,称"天湖",自古有"莫干山景,霞幕山水"之美誉。滩龙桥村在积极发展茶产业经济的同时,更是致力于保护当地生态环境,将霞幕湖景区的一片美丽山水盘活,成为带领村民共同富裕的"美丽经济"。

1. 科学管理,优化生态屏障

近年来,滩龙桥村大力实施村庄生态环境保护、修复与提升工程,完善生态环境系统保护制度。以省级农业园区创建为契机,全面推动白茶产业提档升级,聘请专家选育优良品种,打造高品质生态茶园。通过推广茶园套种模式,引导农户树立生态种植理念,改进种植方式,种植银杏、紫薇等数十个树种进行生态修复，推动茶产业可持续发展，土壤环境质量不断提优。截至 2020 年，已完成茶山生态修复 8400 多亩，超额完成计划任务。

2. 因地制宜，开发山水资源

滩龙桥村自然资源丰富，坐拥"一山"（霞幕山景区）、"一水"（霞峰甘泉）、"一条古道"（陆羽古道）。滩龙桥村着力发展"美丽经济"，以"强村公司＋村组入股＋党群参与"的模式开展景区管理，2018 年以村组为单位，由村民将自有的山林资产资源折价入股投入滩龙桥村股份经济合作社，并由村经济合作社持股 80％成立长兴绿营生态农业发展股份有限公司，该公司负责管理霞幕山景区，2020 年委托湖州正煌乡村旅游文化发展有限公司开展景区日常运营和管理。此外，由村两委组织党员和群众划分景区包干区，共同维护景区生态。

3. 丰富业态，发挥多重效益

滩龙桥村结合自身茶产业基础和自然资源优势，深入发掘休闲观光、旅游住宿、文化体验等多种功能。通过打造来野美墅等多个精品民宿，推动休闲农业和乡村旅游业发展；通过建设江南白茶博物馆、和平镇非物质文化遗产传承体验基地等项目，增强地方特色，形成新的消费热点；通过发展农村电子商务，建立茶叶销售的电商渠道，密切产销衔接，推动村域资源整合、多元增值。

4. 小微改造，美化村容村貌

滩龙桥村以美丽乡村精品村创建为契机，近年来投入资金 520 万元，拓宽村干道 3 公里，建设林道 12 公里。同时，面向村域内的农舍、农房开展小微改造，鼓励村民在房前屋后营造特色"四小园"（小菜园、小果园、小花园、小公园），打造"一村一亮点"即"美丽庭院"示范带，丰富村容村貌形态，引导村庄农舍形成兼具生产性和观赏性的特色田园景观，重点打好田园生态牌。

三、实践成效:实现物质富裕、精神富有和治理完善

(一)发展壮大乡村产业,奠定共同富裕物质基础

1.结合自身资源禀赋,深耕茶产业

滩龙桥村通过引育良种、规范管理,茶叶产量屡创新高。2021年,茶叶青叶产量突破 1000 吨大关,同比增长 7.0%;茶叶销售额达1.7亿元,同比增长 8.5%;通过创新加工工艺、打造特色品牌等方式,提高了茶叶附加值,为村民创收提供了新路径。滩龙桥村 2021 年人均可支配收入达到 7.5 万元,远超浙江省人均收入(5.8 万元),与北京市居民人均可支配收入持平。

2.培育新产业新业态,三产齐发展

依托山水优势和茶文化赋能驱动,将茶文化元素融入霞幕湖景区建设,深入挖掘文旅产业的多重价值,推动村域范围内的资源整合,打造茶旅融合、文旅融合的"茶＋康养""茶＋休闲观光""茶＋文化体验"等多样化新业态。2021 年"十一"黄金周期间,霞幕湖景区总入园游客达 2.5 万人次,自媒体热度指数达 1290.6 万,位列湖州市游玩人气榜第二。七天假期内,村集体增收 150 万元。

(二)传承弘扬乡村文化,铸就共同富裕精神高地

1.弘扬优秀传统文化,传播茶文化

滩龙桥村结合茶产业特色,积极响应村民的精神文化需求,在保护传承的基础上,不断赋予乡村文化以更丰富的时代内涵和更多元的表现形式。滩龙桥村连续多年举办茶叶专业评审比赛,调动广大农户继承和发扬传统制茶工艺的积极性;成立和平镇非物质文化遗产传承体验基地,大力开展茶叶制作技术的宣传、展示和培训等工作;与湖州师范学院音乐学院开展密切合作,创作滩龙桥村歌《茶和天下》,广受村民喜爱,人人传唱。2021 年 6 月,滩龙桥村部分村民加入湖州师范

学院音乐学院原创音乐剧《党章守护人》的演职队伍，共赴北京参加第四届北京天桥音乐剧演出。

2. 丰富乡村文化生活，提高供给质量

滩龙桥村积极增加优秀乡村文化产品和服务供给，为广大农民提供高品质的精神文化滋养。开办农家书屋，推动农村科普工作，推进全民阅读进农村；广泛开展群众文化活动，培育挖掘村域内的乡土文化人才，并鼓励村民自办文化活动。截至 2021 年，在音乐学院师生的指导和鼓励下，滩龙桥村已培养了三支懂文艺、爱农村、爱农民的乡村文化工作队伍——越剧队、舞蹈队和合唱队，举办了形式多样的村民晚会，进一步丰富了乡村文化生活。

（三）创新优化基层组织，健全现代乡村治理体系

1. 深化村民自治实践，以自治为基

滩龙桥村创新实施村务公决制度，吸纳村民参与，提高自治水平。自 2016 年始，各类涉及村民利益的重大事项均采用"户长代表会议—全村征求意见—党员/村民代表会议—各户表决"的自治流程，依托户主大会、村民代表会议、和治理事会、村民监事会等各种群众组织，基本形成多方参与、村民自治的共建、共治、共享、共发展的基层治理格局。通过上述方式，滩龙桥村顺利落实 45 项民生事项，解决采茶期间的经济纠纷 26 起、伤害纠纷 57 起，其中茶山界线纠纷 18 起、邻里纠纷 23 起、家庭内部纠纷 8 起。2021 年，滩龙桥村被评为长兴县县级"三无村"，即无投诉、无信访、无案件。

2. 积极培育文明乡风，以德治为先

滩龙桥村深入开展村民道德建设工程，推进道德体制建设，强化村民的责任意识、规则意识和集体意识。以"守信激励＋失信惩戒"机制，健全村庄信用体系。依托弘扬茶文化，将茶文化"精、行、俭、德"的文化内涵注入村民的日常生活和乡村德治中，引导农民习茶从俭、以茶养廉,以润物无声的力量改变村民的一言一行,使村民关系、党群关系、干群关系更加和谐,为乡村振兴注入精神灵魂。

四、经验启示:基层党组织领导产业融合收益共享

第一,坚持农村基层党组织的全面领导,落实一个行动计划,奔赴共同富裕新目标。

实现共同富裕离不开党的全面领导。滩龙桥村以农村基层党组织建设为主要抓手,彰显党组织的政治功能,提升了党组织的组织引领力,把农村基层党组织建成推动村集体改革和发展的坚强战斗堡垒。滩龙桥村两委本着服务人民群众的宗旨,根据实际工作需要组建和治理事会,成立村调解委员会,实现扁平化和网格化管理。村两委主动把握乡村振兴的重要战略机遇期,积极响应上级政府号召,将茶产业作为特色产业,确立"滩龙桥村茶产业发展行动计划",统一部署、统一行动;组建由政府、企业、农户组成的产业联盟会,加强对联盟会的党建工作,引导产业联盟会始终秉持为农民服务的初心不动摇。以利益联结机制为核心,以技术和品牌创新为内驱动力,推进产业交叉融合,发展根植于滩龙桥村的、由村民自主创建的、彰显浙江产茶山区特色和乡村文化价值的文旅产业体系,推动滩龙桥村乡村产业全面振兴,领导全体村民一同奔赴共同富裕新目标。

第二,坚持发展彰显地域特色的新业态,融合两大支柱产业,汇集共同富裕新动能。

实现共同富裕离不开乡村产业的发展。作为拥有悠久茶叶种植历史和坚实茶叶种植基础的滩龙桥村抢抓发展机遇,以政策为导向,培育茶产业和文旅产业成为村集体经济支柱产业,发掘"茶＋康养""茶文化＋体验"等新业态形式,推动自然资源和文化资源的交互配置和产业的迁移融合,帮助茶产业和文旅产业在可持续发展中同步增值、同步受益。一方面,实施茶产业提升行动,支持企业和农户开展茶

叶生产加工，通过产学研融合创新制茶关键技术，推动茶叶初加工、深加工、精加工业协调发展，实现茶产品的多层次全方位转化增值。引导茶企开发茶菜肴、含茶食品、调味茶等精深加工产品，满足市场多样化消费需求。推进茶花、茶籽等副产品的回收再利用，发展超微粉碎、生物发酵等技术，开发茶花粉、茶籽油等食品，变废为宝，化害为利。另一方面，实施文旅产业提升行动，深度开发霞幕湖风景区，打造休闲农业和乡村旅游的深度融合，发展"茶＋旅游"新业态，将茶文化元素融入旅游业和休闲农业，推动茶文化研学线路、茶文化康养线路等文旅融合新业态。深入挖掘茶文化的丰富内涵，举办"全民饮茶日""无我茶会"等主题活动，通过特色鲜明的茶产业和文旅产业的交互融合，大力建设美丽经济，为共同富裕注入源源不断的动力。

第三，坚持共建共治共享的增值新模式，完善三类共享收益，交出共同富裕新答卷

实现共同富裕离不开农民增收创收和利益共享。滩龙桥村始终坚持将农民增收作为基本出发点，进一步完善土地收益共享、产业收益共享和生态收益共享。一方面，组建滩龙桥村股份经济合作社，鼓励农民带土地、林权等资源依法入股，并由村经济合作社持股80％成立长兴绿营生态农业发展股份有限公司，以"强村公司＋村组入股"的模式开展霞幕湖景区管理，探索农民负盈不负亏的收益共享机制，农民以此获得土地收益共享。另一方面，滩龙桥村坚持市场化方向，推动农商互联，主动安排农产品流通企业与农户对接，通过订单农业、茶叶直采直销等形式，打造产销稳定衔接、利益紧密连接的茶叶产业链条。结合"互联网＋"农产品进城试点，利用互联网和大数据等技术手段，打通线上电商销售渠道，鼓励农户发展短视频销售、抖音直播带货等新业态。由当地龙头企业带头开展营销策划，落实茶叶品牌的铺货推广和口碑宣传，通过"农民入股＋保底收益＋按股分红"的利益分配方式，让农户得以共享加工、销售等产业链中下游环节的较高增值收益，农民以此获得产业收益共享。此外，滩龙桥村以"生态优先，绿色

发展"为导向,将茶叶种植业的发展融入生态环境建设、美丽乡村建设等重点工作中,实现经济、社会和生态的效益叠加,农民得以共享生态收益。滩龙桥村不断完善三类共享收益,最终实现了农业强、农村美、农民富,交出了一份共同富裕的新答卷。

五、发展建议:以政策引导强化提升产业主体能力

第一,进一步强化政策引导,激发创新创业活力。

实施乡村振兴战略是实现全体人民共同富裕的必然选择。滩龙桥村近年来倾力发展茶产业和文旅产业,但由于之前长期发展滞后,乡村的产业功能已窄化为单一的农业生产,而传统农业的要素回报率远低于第二、第三产业,导致村庄发展后劲不足。这就要求,更进一步加强组织领导,由政府牵头制定促进村集体经济支柱产业健康发展的总体规划和指导意见,优化区域和结构布局,促进茶产业、文旅产业健康有序发展;更进一步加强政策支持力度,统筹茶产业综合集群、现代茶业产业园、茶旅精品线路等项目建设,鼓励各类金融机构在符合国家政策法规的前提下,在遵循市场化运作原则的情况下,对茶产业和乡村文旅产业提供周期长、成本低的综合性优质信贷服务;更进一步推动政、企等多方资源向农村集聚,鼓励茶农就地创业,外出务工农民返乡创业,发展多种形式的农民创新创业平台、体系,健全了相关机构和平台的服务功能,为创业农民提供了政策、法律、财务等方面的专业化、常态化服务。

第二,进一步改善农民生产条件,壮大产业经营主体。

产业兴旺是乡村振兴的重点。滩龙桥村经过十余年的努力,已初步建成白茶产业体系,不过,由于乡村的市场主体是高度分散的农民,农民自身适应机械化生产和参与市场竞争的能力相对不足,这就要求:更进一步改善农户生产设施条件,推进农户自备的茶叶设施装备更新换代,购置杀青机、理条机等茶叶加工机械,提高茶农商品化处理

茶叶的能力；更进一步发展多元化、多样化的合作形式，鼓励社会经营主体与农户建立利益联结机制，推广"公司＋合作社＋农户（茶园）"经营模式，引导构建由政府统筹协调的茶叶全产业链发展格局，完善从茶叶种植采摘、生产加工到推广销售等各环节的有机衔接，以此带动农户专业化生产，提高农户自我发展能力；更进一步实施新型农业经营主体培育和发展工程，鼓励通过多种形式开展规模化、产业化经营，鼓励社会资本到农村投资休闲农业项目、开办精品民宿、打造茶旅精品线、建设茶旅特色村，与当地农户形成互惠共赢的产业经营共同体。

第三，进一步引进汇集各方人才，加强人才队伍建设。

乡村振兴，人才是关键。当前农村人才外流严重，人力资源匮乏。从数量和结构来说，农村人才数量不足且整体年龄偏大；从知识和层次来说，农村人才基础学历偏低、知识结构老化。滩龙桥村急缺既具备茶叶科学技术的专业知识，又具备一定管理能力、经营能力、服务能力和宣传能力的综合型人才。这就要求：更进一步实行更加积极、更加开放、更加有效的人才引入政策，通过建立健全激励机制，鼓励各界人才投身乡村振兴建设。首先，引导和支持企业家、党政干部、科技人才等以下乡担任科技指导员、投资兴业等方式服务乡村振兴事业；其次，建立健全科技工作者校企双聘机制，鼓励和支持科技工作者以成果和技术入股，加强对茶企和茶农的技术指导和帮扶。最后，实行人才培育制度，通过鼓励农民参加职业教育、继续教育等形式，培养新一代职业农民，优化农业从业者的知识结构；加强茶产业技术人才的培养和引入，举办茶叶加工技能大赛、茶叶评审技能比赛等，培育一批懂茶、爱茶的应用技术型茶农和掌握现代管理、经营理念的民宿经营者。

主要参考文献

[1] 姚树荣,周诗雨.乡村振兴的共建共治共享路径研究[J].中国农村经济,
　　2020(2):14-29.

［2］骆高远.中国茶文化与旅游发展研究——以杭州西湖龙井茶为例[J].湖北理工学院学报(人文社会科学版),2019(6):1-6.

［3］李宝值,张世云,黄河啸,等.强化乡村振兴要素支撑的浙江实践与经验启示[J].浙江农业科学,2020(12):2446-2449,2455.

［4］韩长赋.坚持农业农村优先发展 大力实施乡村振兴战略[J].求是,2019(7):29-35.

［5］中共浙江省委关于深入学习贯彻习近平总书记考察浙江重要讲话精神努力建设新时代全面展示中国特色社会主义制度优越性重要窗口的决议[N].浙江日报,2020-06-28.

［6］习近平.在深入推动长江经济带发展座谈会上的讲话[M].北京:人民出版社,2018.

［7］沈晨仕.文旅融合视野下乡村振兴的策略与路径探索——基于"两山"理念诞生地湖州市的经验启示[J].湖北农业科学,2020(19):5-8,14.

［8］刘峥延.以生态产品价值转化助推乡村振兴 ——浙江的经验与启示[J].中国经贸导刊,2021(4):53-56.

作者单位：嘉兴南湖学院

绍兴市柯桥区棠棣村:以花闻名、以花为业、以花致富的"千年兰乡"蝶变之路

王俞巧

摘要:浙江省绍兴市棠棣村根植于历史悠久的兰文化,以花为媒发展特色花木种植基地,并整合农业资源发展文化旅游业,依托"花木种植""花木基地"和"文旅＋研学"三种路径,实现从美丽生态到美丽经济的转变,创新实现强村富民增收,逐步走出以"人勤春早"的棠棣精神为内涵的"农旅结合、三产融合"的绿色经济发展之路。本文从"绿水青山就是金山银山"理念和三产融合背景出发,以"三个一"(一个定位、一种模式、一个理念)来分析棠棣村在共富路上的成功经验和做法,展现其"艺术村落、花居生活"的乡村生活场景、"花乡棠棣、人勤春早"的花木产业场景和"花间趣玩、田园研学"的亲子研学场景,总结"棠棣模式"中的乡村治理经验和品牌塑造积累,并针对产业融合中村域内改革空心化、村落布局内空外延、集体经济与个体经济发展不平衡、村民情感关系弱化等问题和痛点提出意见建议,努力将棠棣村建设成以互助共享为导向铺就共同富裕新路,以人文主义为核心扮靓农家富足生活,以凝聚共富主体向心力振兴棠棣兰乡。

关键词:棠棣村;兰文化;"绿水青山就是金山银山"理念;三产融合

"漓渚满目绿无涯,棠棣无处不逢花。"绍兴市漓渚镇棠棣村素有"千年兰乡"的美誉,是一个以花闻名、以花为业、以花致富的小山村。自1980年起,棠棣村民以"一根扁担闯天下"的干劲将棠棣的花木销

往全国各地。近些年来，棠棣村立足传统兰花种植产业，以农村三产融合为抓手，探索出一条兰文化传承、花木产业培育和美丽乡村建设相结合的绿色经济发展道路。村庄三面环山，遍植苗木，整个村庄山中有绿，绿中有墅，墅内庭院，层叠错落。棠棣村面积达2.91平方公里，共计496户1509人，其中党员62人，乡贤代表46人，2021年，村民年人均收入已突破10万元。棠棣村先后获得"国家级美丽宜居示范村""全国乡村振兴示范村""中国美丽乡村""浙江省3A级景区村庄"等多个荣誉称号。

一、研究背景：棠棣村贯彻"绿水青山就是金山银山"理念，实现三产融合

（一）"绿水青山就是金山银山"理念指引共富道路方向

共同富裕是中国特色社会主义的本质要求和奋斗目标，也是根本原则。党的十九大报告明确将"逐步实现全体人民共同富裕"作为新时代的重要历史特征；习近平总书记也在《求是》中刊文指出"共同富裕是全体人民共同富裕"①，阐明"中国要强，农业必须强；中国要美，农村必须美；中国要富，农民必须富"②。习近平关于"绿水青山就是金山银山"理念的重要论述，已经成为全体人民的发展共识，在共富道路上要恪守生态环境保护和经济社会进步的辩证统一。绍兴市棠棣村根据党中央及浙江省委的精神指示，在农村改革建设的大环境下，严格贯彻"绿水青山就是金山银山"理念，使山水景观和城乡建设互为一体，自然风情与民俗文化相得益彰，提升发展乡村旅游、民宿经济，努力成为"诗画浙江"的景观打卡胜地。

（二）三产融合成为共富重要驱动

三产融合即通过对乡村第一、第二、第三产业进行重组、优化及交

---

① 习近平.扎实推动共同富裕[J].求是，2021(20)：4-8.
② 习近平.论"三农"[M].北京：中央文献出版社，2022：70.

互渗透,从而延伸乡村产业链条、拓展产业范围、丰富产业功能、提升产业层次,最终探索走出一条全新的乡村发展道路,开创形成一种新业态、新技术、新模式和新局面的过程。以特色农业为核心的三产融合是在挖掘农产品自身价值基础上,以农产品为基础延伸产业链,实现"以一产为基础,接二连三"的产业融合,从而延展农产品的价值链,持续提升农产品的附加值。产业强则经济强,产业兴盛是破解"三农"问题、实现农民共同富裕的不竭动力。棠棣村依托"中国春兰故乡"的优势,做强做大国家级田园综合体,高标准建成数字平台、智慧农业基地,并通过"以兰促旅、以旅兴兰",开发"亲子教育+农旅研学"发展模式,建成融合农事体验、乡村旅游、户外拓展、研学培训等多功能于一身的新一代美丽乡村,实现了棠棣村的产业兴旺、生态宜居、生活富裕。

二、主要做法:以"三个一"实现三产融合的棠棣共富路

棠棣村始终恪守"绿水青山就是金山银山"的可持续发展思路,依托景区化建设基础,联动三产融合,塑造了一种以勤俭、勤快、勤奋、勤劳、勤勉"五勤"为内涵的"棠棣模式"。其主要做法可用"三个一"来概括:一个定位谋全局,即找准一个以"花满棠棣"IP品牌为中心、两大高地为目标、三大产业为引擎的发展定位;一种模式促增收,即探索一种合作共赢、村企合营的"棠棣模式";一种理念贯始终,即坚持党建统领、绿色发展、数字赋能,全力打造气质兰乡。

（一）一个定位谋全局:三重排布确定发展核心

1. 一个品牌作基奠

在乡村振兴战略的大背景下,棠棣村站在村域发展的新高度,与省内专业公司联手对接,创立绍兴花满棠研学文旅有限公司,全面负责棠棣的乡村产业规划、文旅项目投资、村落业态招商、品牌活动策划、文创产品开发等整村运营服务,通过整村性、系统性、多维度的市

场化运营,增强棠棣自身造血功能,打造以农文旅研为特色,融合农事体验、乡村旅游、户外拓展、研学培训等功能于一体的美丽乡村。棠棣村结合村域特色塑造出"花满棠"品牌,并规划绘就一张以"一轴三环十景"为骨、"两大高地"为翼、"四化导向"为擎的建设蓝图,在全域内、全产业链上打造"兰小花"主题文化 IP,总结提炼兰花人文精神;落地棠棣兰花数字工厂(兰馨馆)、花满棠缤纷乐园、儿童原生美术乐园、望花台等 20 余项新业态,开发具有棠棣特色的文创、农创产品,弘扬兰花文化、发展兰花产业,不断提升千年兰乡的影响力。

2. 两大高地强支撑

棠棣村依托资源风貌和产业优势,抓住国家级田园综合体试点建设的良机,利用现有的集体闲置资源,打造绍兴市棠棣乡村振兴实训基地和乡村研学实践基地。

(1)乡村振兴实训基地

实训基地建筑面积 3588 平方米,集研学培训、会议研讨、餐饮住宿、疗休养生等功能于一体,是首批"浙江省职工疗休养基地"。基地内设专用教室 3 个,会议室 1 个,交流室 2 个,可容纳 260 人报告厅 1 个,标准客房 24 间,与省、市、区委党校合作开班教学,已成为浙江省委党校的教学基地。乡村振兴实训基地通过"3A 级景区＋产业",建成一批有颜有实的发展样板;通过"培训＋旅游",建设一个宜学宜游的实训蓝本,旨在一站式培养乡村振兴人才,建设产教融合、产村融合经验输出示范区。

(2)乡村研学实践基地

将国家级田园综合体中的千亩花海作为教学基地,开发出包含"自然科学教育""民俗文化教育"和"体能拓展训练"等系列课程的研学大本营,打造出彩虹滑道、农家小院和宠物乐园等十几个"网红"打卡地,让游客游在棠棣、乐在棠棣。同时,邀请中小学专业老师进行精品课程的开发,形成有棠棣特色的研学课程。进而利用全国研学教育平台,向全国中小学生开放,列入学校实践课程,打造成省、市研学实践基地。

3.三大产业谋兴路

(1)特色一产——花木种植

棠棣是中国兰文化的发祥地之一。据《绍兴府志》记载,早在2500年前,越王勾践种兰于渚山。渚山出名兰,后得名兰渚山。地处兰渚山麓岭坡下的棠棣村民,家家户户,祖祖辈辈,一直以兰为业,代代忙碌在兰渚山下,采兰、种兰、育兰、卖兰,传承至今。

早在1979年,棠棣村刘家办起了全乡第一个花圃;1981年,棠棣村办起了全县第一个乡级花木公司;1984年,棠棣村先后办起村集体花圃达49个;1999年后,漓渚镇调整产业结构后,棠棣村农民紧紧抓住机遇,将发展花卉产业作为村域内一项富民工程、振兴经济的实事工程,把传统种兰产业推向规模化生产,农民觅兰、养兰、育兰、卖兰更是掀起了热潮。经过20多年的经营发展,棠棣村到处呈现出"无处不种花、无人不卖花,无家不赚钱"的喜人景象。棠棣村的兰卉经济奠定了全村产业基础,让全部农民家庭过上了有质有量的生活,棠棣村也因此成为名副其实的"绍兴花木第一村"。

(2)数字二产——花木基地

棠棣村以花闻名、以花为业、以花致富。棠棣兰农重视科技创新投入,将数字科技引入兰花全产业链中,以兰花培育、管理、销售数字化,实时监测兰花生长环境、培育苗种、经营情况等数据,建立起集兰花培育、花卉展销、休闲观光、大众科普于一体的兰花种植基地。棠棣村还与时俱进推进兰花大棚智能化、精细化管理,以智慧大屏为载体,依托传感器、无人机等设备实现"云种植"。同时,借助电商直播等网络销售渠道,引入抖音大V直播团队,畅通电商物流体系,通过"线上引流＋实体消费"模式,将兰花推向全国,让直播带货成为销售转型新突破。据统计,棠棣村年花木销售额达1500万元,可谓美丽乡村建设带来了美丽经济的增长。

(3)绿色三产——文旅＋研学

棠棣村把握千年兰乡的传统产业优势,把偏远山村雕琢成别样的"盆景",开拓出一条景观美、产业旺、人宜居的农旅融合发展道路。在乡村振兴战略背景下,棠棣村立足自身资源禀赋,结合市场需求,大力引进优质师资,形成集研学课程开发、教学设计、课程讲授、教学环境建设于一体的"亲子教育＋农旅研学"发展模式。通过开展"花满棠棣"乡村振兴先行村项目运营启动仪式暨花 young 五月系列活动、林中鸟——亲子大地艺术活动、美丽乡村亲子一日营活动、七八月份暑假三期夏令营活动、中秋亲子营活动、彩虹酷玩滑行记和长征精神体验记、国庆嘉年华等活动,实现月月有活动。棠棣村借"节"聚人气亮名片,连续 5 年举行美丽乡村骑行赛。同时依托"花满棠"文旅品牌落地儿童原生美术乐园、望花台等 20 余个新业态,共计 3600 平方米研学大本营为主阵地的研学基地,打造了 13 个教学场景,在 2021 年接待各类夏令营、研学游、亲子游游客 2.5 万余人次,实现营收 600 余万元。

(二)一种模式促增收:村企合营助力携手共富

基于现有的发展优势与瓶颈,棠棣村与运营方共同探索合作共赢路径,率先走出了零运营费村企合营的"棠棣模式"。其内涵为漓渚镇棠棣股份经济合作社与专业的文化公司共同成立绍兴花满棠研学文旅有限公司,实现整村运营;运营方以人力、资金入股,棠棣以村庄资产使用权入股,双方分别按 55％、45％比例持股,团队不收运营费,直接参与部分项目投资经营,实现村企共赢;承诺保底增收,并按营业产值的百分比分红,实现村企项目共建、收益共享。

1. 全类型盘活资源

结合村企合营、项目共建的契机,棠棣村全面盘点"闲置农房""闲置土地""闲置大棚"等低效资源,实现分散土地的高效流转,将闲置的

4000平方米集体厂房建成研学大本营，6000平方米玻璃大棚建成缤纷乐园，在流转的千亩土地上开发别漾花海、星空帐篷等多个新业态；下阶段将开发500亩梯田作为高端农业未来发展空间。

2. 促变革携手共富

通过村企合营的运作模式，一来推动产业变革提能增效，将单一农业转化为农文旅融合产业，丰富村集体增收，提高产业附加值。二来带动乡村就业逆势突破，吸引年轻人返乡筑巢，同时也实现留守在家的空巢老人有活干、有钱赚的美好愿景。三来推动特色产业赋能，实现二次创业，协同科技进步、数字化直播电商植入，促进村民花木销售额全面提升。从2021年5月起，共吸引社会资本800万元，全年运营收入有望突破800万元，带动村集体增收200万元；研学、花木等产业实现提档升级，带动花木营收同比增长10%。2021年村民人均收入达到12万元。

（三）一个理念贯始终：绿色发展兴旺美丽经济

棠棣村始终坚持党的领导，在村两委班子的带领下恪守绿色发展理念，实现党建统领、绿色发展、数字赋能，打造展现本土特色、做好引领示范、彰显时代价值的气质乡村。

1. 坚持党建引领，实现惠民利民

20多年来，棠棣村始终坚持充分发挥党员的先锋模范作用，率先垂范，公正廉洁，克己奉公。独创出一套"多个一"的党建工作模式，即一个声音定规矩：没有规矩，不成方圆。一张蓝图绘到底：水滴石穿，绳锯木断。一片花海话发展：一枝独放不是春，百花齐放春满园。一块基地蕴动能：人才是第一资源，创新是第一动力。一把尺子树公信：人无信不立，业无信不兴。棠棣村凝聚"两委"广大党员干部，统一村民思想，打造党建引领下的智治体系。实行"村事大家管"治理模式，确保"村情民晓、村事民商、村务民办、村况民议、成效民评"，推动实现农村现代化治理。

2. 坚持绿色发展，振兴美丽乡村

美丽乡村是资源，美丽经济是未来。棠棣村始终秉承绿色发展理念，深入开展环境综合整治，注重个性特色，打造出"村在绿中、房在树中、人在花中"，一花一草、一庭一院皆风景的美丽乡村景观。推进农村垃圾、污水、厕所"三大革命"，大力抓好农村生活垃圾分类，提升源头分类准确率；进一步统筹生活污水治理，推进处理设施提标改造，巩固提升农村"五水共治"成果；推进全村公厕公共卫生服务综合体建设，全面落实所长制，积极打造星级公厕，农村户厕无害化普及率达100%。2017年以来，棠棣村立足于现有的农业资源、产业状况和乡村文化基础，推进千亩花田、兰心民宿等样板建设。同时，以美丽乡居为主题，采用墙绘的方式，提升村庄气质。目前已有4名艺术名家签约入驻，"艺术名家村上客"的名声正在打响。

3. 融入现代科技，赋能智慧乡村

棠棣村运用互联网技术，引入乡村数字大脑，开设棠棣视窗，强化数字赋能，尝试运用数字化代替人工自治，实现精准管理，精准服务。村内全域Wi-Fi、"雪亮工程"全覆盖，初步搭建起数字棠棣平台，打造村级AI智治模式。在乡村服务上，党群服务中心开通"棠棣之花"微信公众号，建成村民办事综合信息服务平台，并向村内20余名独居老人等发放智能手环，开通追踪定位、自动报警等10余项服务，提高老年群体居家养老安全感。在环境治理中，为全村9个路段的垃圾投放点安装智能垃圾分类系统，实现分类错误等情况自动报警。在兰花种植上，建立总面积达4600平方米的兰花数字工厂，将数字科技引入兰花全产业链，实时监测兰花生长环境、培育苗种、经营情况等数据，实现全村域全方位的整体智治。

三、实践成效：以"棠棣模式"打造出乡村共富三大场景

（一）"艺术村落、花居生活"的乡村生活场景

1.舒适逸致的美丽棠棣

棠棣村环境清幽，是"美丽宜居·浙江样板"双百村、浙江省休闲旅游示范村。沿村落主干道兰泽路而上，村民房屋整齐有致，远处青山似黛，近处水色如翠，村里随处可见的花卉盆栽已经成为一道亮丽的风景线。村落以乡村生活美学为主题，邀请艺术名家入驻，优化村庄艺术氛围。依托花神庙开展绍兴古风活动，招商引入黄酒主题餐厅花间醉、主题咖啡馆闲情偶记等，合作打造以兰花为主题的民宿碧浪红香等，让游客能够来在棠棣、乐在棠棣、住在棠棣。

2.共享互助的和谐棠棣

棠棣村注重自治固本，德治润心，用良好家风、淳朴民风营造出和谐乡风、悠远乡愁。深入挖掘柯桥历史文化、民间艺术、人物典故、生活方式、饮食文化、建筑肌理等文化基因，因地制宜发展乡村文化产业，大力弘扬家风家训文化，展现农村文明新风貌。在文化礼堂中打造棠棣之家，开展"家·美""家·教""家·礼""家·廉""家·和"等系列活动，走好乡村善治之路，发展新时代的"枫桥经验"，实现村里事情"大事一起干"、邻里矛盾"好坏大家判"、村民困难"事事有人管"，展示棠棣团结一家亲的良好形象。

3.数字赋能的智慧棠棣

棠棣村运用现代化大数据技术建设乡村智慧大脑，设立棠棣视窗，实现村庄数字化治理和服务。在邻里中心植入智慧医疗服务功能，配套自助售药机、智能手环等科技产品，实现村民自助购药、线上问诊、健康体检等功能，实时监测村内 60 岁以上老年人健康手环反馈的身体信息，并进行建档。优化老年人助餐服务网络，完善农村社会

保障体系,不断提升整体功能和使用效能,切实增强农村居民的文化获得感、幸福感。

(二)"花乡棠棣、人勤春早"的花木产业场景

中国春兰看浙江,浙江春兰在漓渚。漓渚拥有 2000 多年的培植历史,贡献了 2000 多个兰花品种。在中国名贵兰花谱上,漓渚就出了"翠盖荷""盖圆荷""环球荷鼎""胭脂梅""鹤龄仙"等 30 多个品种,在国际、国内的兰展和兰博会上,漓渚兰花先后获得过 450 多个奖项,其中金奖、特等奖就达 160 多个。棠棣村坚持因地制宜,创新发展种兰特色产业。探索实施数字化培育、数字化管理的销售模式,创造了"三个 95%"的神话,即 95% 以上村民从事苗木的培育和销售,村民 95% 的经济收入来源于花木业,95% 有劳动能力的人都实现了自主创业。2021 年,棠棣村在田园综合体基础之上,以节会经济为抓手,先后举办华东地区兰花博览会、浙江省蕙兰博览会、2021 首届中国春兰节等,实现棠棣村农民人均可支配收入突破 11 万元,村集体收入超过 400 万元。

(三)"花间趣玩、田园研学"的亲子研学场景

棠棣村将国家级田园综合体中的千亩花海作为教学基地,大力引进优质师资,形成集研学课程开发、教学设计、课程讲授、教学环境建设于一体的"文旅+研学"发展模式。开展包含自然科学教育、民俗文化教育和体能拓展训练等系列课程的研学大本营,打造出彩虹滑道、农家小院和宠物乐园等十多个"网红"打卡地,举办"昆虫世界·昆虫初印象""荷韵藕香·别样莲蓬""花海畅游·花海留影""花海畅游·花花工艺""花海畅游·花事盆景""巧制香囊"等益智活动,让游客在棠棣尽享好玩、好看、有趣、有益的田园研学。自 2021 年 7 月 6 日开始,"花满棠"连续举办三批暑期夏令营活动,进行三天两夜军事化队列训练、长征精神拓展、急救自护、昆虫标本探究、盆栽制作等课程内容。

四、经验启示:以产业、生态、组织振兴走上共同富裕路

(一)"三种联合"走向产业振兴

1. 乡亲联合壮大产业规模

2021年8月17日,习近平总书记在中央财经委员会第十次会议上指出:"共同富裕是一个长远目标,需要一个过程,不可能一蹴而就,对其长期性、艰巨性、复杂性要有充分估计,办好这件事,等不得,也急不得。""我们要实现14亿人共同富裕,必须脚踏实地、久久为功,不是所有人都同时富裕,也不是所有地区同时达到一个富裕水准,不同人群不仅实现富裕的程度有高有低,时间上也会有先有后,不同地区富裕程度还会存在一定差异,不可能齐头并进。"①因此,共同富裕需要农民自身努力奋斗,也需要先富带动后富。棠棣村因花致富,背后依靠的正是棠棣人踏遍千山万水、历经千辛万苦养成的勤劳朴实的创业精神。早先"提篮小卖"先富起来的村民,走南闯北不忘乡情,主动带领乡亲邻里谋生意、建市场。村党总支书记刘建明就是先富带动后富的典型。20世纪末,刘建明投资扩建了苗木基地,并创办了绍兴市百花园艺公司,带动了一大批花木经营户。在随后激烈的市场竞争下,他又鼓励引导村民到大中城市郊区建设苗木基地,建立花木中转站,开辟了南至海南岛,北至黑龙江,有花就有棠棣人的广阔市场。以花为业的棠棣人通过联合发展、互帮互助,不仅壮大了特色产业规模,而且形成了花商经营行为规范,实现了棠棣之花香满天下。

2. 两农联合激发主体活力

农业龙头企业是增加农民就业机会、提升农民收入的主力军,在推进实现农村农民共同富裕的进程中起着举足轻重的作用。为适应市场经济的发展,棠棣村组织当地苗木大户和花木经纪人,带领花木

① 习近平.习近平谈治国理政(第四卷)[M].北京:人民出版社,2022:143-147.

产业从分散的单打独斗走向专业的合作经营,于 2013 年建立绍兴市香满园花卉专业合作社,为村民提供种植指导和销售服务。除了专业合作社,棠棣的家庭农场也办得有声有色。"漓渚顶美家庭农场"立足于做精做强农业经济,充分利用现代技术推动绿色农场、多元农场建设,提供多层次、全方位的产品和服务;"春兰之苑——漓渚兴立家庭农场"更强调兰花品种的收集和培育,按照"一场一品"的发展理念,在中国兰花协会理事金定先的主持下,积极培育开发珍稀名贵兰花品种,通过将种兰、育兰与文化、旅游相结合,充分挖掘棠棣春兰的多重价值。

3. 农旅联合带动三产融合

推动农民农村共同富裕,需要联合农村三产交互发展,以此创造更多高质量就业机会,促进农民实现更加充分、更高质量的就业。棠棣村以现有花木种植为基础,规划优化花木产业结构,将单纯的花木种植和销售升级,打造集花木种植、展示、观光、销售、电商等产业于一体的花木基地,做大做强花木产业,并且通过花木产业升级,与乡村旅游发展相结合,通过花木观赏与展销,植入兰文化体验,引入精品民宿和特色餐饮,扩大产业链。棠棣村践行的"农旅联合"三产融合推动了城乡统筹发展,使得农村现有资源获得更高的利用率,也帮助农民实现身份、职业的转换,吸引城市人群走进乡村,共同参与乡村振兴这一宏伟大业。

(二)"三化融合"实现生态振兴

1. 环境美化

"绿水青山就是金山银山"理念已经成为新时代发展的灯塔,引领着当下乡村振兴战略的落地。这个理念充分展示了环境保护和社会经济发展的辩证统一,推动着以"绿起来"带动"富起来",并逐步实现"强起来"的高质量绿色发展的进程。棠棣村在全村范围进行物业化管理,为乡村聘请了专业管家,探索出建立物业化管理制度,实施系统的村落卫生打扫、生活垃圾分类、绿化亮化维护等监督管理机制；落实了"五位一体"的垃圾分类新模式：在垃圾的分类投放、清扫、运输、处置及资源优化利用中，明确责任主体，自始至终，"闭环"处置，避免"源头好分类，运时一锅烩"的弊端。

2. 资源优化

从生产到生活，农村离开了绿色，乡村就失去了本色。棠棣村发挥农业先天优势和独有作用，提升绿水青山的"颜值"，做大"金山银山"的价值。棠棣村结合国家级田园综合体建设工程，整合 300 余亩的闲置土地进行个性化建设，更科学地整合资源，尤其是充分地利用村庄空间和农业资源打造出四季花海，使其成为"网红"花海，由此吸引各地游客前来打卡，既拉动了旅游产业的发展，又唤醒了沉睡的乡村资本。

3. 习惯转化

2019 年，中央农办、农业农村部提出的"三清一改"首次将"改变影响农村人居环境的不良习惯"纳入整治重点任务。在农村，一些不良习惯是农村人居环境整治工作不容忽视的短板，棠棣村通过巾帼护水队志愿活动发动村内妇女力量，每家每户签署门前三包协议，并设立专门的护水人员进行相关水域的保洁和清理，普及劝导村民禁用含磷洗涤剂，及时制止村民沿河道倾倒垃圾等不良行为。通过评选"庭院整洁户"激发村民的主体意识和争优赶优的积极性，以点带面打造"一庭一院，家家是风景；一村一韵，村村是花园"的美丽景致。

（三）"三微合治"实现组织振兴

1. 用好微权力

2017 年 12 月 25 日至 26 日，习近平总书记在中央政治局民主生活会上强调："'四风'问题具有顽固性反复性，纠正'四风'不能止步，作风建设永远在路上。"[①]在中国广袤的农村,村干部是组织者、领导者,是党的路线、方针、政策最终的贯彻者和执行者,也是实施脱贫攻坚、乡村振兴战略的中坚力量、依靠力量。棠棣村村两委认真落实"五议两公开"制度,并借助中广有线,通过有线电视网络,将村务财务信息及时推送到家家户户,使党员群众在家中按下遥控器,就能通过电视查看公开村务,并实现"全天候"监督。

2. 激活微细胞

激活村党组织"大肌体"需要每个党员"细胞"都健健康康充满生机。党员的素质和品格直接影响到党组织肌体的健康和稳固。日常"三会一课",由每个党员在自己家中轮流主持活动,中间会加入党员家风特色宣讲内容,让大家实地感受不同的文明家风。基于农村流动、外出党员较多的情况,村党组织利用春节、国庆等"候鸟归巢季"抓住流动党员集中返乡的有利时机,为流动党员"补钙壮骨",集中给党组织"微细胞"们补齐党课,开展"春训"集体党课活动,向外出党员征集助推乡村振兴的"金点子"。

3. 创新微机制

乡村勤治的顺利推进离不开群众的支持,更离不开稳定的社会环境。为加强和群众的沟通联系,全力解决群众关注的焦点和难处,村两委设置"村长茶室",将村干部办公室改造成一个集交流谈心、活动洽谈、咨询调解等多功能于一体的场所。制订值班表,村干部轮流坐班,及时记录每一位到访村民的想法和意见,在解决完问题后及时记录反馈情况。同时,开通村事 12345 热线与村民信箱,使得远在他乡的村民也能及时了解村事村况,共同参与乡村的建设和管理。

---

① 以认真学习贯彻习近平新时代中国特色社会主义思想 坚定维护以习近平同志为核心的党中央权威和集中统一领导 全面贯彻落实党的十九大各项决策部署情况为主题进行对照检查[N].人民日报,2017-12-27.

五、发展建议:激发棠棣村集体活力,培育村民共富精神

(一)着手破解空心村威胁

随着我国乡村城市化进程的加快,村里的大量青壮年都进城务工了。除春节的那几天,其他时间基本生活在外地,而留守在村里的基本都是老人和儿童,棠棣村也不例外。棠棣村民踏遍千山万水,走南闯北,有花就有棠棣人的广阔市场。同时,农民老龄化、农村空心化等"三农"新问题也随之而来。因此,首先,要通过扩大经营规模和培养新型农民,去改善农业发展环境,保障新型农民充分就业,把素质高的劳动力留下来,确保耕地经营权流向技术水平高、经营能力强的新型农民;其次,要围绕"望得见山、看得见水、记得住乡愁"的治理思路,发挥棠棣村的资源禀赋优势,通过旅游开发激发内源活力,让"空心村""老树发新芽";最后,要加强基础设施建设,完善教育、卫生、文化体育、养老及商业网点等公共服务设施,增强对外出务工村民"返乡筑巢"的吸引力。

(二)合理优化村落布局

因为原始村落的布局缺乏合理美观的规划,现如今大部分新建住宅基本坐落于村庄外圈,而内部却还有着不少老旧房子和闲置空地,出现了内空外延的情况。故棠棣村在整治村容村貌和旧村改造进程中,要做好顶层设计,邀请专业的机构因地制宜地为乡村作出整体规划,使村庄面貌与棠棣的人文景观和生态环境相协调,实现古朴和现代的统一、个体与整体的统一,将"花香棠棣"描绘得恰到好处。同时,要重视提高农村建设用地利用效率,做好村庄空间布局、产业配置和组织发育等工作,促进村庄内聚式发展;创新土地配置制度和管理制度,依法有序推进土地资源合理配置,实现土地的资产化,使其产生效益;加强农村宅基地管理,杜绝乱批乱占宅基地现象,进行废弃宅基地治理补贴试点工作,将一户一宅的制度落到实处。

（三）平衡集体经济与个体经济

棠棣村村民生活殷实，日子红火，展现出一派欣欣向荣的景象，真正实现了藏富于民。然而，相比于村民个体盈利丰厚的现状，村集体经济相对薄弱，棠棣村传统纺织业、印染工业皆被淘汰，现存集体经济以兰花产业、新兴旅游业以及与高校合作进行产学研活动为载体。因此，要实现村集体经济的高质量发展，首先要推进乡村经济的数字化变革，将数字技术与乡村运营深度结合，提升村集体经济的市场竞争力。其次要提升村集体经济组织创造就业岗位和吸纳就业人员的能力，以期实现集体经济和个体经济的平衡共生。最后要大力创新农村集体经济载体，充分利用现有资源和人才特色，开发新零售等新业态。

（四）深化村民乡亲情感

随着近几年乡村振兴战略的实施，村民收入逐年增加。但在此过程中也出现了一些令人担忧的不和谐现象。如少数村民被眼前的利益诱惑，将传统的价值观抛之脑后，给原本淳朴的乡风带来了铜臭气息；村里文化活动匮乏，村民不愿外出，除了自己家人，很少与外人交流，村民间交往逐渐疏离，情感弱化。对此，一要加强对村民的思想品格教育，通过正确理论引导、模范榜样示范等形式端正村民的社会公德、职业道德和个人品德，树立正确的金钱观和价值观，从而达到"润物无声"的效果。二要加强村庄休闲文化基础设施建设，丰富村民的日常娱乐项目和活动场所，通过乡村社区互助活动，深化村民之间的情感认同，共同绘制出乡村经济发展、文化繁荣、村容村貌整洁、村民互助友善的美好画卷，实现个人与乡村的共同发展。

主要参考文献

[1] 肖华堂,王军,廖祖君.农民农村共同富裕:现实困境与推动路径[J].财经科学,2022(3):58-66.

[2] 单滨新,郭巍.花儿为何满"棠"红[N].绍兴日报,2021-8-19.

［3］高适,何蒲明.基于乡村振兴战略的农村三产融合发展研究［J］.农村经济与科技,2019(17):31-33.

［4］姜仲迪.和谐棠棣 美丽生活 花木为媒塑精品村［J］.浙江林业,2014,(12):18-19.

［5］单滨新,郭巍.花儿为何满"棠"红［N］.绍兴日报,2021-8-19.

［6］杨巍洁,刘景坤.乡村振兴战略背景下"空心村"治理的建议［J］.中国财政,2021(19):48-49.

［7］王凤,吴渊.新常态背景下村庄存量规划的思考——以绍兴市柯桥区棠棣村农房改造建设示范村规划为例［J］.小城镇建设,2017(9):55-60.

［8］杨建武.读村记——浙江省文旅赋能乡村运营范式［M］.杭州:浙江科学技术出版社,2021.

作者单位:嘉兴南湖学院

杭州市桐庐县钟山乡：
以快递产业为支撑的政企协同共富之路

叶　杰　万　凤　张丙宣

摘要：钟山乡通过政企协同，以快递产业为支撑，充分盘活当地的山水、农特、石材等特色资源，积极探索致富路径，为其他乡镇同走共富路提供了示范和经验。其主要做法包括：推进快递回归项目落地，为探索共同富裕提供经济支撑；以快递回归带动农旅发展，发挥共同富裕辐射效应；美丽环境生成美丽经济，涵养共同富裕美丽气质；推进数字农业与数字乡村建设，为共同富裕注入新动能；以制度建设实现整体帮促共富，夯实共同富裕制度基础；强化完善公共服务与社会保障，力保共同富裕全面覆盖；加强精神文化与乡风文明建设，以共富文化引领共同富裕。钟山乡共同富裕的探索表明，建设共同富裕示范乡，需要依托乡镇的既有资源与特色，在结对帮富、项目带富、创业致富、环境促富、文明引富、体制保富等六方面做出探索和实践。

关键词：钟山乡；快递产业；美丽经济

一、研究背景："三通一达"发源地建设共同富裕示范乡

新发展阶段，促进全体人民共同富裕被摆在更加重要的位置。然而，当前阶段，我国发展的不平衡、不充分问题依然较为突出，城乡之间的发展差距和居民之间的收入差距仍然很大，如何实现共同富裕，成为一项长期而艰巨的使命任务，需要部分地区先试先行。浙江作为

民营经济大省，肩负着建设中国首个高质量发展共同富裕示范区的重任。其中，政企协同，是推动共同富裕的有效路径之一。政府与企业作为核心主体，对实现共同富裕具有重要的推动作用，双方合力打造利益共同体、命运共同体，有利于将社会经济发展与基层人民生活水平的提高紧密结合，成为"先富带动后富"的重要支撑。

2021年4月6日，浙江省桐庐县第一季度片区常委会上确定了钟山乡共同富裕的主题，要求钟山利用好快递（企业）等资源特色，探索建设共同富裕示范乡镇。同年6月12日，桐庐县正式将钟山乡确立为全县唯一的普惠制共同富裕示范乡。作为著名的"三通一达"快递企业发源地，钟山乡风文化气氛浓厚，乡贤回馈家乡热情高涨，加上快递行业显著的资源禀赋优势，都为钟山乡逐步启动共同富裕建设工作奠定了良好的基础。

为有序推动共同富裕示范乡建设工作，钟山乡于2021年4月邀请县相关部门领导、快递乡贤、企业家代表等就钟山乡建设共同富裕示范乡召开座谈会，开展头脑风暴，集思广益，明确政企合作的共富方向。当年6月，"三通一达"快递掌门人齐聚钟山，参加毅行活动并召开"强化党建引领，共建共同富裕"座谈会，与乡政府一起探索实现共同富裕的路径。7月，钟山乡召开建设共同富裕示范乡基础调查工作部署会，全面启动农户家庭情况地毯式摸底调查，为下一步建设共同富裕示范乡打好基础。

二、发展现状：快递业带动产业深度融合，共富基础更扎实

钟山乡位于杭州市桐庐县中南部，属典型的山区乡，全乡区域总面积107.79平方公里，辖11个建制村（中一村、钟山村、陇西村、城下村、仕厦村、大市村、魏丰村、高峰村、子胥村、歌舞村、夏塘村），包括139个自然村、192个村民小组，农户6970户共2.15万人，享有"中国民营快递之乡""浙江省石材之乡""浙江省蜜梨之乡""浙江省特色农

业强镇"等美誉。其中,快递、石头、蜜梨,是钟山乡的三大特色产业。钟山拥有"中国民营快递第一乡"之称,全乡5000余人在外从事快递行业,占据快递业大半份额的"三通一达"创始人均来自钟山。钟山也是著名的石材之乡,在全域土地综合整治下,钟山乡石材企业已由鼎盛时期的105家减少为35家左右。同时,钟山是"浙江省蜜梨之乡",拥有梨园1万余亩,多次出台蜜梨产业发展扶持政策,通过快递产业助力"三农"发展,年助销蜜梨10万箱。

总的来看,在高质量建设共同富裕示范区中,钟山乡经济发展稳中有进,有效完成各项经济指标,实现重点产业项目落地,产业发展深度融合,并以快递项目回归带动乡域经济发展。经济指标上,2020年钟山乡固定资产投资额共计1.8亿元,完成年度目标的257.2%。产业项目上,2020年成功签约项目7个,协议资金3.5亿元。产业融合上,出台农旅产业发展规划,推进农旅产业融合发展。快递回归上,实现"快递之源""陇西生活"等重点产业项目落地,新注册快递关联项目企业15家。在经济社会发展指标取得可喜成绩的同时,钟山乡积极推进先富帮后富,区域共同富,让深山里的老百姓真切感受到新的变化。比如,根据不同乡域不同的资源禀赋和产业基础,设立"四大功能片区":快递回归示范区、农旅融合产业区、石材石雕集聚区、城镇综合服务区;成立钟山快递人服务中心;成立桐庐县首个县级农旅融合样板区管委会……一系列"组合拳",让钟山乡招商引资氛围更浓、生态环境更优、绿色发展动力更足、建设共同富裕基础更扎实了。

目前,钟山乡已与以中通、圆通、申通、韵达为代表的大型快递企业达成共识,在全面推进钟山乡实现共同富裕的工作中成立共建联盟。一方面,全面启动农户家庭情况地毯式摸底调查,初步确定子胥、歌舞、夏塘三个快递村建立共同富裕联合体,先走共富路;另一方面,找准方向,对接快递乡贤资源,盘活农村闲置生产要素,创新股份经济合作社的管理运营模式,推广公益性帮扶举措,力争在"先富带后富"的体制机制上实现突破。

三、主要做法:以快递产业为支撑实现共同富裕全面发展

(一)推进快递产业回归项目落地,为共同富裕提供经济支撑

近年来,钟山乡有序引导快递产业回归,推动快递人之乡向快递产业之乡的转变,为实现"先富带动后富"引进快递项目,提供经济支撑。2021年上半年,钟山乡新签约3个快递回归项目,分别为投资2.5亿元的室内滑雪场项目、投资1500万元年产200万只快递环保袋项目以及投资1500万元的快递车辆护理用品供应链项目。协议引资共计2.8亿元。其中,环保袋和快递车护理产品项目已经落地并投产;虎啸峡欢乐谷室内滑雪体验项目规划方案正在进一步完善中,争取签约并落实土地指标。

(二)以快递回归带动农旅发展,发挥共同富裕辐射效应

钟山乡依托快递资源优势带动产业发展,逐步形成以山地运动产业为轴心,精品农特产业带和休闲旅游产业带为两翼的"一轴两带"新产业格局。一是量身打造快递产业回归项目,因地制宜发展山地运动产业。以产业自然山地环境为载体、以参与体验为主要形式、以促进身心健康为目的,向大众提供具有钟山特色的产品和服务。如高峰村、子胥村等村庄联合推出蓝莓采摘服务,并在此基础上积极筹建蓝莓主题精品乐园;魏丰村用心打造农耕体验项目,并以此为核心打造占地30亩的农耕体验区,以亲子游撬动市场,助推实现产业振兴。二是依托快递资源优势,构筑精品农特产业带。钟山乡借助快递运输速度快、快递网点辐射广、快递从业人员多等优势,拓宽农特产品销售渠道,增加农特产品销售量,在保障农特产品品质的基础上,着力打造并提升其品牌效应,延长农业的产业链,让有限的农特产品发挥出最大价值。2021年,钟山乡与"三通一达"企业建立共富联盟,签订产品销售协议,鼓励快递企业包销包售,端午前后共售出20万个手工粽子,有效为农民减轻了负担。三是快递项目与时俱进,形成休闲旅游产业

带。当前,众多快递业乡贤回乡投资热情高涨,生态旅游开发公司等企业亦有强烈的投资意愿。比如,在钟山乡农旅融合样板区,贵阳龙里申通快递有限公司、杭州归谷生态旅游开发有限公司共同投资建设起快递回归项目"陇西生活"萌宠乐园,旨在打造集旅游体验、水果及农产品种植采摘、户外拓展、科普教育于一体的综合性农旅项目。

（三）美丽环境生成美丽经济,涵养共同富裕美丽气质

围绕"生态兴,百姓富"目标,钟山乡通过强化基础建设,优化配套工作,做好共同富裕的"环境基础",拓宽农民增收渠道,提升生态富民共治成效。一是成立钟山"桶嫂"队伍,为美丽环境打基础。支持"桶嫂"利用乡里的大数据智能化管理系统,采用实名制、编码识别、拍照上传分类情况等方式进行垃圾处理,全乡垃圾分类正确率保持在95%以上。二是整治升级石材产业,为高质量发展打基础。在"择优保留"的原则下,关闭效益低、产值低、污染重的企业,培养一批具有高效益、高潜力的高科技石材企业。目前已拆除"低小散乱"石材企业43家、无证无照石材加工厂8家,盘活土地面积约210亩,每年减少石粉近3万吨,从源头上降低污染排放量。三是唤醒民宿沉睡经济,为可持续发展打好基础。各村集体引进静林原舍、过云山居、大乐之野、云溪上等一批高端精品民宿,充分盘活当地独特的山水资源和村内闲置房屋,注重在建民宿质量,做优做大钟山品牌,唤醒沉睡的民宿经济,让村民实现"在家门口致富"的愿望。

（四）数字农业与数字乡村建设,为共同富裕注入新动能

钟山乡的数字化建设稳中有进,数字治理与数字农业方式众多、成果显著。一是通过钟山数字农业建设,实现农业生产科学化。在杭州市农业科学院等机构的技术支持下,钟山乡创新打造蓝莓智创园,配置自动肥水一体灌溉系统,为钟山蓝莓的亩均产值与产质作出保证。二是通过数字治理,提升乡村治理水平。创新推出快递信访大脑系统,通过设立党建指导、综合服务、产业帮扶、民生保障、平安稳定等

5条服务"绿色通道"，以最快速度、最短时间、最高效率服务快递人；创立前端智能鉴别、中端科学收集、终端实时上传的智能垃圾分类系统，并与奖惩机制相结合，这使得垃圾分类经济效益、环境效益双双提升；微信群承担起信息公示的任务，各种信息、事务公开透明，解决了过去村集体资产、资金、建设工程等敏感信息不公开导致的若干干群矛盾。

（五）以制度建设实现整体帮促共富，夯实共同富裕制度基础

钟山乡通过建立基层走亲制度、新村夜话活动、慈善公益基金会制度、老人福利制度、老人协会制度，为村民的物质富裕和精神富裕提供制度支持。一是实行基层走亲制度。钟山乡建立了以乡镇干部为主，少数县级干部、村干部等共同参与的基层走亲队伍，党员干部下基层走访蔚然成风。二是推出新村夜话活动。以"夜访、夜巡、夜话"等形式打通基层"最后一公里"，主动回应农民关切的问题，及时解决农民诉求，强化村庄民生实事落地落细。三是构建慈善公益基金会制度。有序引导企业家乡贤反哺故里，捐助慈善公益，并通过设置稳定的组织架构、民主透明的运作模式，去规范慈善资金的筹集与使用；同时，建立健全老人福利制度、老人协会制度，为老人提供普惠性福利，也鼓励了老人为村庄治理发挥余热。

（六）强化完善公共服务与社会保障，力保共同富裕覆盖全面

出台《钟山乡困难群众临时救助办法》，积极开展困难群众救助工作，深入推进城乡居民社会保障工作，力保各项惠农惠民政策全面落实落细。一是面向全体村民提供普惠性的公共服务，包括基础设施运维，配备乡镇卫生院，开放老年食堂，设立百姓日等举措，其中老年食堂常年运营，对不同年龄阶段的老年人提供补贴。二是面向弱势群体提供更加全面的社会保障服务，确保惠农惠民政策全面落实到位，包

括生活保障、医疗保障、住房保障、就业帮扶等举措。例如，村集体会与快递乡贤协商，共同为困难人群援建平房或提供可租住的房屋，为较贫困的家庭免去水电费，并及时有力开展危房改善工作。其中，针对没有享受国家兜底保障、生活困难的家庭，钟山乡也会在事件发生后或每年年末召开会议，专门为其提供资金补助性质的物质帮扶，补助金额为 2000～5000 元不等，多由乡贤资助。2020 年有效救助 8 户困难家庭，救助金共计 1.6 万元。

（七）加强精神文化与乡风文明建设，以共富文化引领共同富裕

繁荣乡村文化，培育文明乡风，对于推动乡村振兴，助力共同富裕意义重大。钟山乡地处深山，民风淳朴，重视精神文化与乡风文明建设。一是推进乡风民风提升行动。深化"好家风"示范村建设，引导广大农户整理"家规家训"，并将其制作成牌匾挂在家门口或厅堂；掀起了"勤劳致富风"，高举勤劳大旗，鼓励村民勤劳致富，用勤劳、汗水谱写人生新篇章；宣扬乡绅奉献乡梓风尚，鼓励企业家以实际行动回馈乡村、奉献家乡。二是推进村落文化复兴行动。重视文化礼堂、文化长廊等乡村文化场所建设，引导村民积极向上，弘扬好传统，营造尊老爱幼、互助互谅的文明乡风与邻里氛围；注重挖掘地方文化特色，打造"孝文化""快递文化"等一批地域特色村落文化品牌。三是推进文明创建扩面活动。广泛深入挖掘、传播广大群众身边的文明家庭故事，培育和选树各类优秀家庭典型，发挥榜样示范作用；同时，开展"村村树典型、月月推好人、行行选最美、综合评模范"等系列活动，做好对先进人物、典型案例的培育和表彰工作。

四、经验启示：六措并举，实现集体村民物质精神双富裕

钟山乡坚持村企合作，以快递产业为支撑，充分盘活当地的山水、农特、石材等特色资源，在结对帮富、项目带富、创业致富、环境促富、

文明引富、体制保富等六"富"方面积极探索出了一条致富、共富的康庄大道。

（一）结对帮富，践行先富带后富

结对帮富是"先富带动后富"的精准落实方式之一，带着感情帮，带着责任帮，才能帮到点上，帮出成效。一是在产业上实现结对帮富，钟山乡有序引导发展良好的产业与传统产业、发展劲力不足的产业进行配对，实现优势产业对后进产业的帮富。二是在乡村两级实现结对帮富，钟山乡选派乡级驻村干部加强与村民往来，实现基层走亲，有效推动乡级干部深入群众，实现对基层的帮富。三是在邻里之间实现结对帮富，钟山乡充分发挥邻里力量，引导村民之间互相帮富，逐步落实党员一对一或一对多帮富。

（二）项目带富，壮大村集体经济

良好的经济收益能够为乡镇实现共富提供坚实的物质基础。乡镇、村集体收入要高，不能仅仅依靠补助，更要提升自身的造血能力，抓住机遇，发掘并利用好自有资源，通过项目落地实现经济富裕。一是通过项目落地带动村民实现就业，把产业项目植入村庄，引导村民在家门口就业，提高人均可支配收入，从而实现发家致富。二是通过项目增加集体收入，为后续实现共富创造条件基础，加大加强招商引资力度，为外来企业创造有利的投资环境。三是通过项目实现辐射发展，带动周围企业、行业发展，发展是解决一切问题的基础与关键。

（三）创业致富，村民成为主力军

实现共同富裕，要处理好人才走出去、留下来和引回来的关系，要让村民成为村庄建设的真正主力军，把村民的内生动力激发出来。一是鼓励在乡人才外出学习，多看多学，成立乡级创业技术培育提升专班，组织村民学习新技术新知识，积极参与新一轮创业浪潮。二是让闲置在村内的劳动力动起来，为他们提供就业岗位，因地制宜发展当地特色产业。三是为在外游子提供有利的创业投资环境，真正做到

"招引人才入园、吸引人才上山、激励人才服务",包括营造乡情氛围、完善基础设施、提供政策咨询、争取土地指标等。

(四)环境促富,实现生态产品价值

好生态不仅能引来好项目,还能够建立起有效的生态产品价值实现机制。一是淘汰整治污染企业,规划园区集中管理,引导产业向高质量转型,提升产业产值。二是创造美好生态环境,通过设置垃圾分类制度、履行环保公约等措施,引导村民自觉环保,共同创造自己向往的美好环境。三是充分利用生态资源,走绿色发展之路,把生态产业培育出来,依托茶叶、高山蔬菜、农家乐、民宿等资源,促进第三产深度融合,打造乡村独特气质,综合发展乡村经济。

(五)文明引富,追求精神共同富裕

共同富裕不仅是物质富裕,还是精神富裕,需要以文化创新推动思想进步、文明提升推动社会进步。一方面,要实现人民精神富足,不断提升文化软实力、塑造社会新风尚,积极宣扬当地红色、孝道等当地特色文化,使社会主义核心价值观广为践行,人文精神凝聚力显著增强,人民精神文化生活更加丰富。另一方面,要营造社会和谐氛围,推动法治建设、平安建设、清廉建设迈上新台阶,设立好人好事、道德模范、最美乡绅等光荣榜,建设活力和秩序有机统一的当代社会和低风险社会,使人们能够各尽所能、各得其所。

(六)体制保富,构建常态化共富机制

为保障共同富裕顺利实现,当前最迫切的任务是完善相关配套制度,形成制度性、政策性共富保障体系,构建完善的常态化共富体制机制。一是出台引领经济高质量发展政策。找准乡镇自身经济发展优势,激发企业创新动力,重点发展当地制造业和服务业。二是完善社会保障制度。逐步提高最低生活保障资金补助水平,缩小贫富差距;确保社保资金使用的有效性、救助程序启动的即时性,有针对性地改进社会保障政策。三是升级社会治理机制。充分利用数字化发展优

势，提升治理能力与水平，加强与社会组织、企业等第三方平台的协商合作，实现政府、金融机构与农户三方共赢的发展格局。

主要参考文献

[1] 桐庐县钟山乡政府.快递产业助推共同富裕的钟山探索[J].政策瞭望，2021(11):3.

[2] 高倩.基于阿里巴巴"淘宝村"视角探讨浙江农村电子商务发展[J].经济研究导刊，2016,31:3.

[3] 陶元.专家学者聚焦"画城"共富路径[N].杭州日报，2021-06-29.

[4] 王菡娟.共同奔富裕 快递来助力[N].人民政协报，2021-07-15.

[5] 张正民."山区+"体育教育专业应用型人才培养体系创新研究[J].丽水学院学报，2019(5):8.

[6] 陶元."陇西生活"萌宠乐园等你来！[N].杭州日报，2021-07-07.

[7] 李剑平.浙江桐庐："新村夜话"让民生实事落地[N].中国青年报，2021-03-02.

[8] 刘晓竹.坚持在高质量发展中强民生[N].贵阳日报，2021-11-29.

[9] 史伟刚.论邓小平的社会主义价值取向[J].社会主义研究，2006(2):25-28.

[10] 袁家军.忠实践行"八八战略" 奋力打造"重要窗口" 扎实推动高质量发展建设共同富裕示范区[J].政策瞭望，2021(6):11-20.

[11] 郁建兴，任杰.共同富裕的理论内涵与政策议程[J].政治学研究，2021(3):15.

作者单位：叶杰，浙江工商大学当代浙江研究中心；

万凤、张丙宣，浙江工商大学公共管理学院

第二单元
诗画浙江，文旅共富

舟山市普陀区东极镇：
"渔旅双轮驱动"带共富

周　艳

摘要：普陀区东极镇通过实施"渔旅双轮驱动"工程，加快产业结构调整，发力海洋科技创新，拉长做厚旅游产业链，在兴产业、保生态、强品牌、融数字、创机制等方面形成了鲜明的具有地域特色的发展模式，开辟了东极镇渔民及周边海岛的共同富裕之路。"渔旅双轮驱动"带共富的发展模式为促进农村地区共同富裕提供了可复制的样本。

关键词：东极镇；海洋渔业；海岛旅游；渔旅驱动

一、研究背景：鱼类资源丰富多样，海岛旅游设施落后

浙江省舟山市普陀区东极镇地处中国海洋最东端的边境岛屿，距普陀沈家门渔港约 45.5 公里，被外界称为"东极岛"，其实正式地理名称为"中街山列岛"。东极镇陆域面积约 11.7 平方公里，海域面积约 500 平方公里。东极镇由 28 个大小岛屿组成，其中 4 个住人岛（庙子湖岛、青浜岛、黄兴岛、东福山岛）构成了一个村，即东极村，该村有一个合作社，即东极村股份经济合作社。镇政府位于庙子湖岛，全镇住人岛的在册户数共 2297 户，在册人口共 5544 人。人口多数集中在庙子湖岛，其他 3 个住人岛（青浜岛、黄兴岛、东福山岛）的居住人口随渔业生产淡旺季而发生较大变动。

东极镇位于东经 122.4°、北纬 30.1°，处于舟山渔场的中心位置，

海洋生态环境多样,具有丰富的鱼类资源,有着"海上粮仓"的美誉。渔业是全镇的传统产业,当地居民几乎人人皆渔民,从事着与传统渔业相关的行业。但是,由于前些年的过度捕捞和粗放式经营,东极镇渔业资源已大幅萎缩,传统渔业产业进入瓶颈期。同时,东极镇是 21世纪中国第一缕曙光的照射地,被称为"东海极地",有着得天独厚的海洋旅游资源和浓郁的渔家文化。该镇不仅有着十分丰富的自然景观,奇石嶙峋、礁岩交错,阳光充沛、水质清澈,极具以海洋资源为基础开发生态旅游的条件。而且,该镇还拥有被称为"海上布达拉宫"的渔村石屋建筑群落和大树湾历史文化村,还有不同种类的野生海鲜、淳朴的渔家生活方式和浓郁渔乡风情的民间绘画,更具极高的旅游开发价值。但是,由于东极镇的海岛基础设施建设落后、土地资源短缺、生态系统脆弱、品牌欠缺等问题,旅游产业的发展面临着重重挑战。

面对海岛创新发展的瓶颈和挑战,东极镇立足海洋优势,坚持渔业和旅游业"双轮驱动",以物质富裕、生态良好和人民满意的有机统一为目标深入探索发展路径,为浙江建设共同富裕示范区提供了典型的案例。2016—2021 年,东极镇先后获得国家级海洋公园、省级美丽城镇样板镇、省级 4A 级景区镇、省级卫生镇等荣誉称号,生产总值年均增长在 5.7% 以上,渔民人均收入年均增长 9.5%,幸福指数持续攀升,实现了经济效益和社会效益的双提升。

二、发展现状:海岛面貌精彩蝶变,共同富裕效果显现

"十三五"期间,东极镇积极打造共同富裕基本单元,推进传统产业、资源环境、海岛文化、基础设施、基层治理、民生项目的建设与创新,实现了海岛面貌的精彩蝶变,初步勾勒出"岛在海中居、人在画中居、客在景中游"的美好图景。

(一)海洋渔业稳健发展

东极镇以"渔业振兴"为抓手,全力稳住"海上粮仓"基本盘,渔业

产量年均增长 3.9％,产值年均增长 6.6％,获评全市"渔业先进集体"。打破地方壁垒,成立舟玉海洋捕捞服务有限责任公司,压实挂靠渔船生产管理责任;精简渔船管理服务站层级,成立东极渔业管理服务中心;开展渔业安全生产铁拳整治行动、重大活动期间安全隐患排查整治行动等活动,保障海洋发展领域生产安全;发展休闲渔业,积极举办舟山群岛新区每年一届的全国矶钓名人精英赛;发展水产养殖,现有养殖户 14 家,养殖面积 970 亩,主要养殖大黄鱼和贻贝。

(二)海岛旅游乘势而进

构建以海岛风景、渔家风情为特色的海岛全域旅游格局,创成省级 3A 级景区镇,推进东极蓝海省级民宿集聚区试点单位创建,接待游客、旅游收入年均增长 12.46％和 18.21％。截至 2021 年底,全镇共有省级金宿 2 家,银宿 6 家,15 家市级"岛居舟山"最美民宿,18 家市级精品渔农家乐,68 家区级星级海岛民宿。东极镇东福山岛被评为"省级农家乐精品村"和"省级农家乐集聚村";东极镇青浜岛被评为"省级农家乐集聚村";东极镇青浜岛被评为"浙江省 1A 级景区村庄";东福山岛被评为"浙江省 2A 级景区村庄",庙子湖岛被评为"浙江省3A 级景区村庄"等荣誉。

(三)资源环境保护增强

坚持响应浙江省启动的"一打三整治"专项执法行动,严厉打击涉渔"三无"船舶,严厉整治"绝户网"、"船证不符"渔船和海洋环境污染问题,积极推进渔船转业行动。截至 2021 年底,全镇共有渔业船舶568 艘,其中,捕捞渔船 431 艘、辅助渔船 63 艘、休闲渔船 74 艘,60 马力以上渔船 455 艘、60 马力以下渔船 113 艘,渔业产量年均递减,获评全市"一打三整治"先进单位;完成海岛海洋生态保护与开发建设工作 36 项,完成养殖区块和小船泊位的浮子更换,强化海洋生态保护;持续开展"洁净东极"大行动,共计整治脏乱差 251 处,清理废弃杂物882 吨,拆除违章建筑 1800 余平方米。

（四）文化建设不断深化

弘扬社会主义核心价值观，提炼海岛正气，一位居民荣登"浙江好人榜"。大力实施"文化惠民"工程，策划线上线下特色文化活动100余场。连续开展"Clean·东极岛|Keep·海岛蓝"公益活动、"里斯本丸"历史文化节、东海渔嫂文化节等多种活动，吸引各级媒体150余批聚焦采风，并以渔乡风情为主题进行活态展示，成功入选省级非遗主题小镇。加强对传统村落和传统民居的保护与利用，东极村（庙子湖）被列入国家级传统村落名录，东福山大树湾被评为省级重点历史文化村，文化建设在全域统筹中显著提升。

（五）基础设施日趋完善

以建设和美东极为目标，全力补齐海岛基础设施短板。完成四岛蓄水池建设、饮用水净化设备采购、各蓄水点开挖等工程，庙子湖、青浜等海水淡化项目建成使用，农村饮用水达标提标工程成效显著。完成35kV输电工程，做好镇内电力增量扩容工作，为东极各行业发展打破电力瓶颈。大投入抓公共卫生设施建设，规范四岛的医疗废物垃圾处置，高质量创成省级卫生镇。完成庙子湖道路部分路段"白改黑"工程；以倒陡街为核心，辐射完成生态路面、游步道建设。庙子湖台损码头区域修复项目等待竣工验收。舟山群岛·祥和轮、舟山群岛·繁荣轮投入使用，高质量的岛际交通动脉形成，让居民、游客充分享受高效便捷的出行体验。

（六）基层治理收效显著

开展海岛环境综合整治，大力推进"三改一拆"等工作，创成市级"基本无违建乡镇"。构建城镇基层社会治理格局，出台《东极镇民房民宿建设管理办法》《文明施工建设审批规定》《东极镇用水管理办法》《东极镇环境卫生管理暂行办法》等相关政策，促进海岛治理体系日趋完备。连续获评"平安乡镇"，成功捧得"平安盛鼎"。深化"四个平台""海上枫桥"建设。"扫黑除恶"专项行动圆满收官。做好信访与矛盾纠纷调处工作,累计调处矛盾纠纷 56 起,成功率 100%；办结信访件 208 件,办结率 100%,全镇安全形势持续平稳。

(七)民生项目勾勒幸福

围绕均衡普惠、提质增效,加大民生投入。镇本级财政用于社会保障、养老、医疗、优抚等民生支出 800 余万元,民生支出占财政支出的 67.8%,居民基本医疗保险参保率超 99%。全面落实老年渔民补贴、失海养老保险等扶持政策,2020 年全镇共发放各类救助金 119.3 万元。医疗服务优质有效,实现黄兴、青浜、东福山"健康小屋"全覆盖,推进远程医疗会诊信息系统应用,推动分级诊疗目标落实落地。海岛养老举措有力,升级改造镇敬老院,持续开展银龄互助活动,为全镇 144 名空巢、独居老人提供上门服务,营造浓厚养老氛围。物资保供高效有序,设立"老供销"菜篮子供应点,定期实施订单式进岛配送服务,满足海岛居民、外来游客的日常所需。

三、主要做法:立足海洋资源优势,"渔旅双轮驱动"共富

东极镇依循"四岛一盘棋,全镇一条链"的理念,全面实施"渔旅双轮驱动"工程,加快产业结构调整,发力海洋科技创新,拉长做厚旅游产业链,在兴产业、保生态、强品牌、融数字、创机制等方面形成了鲜明的具有地域特色的发展模式,开辟了东极镇渔民及周边海岛的共同富裕之路。

(一)渔旅结合:兴产业,成为"渔旅融合的海洋经济典范镇"

突出"渔旅结合"兴产业,实现从海洋渔业、海岛旅游业向休闲、文化(包括影视、摄影)等行业的有机融合。一是发展休闲渔业产业,有机融合渔业与旅游业,促进渔民转产转业。全镇成立 4 家休闲渔业公司,将休闲渔船租赁给"失船"渔民去经营,并引导渔民充分挖掘海岛和渔民文化,建立具有东极岛特色的休闲渔业产业。二是做好做强风味鱼制品产业。推广捕捞、加工、营销等生产环节的自媒体直播,或采

取开店摆售、就地支摊等方式进行销售；鼓励海岛上的闲散人员清理、加工各类生猛海鲜，或制成鱼片、鱼丝等加工品，每人每天可以增加近百元的家庭收入。三是做大做强渔民画产业。积极拓展渔民画销路，促进渔民画家增收。搭建渔民画线上交易平台，培育本土"网红"，线上线下多渠道销售渔民画及其版权。东极渔民画已经走出国门，远销美国、澳大利亚、法国等多个国家。东极岛旅游办副主任梁银娣说，渔民画作者大多为女性，她们的画作年收入不亚于渔民丈夫。四是拉长做厚渔旅产业链，构建以海岛风景、渔家风情为特色的海岛全域旅游格局。开发了出海捕鱼一天游、青年旅社、海岛民宿、渔民画展厅、复古电影院、东极亭摄影点等一批渔旅融合产品。民宿老板们直夸党的政策好："若不是为了养家糊口，谁愿意在海上担惊受怕？一个突然而至的风浪，就可能让我们船毁人亡啊！现在政府为鼓励我们转产转业，租金、装修费用都免了！""过去打鱼又辛苦又危险，现在好的时候一天能收入三四千元。"

（二）以旅促渔：保生态，成为"海洋生态文明的示范镇"

从"家家户户一只船"到如今"一岛渔船只剩数十条"的景象，东极镇渔民转产旅游业对渔业、渔村的振兴是功不可没的。坚持"以旅促渔"保生态，东极镇不但保护了有"海上布达拉宫"之称的渔村石屋建筑群落、大树湾历史文化村等古建筑历史遗迹，充分挖掘利用非遗资源，而且实现了对海洋生态环境和渔村生活环境的改善提升。一是严格执行休渔禁渔制度，严控非法海水养殖，持续推进渔业资源增殖放流，保护海洋生态环境。二是修复改造提升古建筑。统筹推进庙子湖、东福山古建筑的外立面改造工程。东极岛上有着传统石屋群、祠堂、庙宇、亭榭、牌坊、碑塔等建筑，对这些古建筑主要进行结构加固而不破坏其传统材质。收储、利用、整合渔民闲置住房、闲置宅基地、闲置村集体建设用地，设计改造成民宿、青年旅行社、抖音直播室、主题餐厅、咖啡屋、主题公园等，不仅保留了东极岛原生态的本土文化，而且满足了游客观海需求,同时提升了海岛的宜居水平。实施海岛山坡、闲置区域绿化美化工程,种植各类绿植 6 万余株,复绿增绿面积达113 亩,构筑海岛亮丽风景线。三是充分挖掘、利用非物质文化资源。展示保护并延续渔俗文化、海洋精神、特色墙绘、非遗资源(传统木船制造技艺、东海龙王信俗、舟山渔业谚语、海鲜系列传统加工技艺、财伯公传说等),建设历史文化博物馆等,为渔民提供丰富的精神食粮,社会风气明显向好。

(三)渔旅齐飞:强品牌,成为"海岛形象的窗口镇"

坚持渔业和旅游业"两翼齐飞",产业品牌培育试点取得了一定成效。一是积极促成中惟科技公司深海黄鱼养殖等项目合作,实现深远海养殖新突破,带动海岛渔村养殖户提高收益。东极大黄鱼通体呈金黄色,鱼鳞光亮,鱼肉结实而富有弹性,与野生大黄鱼相似度在95％以上,肉质鲜嫩。央视《味道》栏目组走进东极皇海上牧场,深入拍摄大黄鱼捕捞制作。东极皇创始人王国茂先生接受了《味道》栏目的专访,在东海大黄鱼的历史文化、生长环境等方面做了详细的讲解,进一步打响了东极的渔业品牌。"今年我们已经接到了来自台州椒江一客户10 万公斤的订单,预计今年总体销量可翻倍。"东极大黄鱼养殖户施光品发出爽朗的笑声,同时他还有个梦想:"不仅自己富,还要带领大家富"。东极大黄鱼已成为东极镇海岛水产的特色品牌和共富品牌。二是深化打造"千万工程"海岛旅游样板,已完成环岛观景平台、沿港护栏、民宿外立面等 13 个旅游基础项目,累计完成投资 2600 余万元。打造"一村一特色、一村一亮点"的全景东极,庙子湖岛的"海上画庄"、东福山岛的新世纪第一缕曙光照射点、青浜岛上就地取材而建的石屋、黄兴岛上的原生态丘陵,使东极镇海岛旅游品牌呈现出极强的感召力,荣登"全国文旅'网红打卡地'TOP20 价值推荐榜"第十位。三是适时策划、举办渔俗文化节、民俗文化节和历史文化节,做好做强渔旅品牌,此外,随着韩寒导演的《后会无期》电影的热映,东极镇的渔旅品牌影响力得到了进一步提升。

（四）渔旅智建：融数字，成为"科技兴海的展示镇"

东极镇坚持渔业和旅游业数字化建设导向，庙子湖—东福山微波通信系统已扩容至800M，数字智能建设涵盖了产业、生态、文化、技术、交通、住宿、健康、低碳、智慧、治理十大场景。一是打造数字化渔业产业链，推进"智慧渔业"建设。建立"渔业资源全网数据库"，对生产船只的数量、养殖片区、水产品种、年产量等进行精准标识。运用区块链技术，打通并连接渔业产业链上中下游的各个环节，让原生态海鲜"游"上互联网，形成渔业产量、销售渠道、供应链全终端定制化模式。同时，在平台上介绍各类海洋渔业资源，让更多的人通过"指尖"了解、意识到保护海洋生态的重要性。二是推进旅游产业数字化应用。目前运营的"舟山东极岛旅游"和"东极宣传"两个新浪官方微博，共有粉丝上万人，粉丝除通过微博查看最新东极资讯外，还能通过私信、评论等方式进行咨询。好心情驿栈老板吴爱琴说："客人直接从网上下单，我们这边接收订单就可以了，对双方而言都很方便。"拔浪台大酒店老板吴方忠说："网络营销已经成为我们重要的经营方式，一年下来，散客增加了40%左右，酒店生意更好了。"目前全镇有渔家乐136家，其中电子商务覆盖已过半数。三是数字化赋能海岛治理。依托海洋感知技术设备、海洋数据，实施涉海生态修复工作。截至目前，东极岛海域已累计投放礁体2000余个，流放鱼类1500万尾，海岛垃圾累计外运5300吨。落实全科网格建设，配备网格员，整合全镇居民完整信息，精准识别海岛群众基本情况，打通各平台管理数据，海岛居民凭身份证、社保卡或刷脸等就能享受社会保障、养老、医疗、优抚等服务。

（五）渔旅统筹：创机制，成为"海岛共富的引领镇"

东极镇坚持渔业、旅游业统筹发展，做实高质量发展硬支撑，在不断创新的机制中持续发展壮大村集体经济，做到敢担当、能带富。

2019 年实现村集体经营性收入 102 万元,2020 年 160 万元,2021 年 170 余万元。一是建立示范与引领机制。充分发挥养殖大户、渔业协会的示范与引领作用,以股份经济合作社为纽带,将渔民养殖、生产加工和电商销售有机整合,带动全镇渔民大力开展订单式养殖,快速实现致富。渔家乐协会通过电子商务培训,引领全镇渔家乐经营者利用互联网平台拓展旅游业市场。不少渔家乐老板在携程、美团等知名平台建立宣传"阵地",让产品和服务广开门路,拓展运营范围。二是建立资源整合机制。普陀区抽调 10 名干部到镇工作,聘任专业人才为驻镇规划师,整合人才要素资源;与黄靖联合建筑设计(重庆)有限公司合作改建、运营东极原菜场,整合优质商业资源;打造中街山特色街,整合各类业态资源;挖掘各类渔业文化资源,做大做强渔旅融合产业。三是共建共富机制。开展"红帆联航""两新联翼""青年党员'微共创'"等活动,实施"能人回乡、干部回村、大学生回流"举措,持续开展"军民融合"系列活动,持续发扬"东极"精神,形成全民共建共富的良好氛围。

四、经验启示:开展村集体产权改革,深化"渔旅双轮驱动"

东极镇"渔旅双轮驱动"带共富的发展模式,可以为浙江省高水平推进乡村振兴、高质量建设共同富裕示范区提供典型示范和经验启示。

(一)发展新型集体股份合作经济

在东极镇政府支持引导下,组建东极村股份经济合作社,鼓励村集体和渔民带资源、土地、资金、闲置房产等入股传统渔业、旅游开发等项目。建立村集体参股分红机制,实施"项目入股、全民参与、产权同享"的参股与分红原则,采用"股份经济合作社＋渔旅项目＋渔民入股"的经营模式,从而使全镇渔民人人当股东,家家有老板,也使得散弱渔民个体利益与村集体利益紧密相连,形成了村集体经济组织与渔民个体"共进退、同发展"的共富模式。

(二)加快推进渔村产权改革

结合国家海上绿色实验基地建设,东极镇加快推进渔业权或渔业资源产权化改革,实现渔业资源资产产权化管理,赋予渔民渔业权,让渔村获得渔业资源资产收益,扩大村集体经济收入来源,让渔民通过渔业权获取更多的财产性收益。例如,整合低小散养殖户,引进大型养殖集团,发展规模养殖效益,从而增加村集体和渔民收入。同时,探索渔民宅基地使用权的流转新方式,尤其是黄兴岛或青浜岛上无人居住的岙口,以村集体入股方式参与民宿建设改造。

(三)继续有效盘活现有资源

一是有效排摸、收集、整合村庄现有闲置资产和资源,融入乡村旅游项目,通过转租、租赁或转产,提升原有村集体资产的利用率和附加值。例如,庙子湖股份经济合作社通过将原村集体仓库使用权流转建设民宿,流转期20年,每年收取一定流转金并逐年提升,期满之后房屋使用权流转权归还村集体。二是在服务群众增收中促进增收。要建立和完善行业协会或专业合作经济组织,如渔家乐协会、夜排档协会、养殖协会等,在服务渔民增收、促进渔民增收的过程中,同步实现村集体增收。三是在创新发展机制中促进增收。通过加大培训力度等举措,大力培养乡村振兴带头人,拓宽思路,既让渔民成为股东定期分红,又让渔民成为旅游业从业者,获取固定的薪资收益。

(四)深化实施"渔旅双轮驱动"工程

一是打造"蓝色粮仓",统筹旅游开发带动,持续推进渔业资源增殖放流,保护海洋生态环境,建成主导产业清晰、集聚效应突出的产业体系。二是坚持科技兴海,支持科研院所、高校与龙头企业合作,为现代渔业、渔旅融合等产业提供技术平台和科技支撑。三是加大旅游产业的招商引资力度,引进有知名度、有业绩、有情怀的"定海神针式"旅游企业,引导社会资源参与东极旅游开发,提升旅游品质和影响力。

四是及时捕捉和把握全域旅游业发展新趋势,大力实施"旅游＋文化"
"旅游＋体育""旅游＋交通""旅游＋村集体经济"等产业布局,加快多
种业态融合发展。在此基础上,带动渔民创业,带动村集体参与经营,
成为目标一致的共同体,通过利益联结实现利益共享。

(五)持续改善旅游创收服务环境

村集体经济的持续发展壮大,是实现渔民共同富裕的重要手段,
是实现乡村振兴战略的坚强支柱。旅游业将是东极经济社会发展的
新动力。东极村集体经济的发展要依靠旅游业发展的带动,集体经济
的发展反过来又能促进东极旅游业的发展,两者相辅相成,但归根到
底要改善旅游创收环境,提升服务质量。为此,要重点关注并加快解
决环境优化、旅游基础设施建设、民宿规范改建、旅游市场管理、小船
艇整治、旅游层次提升等问题,进一步提升东极旅游业的硬实力和软
环境,持续发展壮大村集体经济,为乡村振兴注入持续动力。

主要参考文献

[1] 王丹妮,金露.海岛旅游与传统渔村的变迁研究——以浙江省舟山市东
    极岛为例[J].特区经济,2019(1):114-116.

[2] 马可云.坚决打好"一打三整治"持久战——浙东五城"共拥一片蓝"主题
    系列报道[N].舟山日报,2019-11-14.

[3] 刘慧静,文军.乡村振兴后劲足 东极打造海岛振兴新样板[N].舟山日
    报,2021-11-16.

[4] 于丽梅.论农村集体经济的问题[J].农民致富之友,2019(6):246.

作者单位:嘉兴大学

杭州市临安区"龙门秘境"村落景区：
乡村运营让乡村风景更有"钱景"

蔡碧凡

摘要：2017 年 3 月，浙江省杭州市临安区首次提出村落景区市场化运营概念，通过近年来的持续运营，取得了较大的成功，其中临安高虹镇龙门秘境村落景区是目前较为成功的案例，为全省探索"量体裁衣"的乡村运营模式提供了示范和经验。本文首先阐述了临安全区整体村落景区和龙门秘境的实践成效和基本模式，其次以龙门秘境为案例，分析了其通过乡村运营促进村民共同富裕的实践经验和启示，最后提出了对策建议。实践成效分别为：三村联创促使资源整合串联，提高旅游吸引力；透过运营宣传等方式将农特产品进行推广，稳步提升村民收入；响应"两进两回"行动，实现村落景区的可持续发展。总结四点经验启示，分别为：政府搭台，运营为王；双重身份，共负盈亏；明确主体责任，共建利益共同体；发挥乡贤力量，用好市场资源。对龙门秘境村落景区提出发展建议：吸引多家投资商和运营商，减少单一风险；充分了解村民需求，增强村民的内生动力；缩减村落间投资差异，提倡均衡发展；避免过于强调本地村民，完善新村民入驻机制。

关键词：龙门秘境；乡村运营；旅游产业

一、研究背景：龙门秘境以乡村运营促进旅游产业新发展

（一）乡村运营是实现乡村振兴的重要抓手

中国自改革开放以来，城市化进程逐年加快，与此同时出现了如

城乡资源和人力资本流动不对称、乡村社会资本匮乏等问题，严重阻碍了乡村的发展。党的十九大报告明确提出要实施乡村振兴战略，以"产业兴旺、生态宜居、乡风文明、治理有效、生活富裕"为目标，加速推进农业农村现代化，并在乡村建设（20 世纪初至 2005 年）和新农村建设（2005—2017 年）两个阶段的基础上进行全面超越。

浙江是"绿水青山就是金山银山"理念的诞生地和实践地，是全国最早开展乡村振兴战略的省份之一，乡村发展起步早、基础好、效果佳。自党的十九大提出乡村振兴战略以来，浙江省把乡村振兴作为高水平全面建成小康社会的重要依据，坚持推动"千村示范，万村整治"工程（简称"千万工程"），稳扎稳打。2017 年 6 月，浙江首次提出"万村景区化"省级战略，以进一步深化"千万工程"。"万村景区化"就是通过乡村景区化建设，以旅游产业发展带动乡村特色产业体系构建、村民增收、乡村生态环境提升。

2017 年 3 月，在实施乡村振兴战略和全域旅游的背景下，杭州临安首次提出打造村落景区概念，并提出探索市场化运营的实践路径，即以乡村运营商为治理主体，把乡村存量资源利用市场化的整合手段进行整村性、系统化、多维度的运营，探索"通过市场化运营实现村落景区的可持续发展模式"，把地缘相近，且具备较好自然禀赋、人文底蕴和特色产业的美丽乡村集合起来，共同打造村落景区。

2018 年 5 月，人民网、中国科促会小康村创新战略联盟联合举办了全国乡村振兴示范推介活动，临安高虹镇龙门秘境村落景区以独特的优势入选。高虹镇"龙门秘境"村落景区作为浙江省 6 个农村综合改革集成示范区建设试点之一，按照乡村振兴五大方面的总要求，建立健全城乡融合发展体制机制和政策体系，加快推进农业农村现代化；坚持以农业供给侧结构性改革为主线，建立农业农村绿色生态发展机制，形成三产融合发展新格局；补齐农村公共服务短板，成立了村庄运营公司，全面促进美丽乡村向美丽经济转化；促进村集体经济壮大，农民持续增收，乡村治理水平有效提升，为全省农村综合改革和乡村振兴提供了示范和经验。

(二)旅游产业是促进共同富裕的重要业态

中国改革开放初期,邓小平同志就指出:"我们允许一些地区、一些人先富起来,是为了最终达到共同富裕,所以要防止两极分化。这就叫社会主义。"①所以共同富裕是社会主义的本质要求。党的十九届六中全会公报进一步提出,全面深化改革开放,促进共同富裕,坚持在发展中保障和改善民生,协同推进人民富裕、国家强盛、中国美丽。进入新发展阶段,推动实现共同富裕被摆在更加突出的位置。2021年10月,习近平总书记在《求是》杂志中指出:"党的十八大以来,党中央把握发展阶段新变化,把逐步实现全体人民共同富裕摆在更加重要的位置上,推动区域协调发展,采取有力措施保障和改善民生,打赢脱贫攻坚战,全面建成小康社会,为促进共同富裕创造了良好条件。现在,已经到了扎实推动共同富裕的历史阶段。"②

要实现共同富裕,关键是提高低收入群体收入,扩大中等收入群体比重,合理调节高收入群体收入(简称"提低、扩中、调高"),从而努力缩小贫富差距。中国社会科学院旅游研究中心特约研究员张金山在2022年发表文章指出,旅游活动总体上是一种富裕群体购买低收入群体所提供产品和服务的活动,从而实现财富从富裕群体向低收入群体的转移,旅游消费天然地具有调节收入分配的作用,所以旅游业长期以来都是脱贫攻坚和增收富民的重要手段。杭州临安首次提出的打造村落景区运营概念就是利用运营商的角色,集合共同打造村落景区,串联开发旅游路线及产品,进而协助村民走向共同富裕的道路。

(三)龙门秘境村落景区是临安探索乡村运营路径的典型案例

龙门秘境村落景区属于杭州临安区东北部的高虹镇,天目山脉北麓,中苕溪的源头猷溪贯穿全境,融合了临安区高虹镇境内石门村历

---

① 邓小平的实践辩证法[M].北京:人民出版社,2004:28.
② 习近平.扎实推动共同富裕[J].求是,2021(20):4-8。

史村落、龙上村攀岩体验、大山村生态休闲三个特色乡村共同打造的村落景区。大鱼线将石门村、大山村龙上村三个乡村揽聚串联起来，总面积达 55 平方公里，是临安重点打造的示范型村落景区之一，具有典型性和代表性。

龙门秘境自 2017 年开始建设，以"生态秘境、攀岩胜地、运动山乡、传统村落"为基本定位，突出自身特色，以生态保护为先，实施控制性适度开发，发挥石门文化、龙上运动、大山休闲、动静结合、功能互补的优势，实现了三个村庄的组团发展。以乡村产业发展为重要目标，在原来美丽乡村、历史文化村落、村庄生态修复等项目基础上进行提升，将环境整治、景区建设和产业培育"三合一"，积极培育旅游休闲观光新业态，深度挖掘龙门秘境乡土文化，树立"百年古村落、千年大梯田、万年峭岩壁、亿年巨石阵"IP 概念和品牌形象，打通"绿水青山"与"金山银山"双向路径。龙门秘境村落景区现为临安区十大示范型村落景区之一、浙江省 3A 级景区村庄、全国乡村旅游重点村、国家 3A 级旅游景区。

二、主要做法：以乡村运营构建生态价值多元化实现机制

（一）实践路径

2022 年 3—5 月，浙江农林大学调研小组查阅大量文献资料后，多次到龙门秘境村落景区进行实地调研，采用田野调查和深度访谈中的半结构化的研究方法，梳理出临安村落景区的主要做法及龙门秘境村落景区的实践路径。

1. 临安村落景区的主要运营流程

2017 年以来，临安以改革的思路寻求破解乡村运营难题的出路，在全省率先开展村落景区市场化运营，通过面向社会招引运营商，让村落资源与专业的运营团队开展合作，从整村旅游运营的角度出发，让专业的人来经营村庄，实现了乡村与市场的深度结合。通过五年时

间的实践探索，走出了一条通往"运营引领的村落景区化"模式，目前已取得明显的成效。以下为主要运营流程：建立招商项目库→招引运营商→组建运营公司→建立运营工作推进机制→实施专业化运营。其中实施专业化运营是指运营商进驻村落景区后，根据村落特色，整村运营乡村旅游具体需通过十个方面进行科学运营：组建人才团队、村落景区的资源调查、村落景区旅游主题定位、营造旅游氛围、招引投资、打造旅游业态、包装旅游线路、市场营销、加强社会合作、加强管理服务。

2. 龙门秘境运营商建立历程

（1）第一阶段：达成合作协议

在 2017 年全域旅游和乡村振兴背景下，临安区提出"村落景区"概念，并于同年召开了村落景区建设招商会。会上，浙江金诺传媒有限公司与石门村、龙上村和大山村达成合作开发与运营协议，并确定由临安区农办牵头做基建、文旅局牵头做旅游产品，共同打造龙门秘境村落景区。

（2）第二阶段：村落景区建设

达成合作协议后，各方开始行动。在临安区农办积极推动下，于2017—2019 年，当地开始对龙门秘境景区进行农村综合改革，以"拆、收、整、改、建"思路对乡村进行了全面整治；完成大鱼线交通改造和提升，并正式开通运营，极大提升了龙门秘境村落景区的乡村环境和交通条件。重点对石门村进行了老街改造和整治，对龙上村攀岩相关基础设施、河道进行改造，对大山村整体村容村貌进行整治。这为村落景区有序建设和运营营造了良好环境。

浙江金诺传媒有限公司进入景区运营以来，先后成立杭州金诺农业发展有限公司、杭州垄上行管理有限公司、杭州金诺极限户外运动有限公司、杭州金诺研学旅游有限公司等多家企业，并通过流转土地1800 余亩、民房 12 幢，积极投入对龙门秘境高山菊花、蔬菜产业基地、垄上行高端民宿(树屋)、攀岩运动、研学体验等乡村特色农业和旅游产品进行打造,为村集体增收 150 余万元,直接带动 200 多名村民就业,也提升了龙门秘境村落景区的产品吸引力和市场知名度。

(3)第三阶段:乡村运营探索

随着龙门秘境村落景区建设的不断完善,景区进入运营阶段,在 2018 年由金诺传媒有限公司下属的金诺农业发展有限公司与石门村、龙上村、大山村四家股份经济合作社合作成立杭州龙尚景区管理有限公司,负责龙门秘境村落景区管理运营和营销宣传等工作。

2019 年,龙门秘境村落景区开始启动示范型村落景区建设项目,主要包括石门、龙上、大山三个建制村外立面改造、古宅修缮、道路景观、攀岩体验等 40 个建设项目。浙江金诺传媒有限公司为进一步适应村落景区新发展形势与要求,陆续成立了杭州龙门秘境旅游发展有限公司和陌上村落景区运营策划有限公司,希望通过更广泛的"文旅＋""农旅＋""公司＋基地"等形式,招商引资,努力带动三个村的经济社会发展。

(二)龙门秘境的实现机制

1.建立"城乡合伙人"运营机制

在临安众多运营商中,经营龙门秘境的浙江金诺农业有限公司被认为是最成功的。创办人娄敏作为土生土长的临安高虹镇人,2016 年以乡贤身份回龙上村流转了金丝坞 160 亩山地,用来开发高品质药饮两用的"金丝黄菊"生产基地。又从龙上村流转了 3 栋闲置农房投资建起了"垄上行"民宿,通过民宿带动当地农产品销售。2017 年 10 月,在临安区文旅局和高虹镇的指导下,浙江金诺农业有限公司与石门、龙上、大山三个村集体合作共同运营龙门秘境村落景区,建立"城乡合伙人"运营机制,即以"村集体经济发展有限公司＋二级运营商"为主体,合作社与村民多方参与的产业发展模式(见图1)。按照"统一规划、统一设计、统一运营、统一品牌"的原则,开展全域综合开发,整合乡村优质生态环境、生态产品、文化资源，精心打造"龙门秘境"山乡旅游品牌，推进美丽乡村品牌化经营。将原本分散无序的要素纳入旅游全产业链条之中，整理了三个村的各项资源，纳入统一资源池，拉长了旅游产品产业链，提高了旅游产品增值空间，进一步推进城乡融合发展，助推乡村全面振兴。

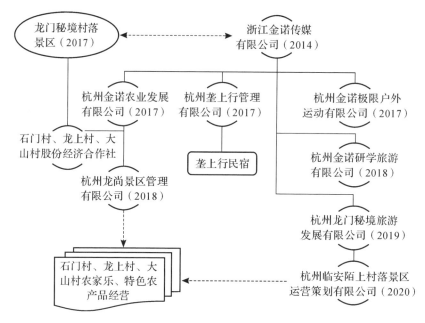

图 1　龙门秘境村落景区运营基本模式

2. 构建生态价值多元化实现机制

在村落景区市场化改革实践中，需动员政府、运营商、投资商、村集体、村民、专家等社会主体的指导合作。政府负责"跑龙套"，从过去的大包大揽改为承担引导和规范职能，出台《临安村落景区运营考核办法》，突出业态与产品考核，每年组织第三方机构对运营商开展绩效考核，对考核合格的运营商给予 20 万—100 万元的奖励。乡村运营商是"主角"，承担参与村庄发展规划、项目投资、招商投资、产品开发、旅游营销、日常运营、综合管理等职能，并扮演"第二村两委会"的角色，参与村庄发展议事会议。投资商是"配角"，按时对村落景区主题和风格开展项目投资,只对自己投资的项目负责。村两委会是"股东",代表村集体与运营商签订合同,以村集体资产入股。村两委会在运营工作业务上不干涉不参与经营管理,主要协助并保障运营商在村落顺利开展运营工作。村民是"主人",可以通过出售农产品获益,也可以作为投资者,从乡村民宿、伴手礼、采摘园等领域获益,或者作为劳动者在家门口就业。专家是"师爷",临安文旅部门特聘乡村文旅专家团队,定期对运营商进行把脉、指导,为运营商提出对策建议。

在产官学研社的多方协力下,原来日渐空心化的石门、龙上、大山三个村庄逐渐恢复了生机。原本村民们大多不看好旅游致富事,自从浙江金诺农业有限公司以投资商和运营商的双重身份入驻村庄以来逐渐有了眉目,该公司利用专业旅游知识,深入挖掘三个村的人文地理背景后提出旅游发展新思路,吸引了大量的人力和财力参与到旅游业中。村干部们看到村里的蜕变后,纷纷主动积极参与环境整治、村民关系协调、旅游活动协助等工作,使得村集体有了更强的向心力;景区日渐火爆,当地乡贤、青年人开始返乡创业,他们创立的农家乐、民宿、匠人馆等经营主体开始盈利;在政府提供政策、专家提供技术的支持下,村民们组建多种行业的互助合作组,达到了资源共享、活动共办、市场共推的目的。政府、村两委会、运营商、农民等多层次角色共同构建了以激发内生动力为主的乡村振兴和共同富裕模式。

三、实践成效:资源整合串联,村落景区实现可持续发展

(一)三村联创促使资源整合串联,提高旅游业吸引力

"龙门秘境"所含的三个村落各具特色。石门村是临安的古村落文化保护村,也是龙门秘境村落景区始发村。因村落中保留众多完整的明清徽派古建筑而具有浓厚的古村落气息,也因天然的红色历史优势——曾经是新四军苏浙军区第一纵队驻地,故设有乡愁记忆馆和高虹新四军纪念馆。龙上村因村中狮子山的自然岩壁风格独特且线路

多样,具有良好的野外攀岩环境,经过攀岩爱好者的口碑传播,狮子山慢慢地成了华东地区颇具盛名的野外攀岩胜地。后经过龙门秘境村落景区建设,建成125条专业攀岩线路,并建设攀岩体验馆,开发各类主题民宿,致力于打造"中国攀岩小镇"。大山村因海拔优势,有着原生态的高山植被、华东地区最大的金钱松林、高低错落的千亩古梯田、宏伟壮阔的冰川遗迹天石滩等康养资源。2010年以来开始发展高山农业产业,依托生态优势打造农家乐。自龙门秘境村落景区建设以来,大山村加大对乡村生态旅游、天石滩地质科普研学旅游、农家乐休闲体验的支持力度,目前正在积极打造梯田观光小火车、星空泡泡屋。与此同时,引进高端民宿等项目,以丰富旅游业态,提升大山村乡村旅游产业品质。

浙江金诺传媒有限公司调研分析各村特色资源后,明确了三个村落的旅游开发方向及运营定位:石门村的探古之旅、龙上村的畅玩之旅、大山村的康养研学之旅,经过近5年的投资运营,到2021年已开发20多条精品线路,如山野厨房、小小新四军、雅集体验、康养之旅、蔬菜狂欢,等等。龙门秘境村落景区将资源整合串联,目标涵盖各年龄段受众,以产品业态吸引游客驻足,进而延长旅游人天数。

(二)通过运营宣传等方式推广农特产品,稳步提升村民收入

浙江金诺传媒有限公司拥有一个集策划、文创、传媒、投资、建设、运营等功能于一体的团队。公司不仅开设微信公众号、抖音号、淘宝号,还定期举办节庆活动,如龙门秘境秘酱文化节、农民丰收节、精酿啤酒节、年俗节、菊花节等,同时积极对接中央电视台、湖南卫视、浙江卫视等主流媒体进行宣传报道。以2020年4月举行的首届"龙门秘境秘酱文化节"来说,在浙江金诺传媒有限公司的统筹规划下,有20户会制酱的村民报名参加,公司邀请餐饮协会负责人、国家级烹饪师、营养师等担任评审专家,比赛最后决出了素酱组和肉酱组的冠亚军。

而后根据专家意见将两者进行融合,选取当地的龙门石笋干等食材,配上当地山泉水,以古法手艺制作成特色酱,并统一命名为"龙门秘酱"。运营商将活动全程记录下来,赛后以视频、图片、文字等方式在20多个平台对外推广,如今,获得比赛殊荣的10名制酱达人每天在家里熬酱,不仅供应给农家乐、私厨馆等餐饮单位使用,还单独设计酱瓶包装,在农特产品店、当地民宿、网上商城等平台售卖龙门秘酱,大大提升了制酱产业链上供应原材料的村民的收入。

(三)响应"两进两回"行动,实现村落景区可持续发展

"两进两回"是浙江出台的助力乡村振兴的政策之一,是指"科技进乡村、资金进乡村,青年回农村、乡贤回农村"。浙江金诺传媒有限公司负责人娄敏身兼运营商和投资商双重身份,也是临安高虹乡贤,投资和运营龙门秘境可谓乡贤创业行动。娄敏在投资管理村落项目、助推村落实现盈利的同时,积极邀请设计师改造农家乐,打造共享竹林、共享酒吧;引进技术人才运用农业科技打造菊花基地和高山蔬菜基地;合理利用村落资源进行多元业态打造;吸引青年、乡贤返乡创业,以此激活乡村发展的内生动力。

据统计,龙门秘境村落景区成立以来,一批"农二代"知识青年和乡贤企业家纷纷开始返乡创业兴业,截至2021年12月,共吸引返乡青年421人,新农民52人,主要经营民宿、酒吧、餐厅、项目运营等工作。绝大多数村民也实现了家门口就业,龙门秘境村落景区资源调查情况显示,现拥有99名匠人,分别为:木匠9人,铁匠1人,篾匠1人,酒匠17人,豆腐匠5人,舞龙匠31人,年俗手作匠人35人。在浙江金诺传媒有限公司运营下,龙门秘境村落景区的旅游收入从2018年的529万元增长到2021年3017万元,村民平均年收入从2018年的3万元增长到2021年的5.2万元,村集体收入从2018年的180万元增长到2021年的891万元。目前,当地村民和回乡青年已经占运营公司用工的70%以上。在农副产品收购、加工、售卖上,运营商在坚持公

平的前提下，给予村民从优从宽，与村民、村集体形成一种和谐创业、红利共享的氛围。

四、经验启示：以市场化思维解决乡村景区运营发展难题

《浙江日报》2020年5月发文表示，长期以来，不少地方在建设美丽乡村的过程中，存在重建设、轻运营的问题。但临安经过两年多的运营，17个引入乡村运营师的村落景区形成了各具特色的风景与业态，吸引着不同的游客群体，为村集体增收、村民致富带来持久动力。他们的实践表明：以市场化思维引导乡村建设，才能破解建设的难题，最大程度地放大乡村的价值。临安以景区理念规划乡村、以景区标准建设乡村、以景区红利惠及乡村，以这样的村落景区建设理念去运营村落景区成绩斐然。2019年9月《农民日报》认为，在诸多临安村落景区运营商中，龙门秘境村落景区乡村运营商是最成功的案例。其经验启示，可以进一步总结为以下四点。

（一）政府搭台，运营为王

龙门秘境村落景区是在临安区文化和广电旅游体育局（下称区文旅局）的支持下，政府提供顶层设计，在基础设施建设、文旅发展方向指引、多方思想交流和利益冲突协调等方面发挥了主导性作用。然后就是找寻合适的运营商，这也是绝大多数乡村的痛点。要成为一个合格的乡村运营商，要有资源，有见识，有胆识，有能力，还要有情怀，有工匠精神。很幸运，浙江金诺传媒有限公司就是这样的运营商，在区文旅局的指导下，这个运营商已经具备了较好的发展能力：接地气、善创新、会销售，已经在外部资源对接、节庆活动举办、民宿经营、农产品销售等方面闯出了新路。

（二）双重身份，共负盈亏

浙江金诺传媒有限公司与其他运营商不同，创办人兼具龙门秘境村落景区乡村投资商和运营商双重身份，近5年中，浙江金诺传媒有

限公司累计投资 8000 多万元，属于典型的重资产运营商。在村落景区运营的股份结构上，石门村、龙上村和大山村三个村占 10%，浙江金诺传媒有限公司占 90%。

创办人娄敏以共负盈亏的形式参与村集体旅游产业经营，临安村落景区大部分运营商表示娄敏这种重资产运营很难模仿，毕竟投资数额大、见效慢，短期很难变现，他们认为自己团队投入的是智力而非财力，侧重的是活动策划和市场推广的资源，长项就是轻资产的运营，而非实体项目的投资。乡村基础设施建设的投资理应是由当地政府和村集体负责，在政府完成基础设施建设之前，运营商不应该进入乡村。而一些村支书表示，运营商如果一点都不投资，一旦遇到问题很容易轻言放弃，只有运营商投入真金白银，形成一定的资产积累，才能坚持下去。

（三）明确主体责任，共建利益共同体

龙门秘境村落景区运营成效的关键是实现了运营主体内部的有效合作和责任划分，既有利于发挥主体自身优势，更有利于促进资源有效开发，形成利益共同体，实现乡村振兴和共同致富。这也对其他乡村运营给予启示，开展乡村运营首先要确定明确的主体责任，尤其是村集体、投资商，要划分不同主体间的权利和义务，既为乡村运营各项事业顺利开展营造优质营商环境，也有利于乡村市场运营对乡村各项事业发展的促进作用。

比如，龙上村的大多数农家乐加入了临安区文旅局和临安区高虹镇人民政府发起的临安农家乐提升版小集群项目，本项目以龙上村域为单位，农家乐品牌挂靠"垄上行"，以垄上 X 号小院为次品牌，形成统一品牌后，经过统一策划营销、捆绑运营，让龙上村的农家乐实现了"小投入、大回报"的目标。

（四）发挥乡贤力量，用好市场资源

龙门秘境村落景区运营背后是运营商的不断投入与积极发展，其中也更大程度体现了创办人娄敏作为一名返乡创业者,他具有浓厚的乡村情怀和对家乡故土的偏爱。他既对当地发展比较熟悉,又具有较高的企业管理、经营水平和发展思路,是促进乡村运营和推动乡村发展的重要力量。很多在外经商并取得较大成就的返乡创业者,对现代市场经济发展有深刻的理解,有独特的市场运营方式、市场营销渠道和多种市场资源和社会资本,有利于帮助乡村更好地利用外部资源、盘活自身优势,拉动乡村实现乡村振兴和可持续发展。例如,龙门秘境村落景区通过利用市场化灵活的土地经营手段,采取运营商向村集体流转、向村民流转或直接买断等多元化方式,提高乡村土地资源的利用率,既提升了乡村资源效益,又降低了运营商的风险,最终实现了资源效益最大化。

五、发展建议:吸引更多投资运营商,实现全面均衡发展

虽然目前龙门秘境村落景区的运营堪称临安村落景区运营的模范,但仍然存在短板,调研小组通过多次参访,梳理出以下发展建议,供龙门秘境村落景区和其他乡村运营参考。

(一)吸引多家投资商和运营商,减少单一风险

资金投入方面,龙门秘境村落景区发展在产品开发.环境营造及运营收益等方面,几乎都依赖于浙江金诺传媒有限公司,已有资料显示,自运营商参与景区运营以来,已经先后投入资金 8000 万元,用以开发乡村产业项目,包括高山蔬菜基地土地流转、高端民宿房屋租赁、攀岩赛道建设、景区市场营销等项目,而且目前还需要大量的资金投入。

运营团队方面,村落景区运营作为一项系统化工程,需要有专业人员和团队来 开展,浙江金诺传媒有限公司的运营团队相对成熟,由专业的旅游管理、市场营销策划、景区景观设计、各种业态培训、产业规划及乡村农旅人员组成,其中旅游管理、市场营销策划专业人员有

10年以上旅游景区、大型旅游集团从业管理经验。

从资金投入、股份占比、运营团队构成三个方面可以看出，政府应加大宣传力度，减少单一风险。吸引多家大型资本投资龙门秘境村落景区，通过多方举措消除仍在观望的投资商因新冠肺炎疫情所带来的投资风险。

（二）充分了解村民需求，增强村民的内生动力

尽管村民和运营商是利益相关的主体，相互间有很多联系，但在日常管理和沟通上以及运营商对村民经营、开发、投资、营销等能力带动上存在较大困难。由于当前存在乡村空心化问题，乡村大部分居民为中老年人，他们受教育程度较低，市场化理念跟不上，这在很大程度影响了运营商与其沟通的方式、方法及效率，也无法像规范化的现代化企业培训一样，帮助他们提升专业性问题分析、农家乐经营、市场营销等技术和能力，进而无法实现真正乡村运营能力的内在提升。这一方面对运营商与村民在基础性工作交流、项目推进与落地进度等方面产生不利影响，加大了乡村运营人才需求与村民能力提升不足之间的矛盾；另一方面对乡村可持续运营产生制约，面对未来乡村产业发展对人力资源能力的要求，当前村落景区运营对村民自身能力带动水平将限制乡村自身发展的内生动力，使乡村发展无法摆脱对外部运营团队的依赖。

政府和运营商应该充分了解村民需求，为村民送去适时帮助。建议政府推出人才回流政策，让返乡青年充当运营商与中老年村民的沟通桥梁。同时建议运营商多举办慰问活动，增强与村民的黏性；并借助村两委会和村集体力量，耐心与村民沟通，实现村企沟通的有效性。

（三）缩减村落间投资差异，提倡均衡发展

由于发展基础和产业特色的差异，目前龙门秘境村落景区对三个村庄的投入差异较大，其中投入主要集中在龙上村，而对发展基础相对弱、发展速度相对慢的大山村的关注和投入稍显不足，这就造成村

庄间发展的显著差异和不平衡。实地调研中,对比石门和龙上两村,大山村仍处于乡村产业发展的前期阶段,业态丰富程度和游客流量等都较为薄弱。因此,在龙门秘境村落景区接下来的发展中,运营商需更多考虑村庄间的均衡发展问题,增强村落景区运营的共同富裕能力。

（四）过于强调本地村民,未完善新村民入驻机制

由于龙门秘境产品和业态尚处于起步阶段,推出鼓励乡贤回村、青年创业等政策时,如在农副产品收购、加工、售卖等环节给予村民从优从宽的政策。这些都是新村民无论是工作还是生活都无法较好融入村落环境中的原因,村两委会提供更多互惠政策吸引新村民来龙门秘境创业兴业。新村民带着外部资源、新视角新理念及对龙门秘境的情怀入驻乡村,运营商应提供良好交流平台,让老村民（原乡人、归乡人）与新村民（新乡人）更好互动,达到新旧村民和谐共处,协力建设龙门秘境的共富愿景。

主要参考文献

[1] 尹婕.景在村中 村融景中 临安打造村落景区[EB/OL].(2018-04-26)[2023-10-15]. http://travel. people. com. cn/n1/2018/0426/c41570-29951127. html.

[2] 许雪珍.高虹镇荣获"中国乡村振兴示范镇"[EB/OL].(2019-01-30)[2023-10-15]. http://gh. lanews. com. cn/content/2019/01/30/content_8856043. htm.

[3] 蒋文龙,朱海洋.乡村经营的临安实验[N].农民日报,2019-09-16.

[4] 陈伟宏,卿雄志.临安区激活市场力量振兴乡村的调查报告[R].调查与思考,2019.

[5] 陈伟宏.把乡村优势转化为经济优势[EB/OL].(2020-09-16)[2023-10-16]. http://society. people. com. cn/GB/n1/2020/0916/c1008-31863514. html.

［6］魅力折桥湾,乡村振兴:临安"村庄运营"是一个创举［EB/OL］.(2021-03-14)
　　　［2023-10-16］.https://www.thepaper.cn/newsDetail_forward_ 11707938.

［7］葛建纲,王国灿.乡村振兴的浙江引领［EB/OL］.(2021-04-10)［2023-10-
　　　16］.https://www.sohu.com/a/459962639_120774025.

［8］杨建武.读村记——浙江省文旅赋能乡村运营范式［M］.杭州:浙江科学
　　　技术出版社,2021:23-34.

［9］张金山.发挥旅游富民效应,大力推动共同富裕［EB/OL］.(2022-01-06)
　　　［2023-10-16］. http://www.ctnews.com.cn/gdsy/content/2022-01/
　　　06/content_117513.html.

［10］浙江临安:"村落景区运营"激活乡村振兴内生动力［N］.中国旅游报,
　　　2021-03-30.

［11］杭州临安区:乡村运营理念为新时代乡村振兴破题［N］.中国产经新
　　　闻,2021-12-04.

［12］吕秋菊.经营村庄:村落景区发展的逻辑［J］.中国集体经济,2021(25):
　　　1-3.

作者单位:浙江农林大学

湖州市安吉县横山坞村：
从"空心村"到民宿"网红村"的共富之路

罗晔涛

摘要：安吉小瘾·半日村民宿村落是国内首个以"集群民宿村落"概念打造的集"书""花""茶""餐""宿"于一体的乡村旅游综合体。其核心做法是，通过"政府＋村集体＋工商资本"模式，把一个破败的"空心村"打造成集高端休闲旅游、艺术文化创意于一体的新晋"网红"民宿村落，为我国的生态产品价值实现和乡村振兴提供了一种新范式。

关键词：横山坞村；民宿村落；乡村旅游综合体

一、研究背景：横山坞村成为集群民宿村落及新生代民宿样板

近年来，浙江民宿旅游业呈现快速发展的趋势，在本研究样本地浙江安吉横山坞村，民宿旅游经济已成为其主要的经济构成。安吉是"绿水青山就是金山银山"理论诞生地、"中国美丽乡村"发源地，随着浙江村庄景区化和全域旅游工作的有序推进，当地民宿旅游业发展基础越来越好。横山坞村较早参与民宿旅游产业，在乡村振兴、共同富裕等方面积累了不少典型性经验，成为安吉县民宿产业的代表，其中又以小瘾·半日村为佼佼者。

小瘾·半日村民宿村落位于灵峰国家级旅游度假区横山坞村，占地面积161亩，原有23户住户，2014年以后，村民们陆续搬迁，成为一个典型的"空心村"。为有效盘活闲置资产，灵峰度假区（街道）和横山

坞村通过土地收储托管、山林资源流转等举措，积极招引工商资本入驻。2015年，安吉半日村文化休闲有限公司对该村落进行整体规划和建筑改造，共改建房屋71幢。一是有效盘活了闲置资源。民宿村落项目入驻，使得原先空置的土地、房屋、山林、茶园等资产得到有效利用，横山坞村抢抓机遇，积极配合民宿经济产业链发展延伸，大力发展乡村旅游业，快速启动了乡村经营。二是解决了"空心村"治理的问题。通过打造民宿村落，把一个原先垃圾遍地、残墙破壁的村庄打造成环境优美、业态丰富的艺术乡村，唤醒了山野乡村独特耀眼的生态产品价值。三是促进了村民就地就业。民宿运营中的管家、餐饮、客房、清洁等若干岗位解决了120多个村民的就业问题，特别是解决了一批"4050"劳动力的就业问题，让村民在家门口有班上、在村里有钱赚。

该民宿村落从启动伊始就坚持"运营前置"原则，边建设边运营。截至目前，土建工程和市政工程已全部完工，23家民宿业主已入驻，运营中心、亲子中心、中餐厅、特色小吃、生活超市、图书馆、咖啡厅、甜品店、乡村酒吧、个性小店、艺术家工作室等11个商业配套设施均对外运营。2018年，全国发展乡村民宿和推进全域旅游现场会将该村落作为现场考察点之一，被国家文化和旅游部定为全国集群民宿村落及新生代民宿的样板区。

二、主要做法："政府＋村集体＋工商资本"打造"网红"民宿村落

(一)三方共管，最大限度地保护生态底色

乡村民宿最大的优势是让旅居者享受到大自然的馈赠，这就对民宿村落的自然环境、生态优势提出了较高要求。灵峰度假区(街道)、横山坞村和投资商通过"政府＋村集体＋工商资本"合作模式，从项目伊始就对如何保护村落生态资源、把生态资源变为生态价值作为根本

出发点进行谋划。一是政府、村集体主管。政府通过土地收储、产业规划,对项目业态进行整体把控,项目设计必须尊重村落原有的自然肌理,严控开发红线和建设面积,在建设过程中坚持"能用则用"原则,最大限度地避免了大拆大建。横山坞村把保护自然景观和经济作物作为合作条件去流转山林坡地、茶园果园,严禁毁林造地、破坏生态等行为。二是项目方监管。民宿业主装修需签订管理条约,项目方对装修材料、庭院打造和节能减排都有环保要求,村庄引进了由浙江大学参与设计的全国第一家"低能耗民宿",为项目开发起到了示范作用。建成后,整个民宿村落植被覆盖率将达到极高的水平。

(二)品牌塑造,最大限度地实现乡村价值

品牌传播是企业满足消费者需要,培养消费者忠诚度的有效手段。面对全国"民宿热",地方政府和项目方把"品牌组合"传播作为突出重围、独树一帜的重要抓手。一是地方政府主推"安吉灵峰国家级旅游度假区＋安吉小瘾·半日村"区域品牌组合,充分借助安吉"绿水青山就是金山银山"理论发源地的政治影响力、灵峰度假区在国家级旅游度假区方阵中的行业影响力,通过旅游推介、政务宣传、平台合作、自媒体推广等方式对外宣传,打造"产业＋企业品牌"集成的区域品牌形象,提高辨识度。二是项目方主推"安吉小瘾·半日村＋民宿个性品牌"组合,致力于母子品牌打造。项目方把"安吉小瘾·半日村"确定为母品牌,各民宿业主的个性化品牌为子品牌,通过实施双品牌战略和单品牌战略,不但可以借助于母品牌的影响力有效地推广子品牌,而且子品牌的成功又可以反哺提升母品牌的价值,实现共享共赢。品牌战略的实施,使得原先名不见经传的小山村成为新晋"网红"之地。

(三)创造生活,最大限度地提升乡村魅力

乡村生活既要有乡愁乡情,更要有与时俱进的时代体验,活力、时尚、文化是现代乡村生活的重要特征。一是创造生活场景,提供多姿多彩现代乡村体验。项目方围绕"吃、住、游、购、娱、养、情"等休闲经济元素，招引了一批"小、精、美、特"新潮商业形态落地，如：湖州市饮品热门榜第一的"小而美"户外咖啡、非遗文化代表"囍番山"、"网红"餐厅"黄妈妈家宴"等，每天都吸引大量粉丝打卡；"深夜食堂""解忧杂货铺""I-晴堡""秋语"等各具特色的商业元素满足了不同人群的消费需求，彻底改变了"日出而作、日落而息"的传统乡村生活，使乡村成为令人向往的生活场景。二是创造主客共享，实现公共服务均等化。小瘾·半日村集群民宿村落是一个开放式空间，全天候对村民和游客开放，村民可自由出入，每家民宿的庭院都开门迎客。村民可以享受村落内的图书馆、停车场、咖啡厅、甜品店、超市、充电桩等服务设施，也可以报名参加民宿举办的文化讲座、读书会等活动，村里的篮球场、健身房、会议室也可供民宿客人使用，实现了游客和村民同等化享受公共服务。

（四）"网红"效应，最大限度地融合多元文化

乡村旅游不仅要体现生态魅力、绿色风光，同时也可利用自身火出圈的"网红"效应，加快融合多种类型的其他文化，实现多元化发展，模糊各种业态的界限感，让当地生态旅游独树一帜。小瘾·半日村与安吉本土西餐品牌——丁大芽开展合作，成功孵化了帘青 DING DAYA 花园西餐厅，这家西餐厅是帘青民宿对其闲置花园空间的改造再利用，把花园装进餐厅里，让西式用餐与中式田园生活融合，帘青 DING DAYA 花园西餐厅使小瘾·半日村拥有了新味道和新体验。通过乡村在地化民宿与当地美食品牌的深度碰撞，帘青 DING DAYA 花园西餐厅融合了乡村的自然清新与西式的简单浪漫。改造建设中，民宿的闲置花园空间被巧妙设计利用，布满绿植花草的民宿室外，拼缀着 28 个轻奢的西式风格餐位，让客人在感受绿意盎然园艺带来的舒适清新的同时，也巧妙地拥有了公共视野下的个人空间。除了硬件改造提升，帘青 DING DAYA 花园西餐厅更是在产品上做到美味而精

致。餐厅将菜品分为午市菜品、晚间菜品两大模块,午市菜品主要以西餐轻食为主,晚餐主要以分道式西餐套餐为主。菜品以地中海西式料理为原型,融入东南亚的风味元素,并结合当地美食及建筑特色进行研发,口味更适合当地人。为了给客户提供精细的服务,餐厅在就餐氛围营造上深度结合乡间野奢田园的风格,就餐模式上则采用经典西式晚宴套餐,并且以地道的西餐分道式形式呈现,注重对客人用餐节奏的把控和贴心舒适的服务,让顾客更加有仪式感和体验感。西餐的中国化甚至安吉本地化,使其被接受程度大为提高,与客群的适配性也更强,同时让小瘾·半日村不再局限于传统乡村生态旅游,更增添了多元化、国际化视野。

三、实践成效:带动产业融合,提升品牌效益,实现合作共赢

(一)产业带动,促进了乡村经营

民宿经济兴起极大地推动了当地三产融合发展,游客的个性需求也拉动了产业链和服务链的延伸。2020年,该项目在实现营收4600万元的同时,也带动当地村民白茶、笋干、蔬菜等土特产销售100余万元,横山坞村相继开出"阿忠的家""十二间房""目莲花开""老爸厨房"等近10家民宿和餐厅。"安吉小瘾·半日村"周边的灵峰山景区、蔓塘里景区和田园嘉乐比景区都针对民宿客人纷纷推出了个性化定制旅游产品,激发了乡村经营活力。2020年,横山坞村接待了国内外游客41万人次,村集体增收80余万元。

(二)品牌效应,推动了项目发展

品牌效应是商业社会中企业价值的延续,能够带来超出商品本身使用价值而产生的消费者对品牌的忠诚。无论是政府的"安吉灵峰国家级旅游度假区+安吉小瘾·半日村"的区域品牌打造,还是项目方"安吉小瘾·半日村+民宿个性品牌"母子品牌打造,都极大地提振了

知名度和美誉度,2020 年,"安吉小瘾·半日村"接待政务考察团就达 45 万人次,时任全国政协副主席夏宝龙、浙江省委书记车俊、国家文化和旅游部部长雒树刚、香港知名人士霍启刚、著名导演贾樟柯等高层领导和知名人士曾先后到访考察,对项目运营模式和运营理念给予了高度评价,这为实现"流量+黏性"的价值转化打下了良好基础。目前,"安吉小瘾·半日村"已经实施品牌输出战略,在湖州长兴启动了第二个集群民宿村落建设。

(三)放管结合,实现了合作共赢

一个产业的发展壮大离不开社会各方力量的支持。"安吉小瘾·半日村"之所以能够边建设边运营,正是基于当地政府、村集体放管结合的优质服务和项目方的自身努力。当地政府主要负责对规划建设、市政工程、商业经营进行监管和服务,以构建积极健康的营商环境为目的。横山坞村主要负责民宿村落的环境卫生、周边安全通行、土特产提供的监督和指导,以完善民宿经济产业链和服务链为目的。项目方采取"运营公司+商家"的管理方式,实行统一招商、统一服务、统一营销,避免了同质化发展。正是各方力量各司其职和集聚发力,才形成了互帮互助、互惠互利、共营共赢的良性发展局面。

四、经验启示:政府支持下的专业运营,提升产业效率和价值

(一)有前置的运营,能够创造出更有生命力的经济业态

商业运营是集群民宿村落发展最大的挑战,必须让专业的人做专业的事。安吉小瘾·半日村的专业运营团队全程参与了项目的方案策划、规划设计、工程建设、市场营销、内部运维等环节,通过专业团队由始到终的全过程、全方位参与,较好地把当地人文历史、自然景观、生态环境、乡居生活等元素进行有机结合,极大地提高了产业附加值。同时专业的运营团队能够根据相关经验,更加准确判断出产业发展的

最优路径,实现产业有限目标、有限资源、重点突破,提升产业发展效率。

（二）有目标的导向,能够创造出更有竞争力的商业价值

集群民宿村落的打造仅靠经营者是无法完成的。政府在发展过程中作为"引领者",举起产业发展旗帜,凝聚人心、集聚资源、做好保障;村集体作为民宿产业的直接参与方和受益方,更多地参与产业开发和运营过程,在避免代理人风险的同时也给运营机构带来了本地视角;项目方作为专业机构,在提供专业服务的同时收获了优质项目,既获得了物质收益又在精神上收获了成就感。"高品质建设、高标准运维、高质量发展、高水平引领"是当地政府为安吉小瘾·半日村民宿村落项目制定的目标,当地政府和村集体发挥管理服务职能,在民宿村落的外部环境优化、内部基础设施的建设、优惠政策的扶持、营销宣传的支持上给予了极大的帮助,促使项目因此快速进入快车道。项目方围绕目标使命,精心施工、精准运营、精心服务,快速地打响了自己的品牌。所以,安吉小瘾·半日村的成功是当地政府、村集体和项目方共同努力、相互支持的结果。

（三）有温度的经营,能够创造出更有灵魂的生活状态

民宿是旧乡愁与新乡土结合的一种产物,必须让旅居者体验到"家"的温馨和愉悦。在传统乡村旅游中,游客更多以一种"异乡人"的身份进入景区,常常有一种"观赏""参观"的局外人疏离感。安吉小瘾·半日村民宿村落除了提供单纯住宿体验外,还为旅居者设计了手工制作、茶艺欣赏、亲子体验、农耕采摘等多种形式的人文农事体验活动,并提供代客订购土特产、旅游景点游玩攻略等配套服务,使旅居者感受到了强烈的认同感和归属感。同时,小瘾·半日村民宿村落积极融合多种文化元素,淡化不同文化之间的边界感,使得城市与乡村、东方与西方多种文化和谐共生,同时又容纳游客的情绪,打破了游客与传统乡村旅游之间的"第四面墙"。

五、发展建议：支持具有地域文化特色"集群民宿村落"发展

（一）重视民宿法规的制定和政策体系的建设，营造良好的民宿持续发展环境

充分发挥政府对民宿的引导和支持作用，推动民宿规范化和品质化发展，发挥民宿的经济、社会、文化和环境效应。首先，制定和完善民宿法规。界定民宿概念，为民宿的合法性提供依据。在现有行业标准基础上，制定和完善民宿经营管理的法规，包括民宿审查标准、评级体系、监管制度及违法违规的惩罚措施等。评估民宿发展效果，及时发现并解决民宿发展存在的潜在风险和问题，保障民宿高质量发展。其次，制定民宿发展规划并提供管理咨询、土地财税、奖励补助等政策和措施。结合乡村振兴、区域协调发展、双循环新发展格局等国家战略，制定民宿发展规划。将民宿开发和民宿产业发展纳入国民经济和旅游业发展规划，并落实到地方和行业发展规划中。引入生态旅游和文化旅游，构建民宿发展的运行体系、支撑体系和保障体系，推动民宿产业优化升级。重视贫困地区的民宿开发，促进共同富裕。制定针对性的民宿用地保障政策，推动民宿项目逐步落地。对民宿开发提供资金支持和税收优惠政策，对符合条件的经营者给予奖励和补助补贴。将疫情及突发自然风险纳入政策设计中，提高民宿的抗风险能力，鼓励民宿业恢复重建，保障可持续发展。

（二）探索民宿发展规律，创新民宿发展模式，建设具有地域文化特色的民宿

对民宿的实质理解不充分致使民宿开发趋同，经营缺乏特色，"农旅融合""文旅互促"不足，民宿形象受损，民宿效应降低。尊重民宿发展的阶段性规律和区域性差异，避免盲目跟风和低端复制。在地方自然环境特点和传统文化内涵中，提炼文化特色，营造文化氛围，设计合

适的民宿主题。在标准化服务基础上,为游客提供民宿独特的情感体验,强调个性化与标准化的统一。探索符合发展规律和地方实际的民宿发展模式,开发休闲型、康养型、文化型、娱乐型等主题民宿,打造"民宿＋"新型多元业态模式以及民宿共享模式、"互联网＋"模式、智慧民宿模式、"网红"模式等,以提升民宿竞争力。充分发挥当地村民、社区(村两委会)、非政府组织、企业、政府等多元参与者的作用,重视多方分工合作,共同打造优质民宿,实现互利共赢。

(三)强化人才支撑,做好客户经营工作,提升民宿产品与服务质量

专业人才是民宿经营成功的关键。制定人才政策,加强民宿人才培养和优秀人才的引进。注重经营者的技能培训和地方文化学习,开设培训课程,聘请专家指导,邀请行业精英分享交流经验。民宿经营者应积极利用新媒体,将民宿融入互联网,开展多途径宣传和营销。利用数据挖掘技术,深入分析客户需求,科学确定市场定位,精准开发目标市场。制定合理价格,控制民宿规模,做到以客为本。处理好与客户的关系,通过旅游线上平台和自媒体,加强与客户的信息沟通,及时改善经营管理模式和服务质量,提供个性化服务。培育民宿业主的多重角色,发展民宿文化。民宿业主需提供标准化和个性化的产品和服务,积极扮演主人、向导、旅行社等多种角色,为客人提供一种主人式的服务和人文关怀。

(四)科学规划设计民宿村镇,促进民宿集聚式与集群化发展

民宿集聚是民宿产业发展成熟的表现和升级的结果,民宿旅游的集聚式发展有利于发挥民宿产业的乘数效应。依据区域优势和地方特色,整合资源,优化民宿空间布局。重视民宿村镇的规划设计和统筹管理,提升民宿整体形象,发挥规模效应和集聚效应。注重民宿村镇自然环境和人文资源的保护,改造提升基础设施,优化公共服务供给,打造乡村文化休闲体系。将周边社区纳入民宿规划中,鼓励和引

导农村社区和当地民众参与民宿旅游并保障利益分享,形成和谐共生的发展环境,最终实现效益最大化。开展精品民宿、品牌民宿、连锁民宿和民宿群落等试点建设,宣传、推广、应用典型成功模式,强化"示范引领"效应。促进民宿的集聚式和集群化发展,建设特色民宿村庄或小镇。

主要参考文献

[1] 戴其文,代嫣红,张敏巧,等.世界范围内民宿内涵的演变及对我国民宿发展的启示[J/OL].(2022-03-18)[2023-10-16].https://kns.cnki.net/kcms/detail/11.3513.S.20220318.1013.002.html.

[2] 潘雅芳,民宿旅游发展中乡村社区居民旅游增权感知差异及其对策——以浙江安吉横山坞村为例[J].浙江树人大学学报(人文社会科学),2021(3):56-65.

[3] 谈思瑶,基于人文关怀的安吉乡村旅游服务优化研究[D].舟山:浙江海洋大学,2021.

[4] 浙江安吉:加快文旅融合步伐 打通"两山"转化新通道[N].中国旅游报,2022-03-25.

作者单位:浙江省工业和信息化研究院

湖州市安吉县受荣村:构建社会资本与农户利益联结机制促进农民共同富裕[①]

汪广荣

摘要:基层党组织、民营公司商业资本和当地农民劳动力都属于社会资本。多元社会资本联结开发生态旅游产业,符合国家政策和浙江省的生态致富思路。受荣村基层党组织发挥信任、互惠、合作的社会组织功能,吸引商业资本嵌入生态旅游经济,激活村民致富的主体力量,发挥资本聚合效应,解决好生态经济人才、生态保护技术和项目方案论证等问题;开发自然生态资源,培育特色旅游景点,构建生态旅游网络;开辟"多村联创+村企联盟"的发展模式,打造农业全产业链模式,健全现代农业全产业链标准体系;实施"社会资本与旅游地农户的利益联结机制",推进多元社会资本共同开发生态旅游产业,实现共同富裕。

关键词:受荣村;社会资本;生态旅游;利益联结

浙江省湖州市安吉县天子湖镇受荣村党组织贯彻 2019 年中央一号文件和 2021 年中央一号文件,响应浙江省从"工业致富"向"生态致富"转型的发展思路,带领周边二十个村的村民成立天衡实业有限公

---

① 全文摘自《生态整体观与共同富裕——关于"绿水青山就是金山银山"理念的思考》(作者:汪广荣,浙江大学出版社)的第六章第三节。本文是浙江省社科规划课题"生态整体观:关于'绿水青山就是金山银山'理念的价值思考及当代启示"(20LLXC05YB)的阶段性成果;是嘉兴大学中国共同富裕研究院"浙里共富"第二批共同富裕典型案例研究项目"社会资本与旅游地农户利益联结机制研究——以安吉县天子湖镇受荣村旅游景点为例"的立项成果。

司,从投资"山水受荣"项目入手,通过招商引资引进天韵旅游开发公司。受荣村党组织扶持小农户与现代农业有机衔接,完善"农户＋公司"的利益联结功能,在发展生态旅游产业中开辟"多村联创＋村企联盟"的发展模式,对原有的"二十村联创乡村振兴模式"进行拓展和创新,实施"社会资本与旅游地农户利益联结机制"。主要经验包括:基层"五好党建"发挥信任、互惠、合作的社会资本组织功能,推进受荣村实现"美丽乡村→美丽环境→美丽经济"的迭代升级;创立以生态旅游开发为主业的天衡公司,吸引天韵公司的社会资本嵌入生态旅游经济,激活基层村民致富的主体力量,发挥资本聚合效应,共同创造生态旅游收益;构建生态旅游网络,吸引人力资本的有效注入和持续运行,解决生态旅游产业在生态经济人才、生态保护技术和项目方案论证等方面面临的问题;开发自然生态资源,培育特色旅游景点,打造农业全产业链模式,健全现代农业全产业链标准体系,培育新型农业经营主体,促进村企合作增创增收,扩大村民产业增值收益,实现了社会资本带动旅游地农户共同开发生态旅游产业的共同富裕。

一、理论支撑:社会资本的多元配置、联合属性及浙江实践

"那种本身建立在社会生产方式的基础上并以生产资料和劳动力的社会集中为前提的资本,在这里直接取得了社会资本(即那些直接联合起来的个人的资本)的形式,而与私人资本相对立,并且它的企业也表现为社会企业,而与私人企业相对立。"①马克思认为,社会生产方式是社会资本的基础,社会资本的性质与私人资本有本质差异,确认了社会资本所具有的联合性质。这为社会主义国家鼓励社会资本参与产业项目、获得一定收益提供了合理性。

---

① 马克思恩格斯全集(第四十六卷)[M].人民出版社,2003:494-495.

　　社会资本即社会网络、组织及信任，是个体在行动中获取和使用的嵌入社会网络中的资源。[①] 社会资本具有社会集中特征和联合资本属性，是个人、私营组织、基层行政单位以个人资本形式联合起来的资本总和，是建立在社会网络、社会组织、社会道德及社会行动基础上的权威、规范、信任等资源的资本形态，在国家允许的产业项目中通过社会合作，整合社会资源，提高社会效率，获得相应的社会效益和经济效益。

　　社会资本理论建立在市场发育完善、社会制度健全的基础上，即基层社会具备开放性的社会网络，有利于社会资本组织化运行；公众之间具备普遍的信任，愿意为社会整体利益进行公平合作的多元化社会；在社会资源整合方面具备正常运行的社会秩序，以民主治理推动社会资本发展经济。社会资本与当地群众联合开发致富项目的利益联结机制作为一种非正式制度，在资本相对缺乏的中国农村起着重要作用。因劳动力大量流入城市，农村技术、文化等资源相对不足，商业资本的市场环境与注入渠道单一，这就要求基层党组织利用村民人脉资源，发挥农村在生态产业经济方面的环境优势，寻求多元化社会资本有效注入和持续运行的路径，以推进农户村民实现共同富裕。

　　制度属性决定利益分配，多元社会资本联结的结构性前提是由社会主义初级阶段的制度属性和共同富裕的制度目标所决定的。中国作为社会主义国家，社会资本联结的难点在于，各资本要素之间的构成既要体现公有制的主体地位、在推进共同致富方面的决定性作用，又要体现多种所有制共同发展的资本多元化配置在项目运营利润分配方面的合理性。在社会主义初级阶段基本经济制度环境下，实现全体人民的共同富裕是社会主义社会社会资本联结的组织目的和运营原则。

---

　　① Lin N. Social capital: a theory of social structure and action[M]. New York: Cambridge University Press, 2001.

本文以浙江省安吉县受荣村为例,研究基层党组织组织当地村民,与商业资本共同开发生态旅游资源,推进实现共同富裕发展目标的实践条件、实践路径、实践经验。基层党建作为管理主体,在精准选择商业资本、组织当地村民方面起到了决定性作用;在优化生态环境、为村民创造致富机会方面起到了基层保障作用;在人才引进和技术推广、产业项目监管和融入生态文化方面起到了助推作用。基层党组织、旅游公司、本地村民三者共同构建受荣村社会资本联结的共同富裕机制,是村集体经济、民营资本与村地资源合作的实践创新典范。

二、实践条件:政策指导、致富思路及资本供给

(一)国家政策指导

1.关于生态共富的战略规划

《乡村振兴战略规划(2018—2022年)》,提出了"百姓富、生态美"的乡村振兴发展目标,明确了发挥乡村生态优势是振兴乡村以实现共同富裕的战略选择。

2.关于社会资本利益联结机制的指导意见

2019年中央一号文件《关于促进小农户和现代农业发展有机衔接的意见》,鼓励农户与公司建立合理的利益联结机制和利益分享机制,实现农业现代化。

3.关于以全产业链富农的指导意见

2021年中央一号文件《关于全面推进乡村振兴加快农业农村现代化的意见》强调,以全产业链模式让农民分享更多的产业增值收益,打造新型农业经营主体。

4.关于鼓励社会资本参与生态产业的指导意见

2021年11月10日,国务院办公厅《关于鼓励和支持社会资本参与生态保护修复的意见》(国办发〔2021〕40号),支持社会资本参与生

态项目,提出"谁修复、谁受益"的生态参与原则。

(二)浙江生态致富思路

2002 年 6 月,中共浙江省第十一次党代会提出了建设"绿色浙江"战略。《2003 年国务院政府工作报告》列出"生态省建设"奋斗目标。2004 年 6 月,浙江省出台"生态危害官员问责制度",提出 15 条环保"红线"。2012 年浙江省第十三次党代会坚持生态立省方略,提出打造"富饶秀美、和谐安康"的"生态浙江"。2013 年,浙江省委、省政府号召全面推进"美丽浙江"建设。2015 年,浙江省林业局给出《关于推进森林特色小镇和森林人家建设的指导意见》(浙林产〔2015〕66 号)。2021 年 7 月 19 日,《浙江高质量发展建设共同富裕示范区实施方案》公布,确立了生态致富的目标方案。

(三)社会主义市场经济体制下的多元资本供给

2021 年 12 月召开的中央经济工作会议提出,社会主义市场经济中必然会有各种形态的资本,要发挥资本作为生产要素的积极作用。以公有制为主体,多种所有制共同发展的初级阶段社会主义经济制度,一方面为多元资本联结提供制度供给和资本建构框架,另一方面提供公有资本、私营资本、生态资本和劳动力资本等多元资本供给,遵循利益共享原则,包括生态环境治理的社会利益、基层党组织的治理效益、企业资本运营的经济利益和农村劳动力的收益提升。

1. 自然生态资本

安吉县是中国"美丽乡村"的发源地,自然环境优越,每立方厘米空气中含有 3 万个负氧离子,在发展生态经济、推进生态致富方面具有得天独厚的生态资本。安吉县受荣村景区拥有森林、水库、竹海、草原、沙滩等天然的生态资源,坐拥青山绿水,具有白茶和毛竹的生态产业优势,具备自然资源与旅游经济完美结合的发展条件。天子湖镇受荣村旨在打造"乐游云端,阳光沙滩"的独特美域,让游客找到宾至如归、意享山水、怡然自得的生态旅游体验。这一生态致富思路符合我国当前社会主义生态文明发展战略,与安吉"美丽乡村"的建设主题相符,当地的生态旅游业、民宿、农家乐等服务产业也满足了游客们对于美好生活的需要,为村民实现共同富裕找到了新路径。

2. 多元社会资本

第一,发挥基层党建的组织作用。社会资本一般包括三个特征:信任、互惠和合作。基层党建是维系农村社区家庭成员、亲密朋友和邻居之间信任、互惠、合作关系的组织保障,体现为在特定的群体或社区内为实现共同利益而采取的集体行动。受荣村基层党建落实"县级领导全面联系、机关部门全程指导、政策资金全力倾斜、社会力量全线参与、第一书记全域覆盖"等"五全帮扶"举措,组织二十个村联合创立天衡实业公司,在引入社会投资——天韵有限公司、组织农户村民参与生态旅游业、做大社会资本等方面起到了桥梁纽带作用。

第二,创立乡村振兴的村联企业。2018 年,为了充分利用丰富的竹林、水库等自然资源开发旅游产业,安吉县天子湖镇下辖的二十个建制村抱团创立了安吉天衡实业投资有限公司,公司下设物业、旅游、投资和农业四大经营板块,并建立股权分配利益机制。

第三,引入天韵旅游公司(企业)资本。2018 年,安吉旅游业引入第三方市场化管理模式,受荣村通过招商引资引进了集团资本——天韵旅游开发公司,受荣村以旅游项目建设运营为契机,将资产租赁给项目业主方,由浙江安吉天韵旅游开发有限公司托管并进行后续开发,将"山水受荣"项目升级为"荣耀天空之城"。2021 年,天韵旅游在受荣村开发建设荣耀天空之城等项目,打造村企合作"山水受荣"品牌,天韵旅游开发有限公司参与探索乡村经营的转型升级,带动村庄获得丰厚的经营效益,并积极吸纳本地村民就业。

三、实践路径:依托生态优势,引入社会资本,发展生态旅游经济

安吉县受荣村生态旅游产业的总体发展思路是:依托当地的自然

生态优势,以基层党组织红线,创立乡村振兴的村联企业,引入社会资本开发生态旅游产业,以多元资本联结的利益共享机制发展生态旅游经济,推进村庄村民实现共同富裕。

(一)一条"红线":基层党组织的内外联结

安吉县受荣村基层党组织争创天子湖镇"美丽党建示范点",发挥"五好党建"(班子队伍好、作用发挥好、机制保障好、"绿水青山就是金山银山"实践好、人才培养好)的领导作用,将"生态绿"融入"党建红",带领村民盘活闲置资产,成立村联营经济实体,引资入村,构建社会资本与旅游地农户利益联结机制,打造生态旅游品牌经济,推进村户实现生态致富。

1. 对内联结:成立村联营经济实体

2018年,为了充分利用丰富的竹林、水库等自然资源开发旅游产业,安吉县天子湖镇下辖的二十个行政村抱团创立乡村振兴联合企业——安吉天衡实业投资有限公司,全面整合村集体资源、资产、资金,推动全域布局,采用股权分配利益机制进行市场化经营。

这种村庄联营的股份制经济实体整合村集体资源、资产、资金为"一盘棋",为社会资本投建天衡联创产业园、衡通物业管理服务公司、漂流项目等提供了产业基础,推动了生态致富的全域化布局和市场化经营,投资的第一个旅游休闲项目是"山水受荣",打造玻璃滑道项目,吸引其他社会资本入驻。2018—2021年,安吉天衡实业投资有限公司资产增值超过8000万元,拥有固定资产约2.5亿元。2020年,20个建制村的村民收获了806.75万元分红。

2. 对外联结:招商引资吸纳集团资本——天韵旅游开发公司

受荣村通过招商引资引进集团资本——天韵旅游开发公司,将"山水受荣"项目升级为"荣耀天空之城",玻璃滑道、摩天轮、沙滩、椰树林,营造"小三亚"风光。由村党支部对外联结杭州某房产公司,为受荣村建造山水文化艺术村,总占地面积超60亩,做成具有环境特色、产业特色和人文特色的艺术旅游项目，包括：一期拟建艺术会所，二期以度假村和园林式主题公园为主，三期启动河滨亲水平台及水库游步道、山地建设乡村 DIY 趣味农家乐、农事体验园等项目。村口的受荣水库具有发展水上休闲经济的潜力，规划在水库边新建千米水库长堤、聚贤广场、桃花岛，千米长堤边种上了水杉和倒挂杨柳。聚贤广场占地 3000 平方米，修建了聚贤阁和"荣"字立体雕塑。桃花岛占地 1800 平方米，通过水上浮桥与聚贤广场相连，岛上遍植桃树、银杏、桂花等多种苗木。"山水文化艺术村"解决了当地部分富余劳动力的就业问题，还带动了整个村乃至良朋镇休闲产业的发展和繁荣。经过集团资本的深度融入，受荣村集体经营性收入从 2019 年的不到 10 万元增长到 2020 年的 83 万元，增长了 7 倍多，农民年人均收入也从 1.9 万元增加到 3.7 万元。

（二）以社会资本联结模式开发生态旅游产业

1."多村联创"＋不动产权证租赁搞活农村集体经济

天子湖镇 20 个村落抱团共谋发展新路，组建天衡实业有限公司，以"多村联创"模式共同投资 2000 万元打造玻璃滑道项目。2018 年，受荣村以旅游项目建设运营为契机，以不动产证租赁的方式梳理村委会办公楼、小学老教学楼等闲置的村集体房屋、土地等资源，将资产租赁给天衡旅游公司作为办公室用房，有效盘活村庄闲置资产，实现集体资产的保值增值和村集体经济收入增加。与此同时，旅游开发项目玻璃滑道的收入所得按照各村出资比例进行分红。这些实实在在的富民工程使受荣村于 2018 年实现脱贫。

2.集团社会资本引入受荣村发展特色旅游项目

受荣村基层党支部引入天韵旅游公司合作开发生态旅游项目，主要用工源以受荣村民为主，景区内超过 60％的员工都是本村村民，有效解决了村民就业问题，村民员工在家门口上班，家庭工作两不误。每年 4 月忙完茶叶采摘之后，部分村民就在 5—8 月景区旅游的旺季到景区上班。村民的总体收益提高 30%—40%，每个月可赚 4000 多元。

天韵开发公司开发的生态旅游项目定位于长三角地区，公司凭借受荣村的交通便利和游客人数众多优势，建设短途戏水等旅游项目，以区别于安吉其他地区的旅游特色，走出一条有特色的生态旅游之路。生态旅游项目的营业收入从 2019 年的 800 万元跃升到 2020 年的 4000 万元。生态旅游项目还带动了民宿、农家乐等旅游服务业兴起，受荣村有了 3 家民宿和 10 多家农家乐，村集体经营收入、农户家庭收入都出现了大幅度提升，从 2019 年不到 10 万元的村集体经营性收入和 1.9 万元的人均收入，发展到 2020 年的 83 万元和 3.7 万元。

3. 社会资本打破村界，共建共享旅游配套基础设施

2012 年 7 月 3 日，《受荣村"回头看"考察报告》发布，受荣村在"联网公路建设、卫生服务站建设及卫生设施建设、便民服务中心、老年活动室、灯光球场、湖滨广场、美丽乡村建设等方面做了较多实事、好事，得到了群众的认可。"自从引入社会资本天韵旅游公司开发生态旅游项目以来，受荣村党支部书记李孝松筹划带动周边村庄形成村际联合发展的合力，共同打造安吉北部的"旅游明珠"。村党建基层组织与天衡、天韵等公司以创建浙江省 3A 级景区为目标定位，打破村界，共同完善旅游项目的基础配套设施，及时修建受荣村内外的道路、停车场、旅游集散中心等服务设施，为村民致富开辟共建共享之路。

（三）以多元利益联结机制推进生态旅游产业发展

1. 多元社会资本构建多元利益联结综合体，共同开发生态旅游产业

第一，多元资本聚合下的农业经营主体属于创造和分配利润的多重利益联结的综合体，以共同开发项目来创造和分配利润。受荣村党建组织起到了对外引资和对内组织的作用，为旅游产业"牵线搭桥"和"搭台唱戏"；集团公司起到了提供启动资金的作用，激活了当地生态旅游产业，并参与了旅游项目规划；村民在旅游产业的启动发展全过程中起到了具体实施产业规划、丰富旅游产业项目、提供旅游服务和后勤保障等重要作用。

第二,社会资本与受荣村农户共同开发生态旅游产业,具体通过以下三个途径实现。一是构建集约化、专业化、组织化、社会化相结合的新型农业经营体系;二是建立龙头企业与农户利益联结机制,发挥龙头企业在开拓市场、联结农户、带动农民脱贫致富等方面的积极作用;三是资本联结方式包括:订单合同、服务协作、价格保护与协调和股份合作。

第三,多元社会资本是以社会网络形式组织基层群众,共同合作创造收益和分担风险,在项目推广开发中发挥着资本聚合效应,使资本主体与基层群众在互惠互利的合作关系中建立社会信任。社会资本的汇聚程度与社会网络的覆盖面呈正比,社会资本的经济效益与社会效益呈正比,社会资本的市场化运作与基层群众的人情互助关系形成合力,各取其长,优势互补,充分调动起各方人财物力,共同打赢脱贫攻坚战。

2. 社会资本联结的实效评价:制度收益、治理效能和成长韧性

制度收益是指制度安排所带来的资源合理配置带来的价值增值,在受荣村旅游业发展中表现为制度安排带来的旅游成本降低和旅游收益提升,如:旅游产业的融资收益、旅游项目的营业收益和旅游产业上交的税收效益。

治理效能是指当地旅游产业沿着高质量发展道路,提升了当地的生态环境、生活质量和发展前景。2022年1月,"荣耀天空之城"被评为国家3A级景区,景区在建设旅游项目、发展旅游经济的同时,更加注重遵照国家评级标准实施环境保护,为发展生态旅游产业提升了社会知名度。

成长韧性是指受荣村通过旅游产业富起来以后,在应对市场经济的冲击方面具有技术创新、制度创新和文化创新方面的潜能,村民在物质生活和精神生活方面的自信心增强,"绿水青山就是金山银山"理念深入人心,并转化为经济社会效益,生态文明建设思路明晰。

3. 社会资本与旅游地农户的利益联结运作方式及成效

(1)受荣村选择股份制合作方式

受荣村的社会资本构成集中了集团公司、村集体和村民个人等生态旅游产业要素,资本要素统一使用,合理经营,自负盈亏,按股分红,充分体现了集团公司、村集体与村民之间平等合作、互惠互利的利益联结关系。企业提供生产资料、资金和技术等,而农场提供劳动力和土地,双方以股份为纽带,形成"共同经营,相互监督"的合作机制。受荣村以行政村为基数持有40%的股份,结合人口规模和村户出资情况个人持有25%的股份,天子湖镇政府则代持35%的股份作为股权激励和调剂使用。

(2)受荣村以合同租赁方式提升了村民收入

首先,受荣村党支部书记董毓芳介绍,目前村四亩桥至村两委会的道路拓宽到2米作为七彩游步道,同时建造2个停车场,可以同时容纳小型汽车300多辆、大巴车150辆车。停车场对外出租每年可为村集体增收近70万元。

其次,投资500多万元建设文化礼堂,投资20余万元建造星级旅游厕所。新建的文化礼堂一楼设置村便民服务中心、游客集散中心、电影院,二楼设置了15间客房对外出租,作为村集体的固定收入来源。村两委会大楼一楼空出的5间店面房对外出租,进行旅游开发。

再次,鼓励村民将自家闲置的住房空出来,与客商合作开发民宿。受荣村以旅游项目建设运营为契机,将资产租赁给项目业主方天韵公司作为办公用房,及时梳理村委会办公楼、小学老教学楼等闲置的村集体房屋、土地等资源,有效盘活村庄闲置资产,实现了村集体资产的保值增值,村集体年租金收入29.5万元。

最后,由村办的天衡公司出资建设的小微产业园,为村里增收45

万元左右。"多村联创""村＋企业"的联盟模式使受荣村民宿、农家乐、饭店、饭庄蓬勃发展，村集体经营性收入年均增长 400% 以上，从 2017 年的 4 万元增长到 2020 年的 83.5 万元。整个旅游产业的项目投资达 4.87 亿元，2020 年实现营业收入 800 万元，2021 年达到 4000 万元。"云端漂流"项目总投资 2000 万元，所得收入按照各村出资比例进行分红，受荣村每年可获得天衡公司近 42 万元的分红，是实实在在的"富民"工程。

4. 整合生态、资本与人力等发展要素，以社会资本聚合效应带动村民致富

位于湖州市安吉县天子湖镇西南角的受荣村拥有得天独厚的天然美景，曾陷入"村集体账上只有 4 万块钱，村里想修条路都没钱"的窘境。浙江省安吉县探索"两山银行"，整合全县碎片化生态旅游资源，统一规划、统一整合、统一开发，把生态资源转化成经济效益。2021 年 3 月，受荣村党支部与天韵旅游开发公司发起成立了村企合作党建联盟，双方在强化党建引领、推进村景融合等方面共同发力，解决了项目推进的难点堵点问题，帮助村民增加了自主经营收入，不仅为村民提供了更多的就业岗位，而且推动了景区附近农家乐和民宿业的发展。村企合作党建联盟充分发挥了多元资本的整合优势，集聚各方资源建立健全抱团发展长效机制。

安吉县天子湖镇 20 个村联创的安吉天衡实业投资有限公司是充分利用村民之间的信任资本，整合当地旅游业的物质资本、人力资本和自然资本，完成了旅游产业的资本原始积累。在初步获得产业利润的基础上，受荣村加大对外宣传，吸引了在外发展的村民注入资本，成立了安吉天韵旅游开发有限公司，参与探索乡村经营的转型升级，带动村户获得经营效益，吸纳本地村民就业。这种通过共享生态旅游资源、促进当地村民就业、内外联动共同发展的生态致富项目，是利用社会资本与村户利益联结机制，激活受荣山水，壮大村集体经济，带动农户增收致富的成功案例。2020年，安吉受荣村依托天空之城项目，村集体经营性收入约80多万元。

天韵公司、天衡公司与村党支部签订长期合作协议，受荣村党支部负责指导天韵旅游公司组建党组织，严格规范开展党员发展、党内政治生活等基层党建工作，协助做好景区评星晋级和日常运营等服务保障工作，积极做好项目落地前期工作，主动协调解决景区运营、项目推进过程中的困难和问题。天韵旅游公司面向受荣村户籍村民推出一定的优惠政策，大力支持受荣村增加自主经营性收入、发展壮大村集体经济。

四、经验启示：把握生态文明发展趋势＋引入社会资本＋带动村庄开发生态旅游经济

（一）把握中央发展生态经济的政策精神，抓住生态文明发展趋势和生态致富契机

2019年中央一号文件指出，要扶持小农户与现代农业有机衔接，完善"农户＋公司"利益联结机制。这为受荣村提供了"农户＋公司"的联结致富思路，有利于基层党组织发动社会资本与村民合作开发旅游资源，把握生态经济的发展契机。

2021年中央一号文件提出，要依托乡村特色资源优势，打造农业全产业链模式，让农民分享更多产业增值收益。这启发了受荣村以现代企业运营管理模式发展乡村旅游产业，并与周边村联合成立天衡旅游公司，发展标准化、体系化的旅游龙头产业，"领跑"生态旅游经济，村民村集体走上生态致富道路，为乡村振兴战略提供了可供借鉴的案例。

2021年11月10日，国务院办公厅印发《关于鼓励和支持社会资本参与生态保护修复的意见》（国办发〔2021〕40号），这一政策肯定了社会资本在生态资源保护和生态经济开发等方面的参与积极性和治

理责任,为受荣村如何规范生态旅游产业划出了制度"红线",为社会资本引入当地生态产业提供了政策保障,也为受荣村基层党组织指明了深度融合社会资本、开发村庄生态旅游资源的发展思路。

(二)遵循浙江省生态经济发展战略目标,以当地生态旅游资源优势推进共同富裕

浙江省的发展思路经历了从工业致富向生态致富的重大转型。浙江省委省政府总结工业致富的经验教训,开启了"绿色浙江→生态浙江→美丽浙江"的生态文明进阶规划。2012年,浙江省政府批复《湖州省际承接产业转移示范区发展总体规划》,湖州市作为浙江省唯一的省级省际承接产业转移示范区,22个行政村按照"生态优先、产城融合、组团布局、共建共享"的布局原则,在五类功能区建设中规划出生态涵养与生态农业区、生态旅游区等,包括天子湖镇在内按照生态化、高端化、集群化产业原则,形成以现代物流、生态旅游和文化创意为主的现代服务业和高效生态农业。

外输内联的配套交通设施是发展生态旅游产业的基础条件。据百度百科介绍,2008年,受荣村重点修建了四亩桥至大荣的联网公路,长3.5公里,总投入90多万元,还通过村民集资的方式修建了长2.5公里的林道路,总投入2.5万元,基础交通设施建设保证了游客进入受荣村的基本需求。交通配套跟了上来,高铁站就在天子湖镇上,是距离高铁最近的村镇,乘车10—12分钟就可以到达。

安吉县天子湖镇依托省际承接产业转移示范区的优势,利用浙江省重点发展森林养生产业政策,发挥天子湖镇的林业资源优势,采取村庄联营方式发展天子湖旅游业和林业经济,实施包括廊道、公园、河湖、田园与花园等农业"美丽工程",实现"村+企业"收益最大化和村民的共同致富。

(三)有效盘活村庄闲置资产,组织村民参与生态旅游产业建设

安吉森林覆盖率、植被覆盖率均保持在 71% 以上,空气优良率逐年向好,地表水、饮用水、出境水达标率均为 100%。2018 年,受荣村山水秀美,高山、竹林、水库、地形等自然资源得天独厚。天子湖镇依托秀丽的自然环境,联合开发的旅游项目天空之城已成为度假胜地。

为了提升村庄的"造血"功能,受荣村在新建的农村文化礼堂一楼设置了村便民服务大厅、游客集散中心、电影院等公共设施,村两委会将一楼空出的 5 间店面房对外出租,进行旅游开发。二楼推出 15 间客房,作为村集体的固定收入来源。另外,鼓励村民将自家闲置的农房腾出来,与客商合作开发民宿。受荣村以旅游项目建设运营为契机,将资产租赁给项目方天韵公司作为办公用房,及时梳理了村两委办公楼、小学老教学楼等闲置的村级集体房屋、土地等资源,有效盘活了村庄闲置资产,实现了集体资产的保值增值和村集体收入的增加,新增租金收入 29.5 万元。

2018 年,由二十个行政村联合组成的天衡有限公司正式成立。经过实地考察,选址天子湖镇受荣村,利用高山地势落差和竹林美景因地制宜地打造了别具一格的玻璃滑道漂流项目。这一项目有别于安吉其他常见的河道漂流,于 2019 年推出后深受广大游客的喜爱。由天衡公司出资建设的小微产业园也为村里增收 45 万元左右。"多村联创""村+企业"的联盟模式,使受荣村民宿、农家乐、饭店、饭庄蓬勃发展,村集体经营性收入从 2017 年的 4 万元跃升至 2020 年的 83.5 万元,年均增长 400% 以上。整个项目预计投资 4.87 亿元,2020 年,该项目就实现营业收入 800 万元,2021 年更是达到 4000 万元。云端漂流投资 2000 万元,所得收入按照各村出资比例进行分红,仅受荣村便间接获得天衡公司近 42 万元的分红,是实实在在的富民工程。该项目还推动了周边精品农家乐、民宿、餐馆甚至交通的发展,提供了更

多的就业机会,让村民在家门口就能富起来。

(四)发挥基层党组织在生态旅游产业合作中的联结作用,吸引多方社会资本注入

在浙江省"绿色浙江"计划(2002 年省第十一次党代会)和"生态浙江"(2012 年省第十三次党代会)的指引下,安吉县第十三次党代会提出,着手规划"后美丽乡村时代",以"绿水青山就是金山银山"理念实践、美丽中国建设为统领,推进全县乡镇聚力发展生态产业经济,将普通人的幸福感纳入政府"责任清单",提出美丽事业的升级版,建设"中国最美县域",建成富裕、美丽、幸福的安吉。

受荣村作为安吉的"欠发达村",基层党组织通过落实帮扶举措,以生态旅游产业合作中的联结功能,吸引多方社会资本注入,摘除了"欠发达村"的帽子,实现年经营性收入 50 万元以下村"清零",这才有了生态致富的旅游产业经济的蓬勃发展。

五、发展建议:构建生态社会网络＋打通生态产品运输系统＋发展生态文化服务体系＋书写生态教育新篇章

(一)充分发挥基层党组织作用,扩展生态主体的社会网络

基层党建在激活社会资本、组织群众力量、扩展社会网络、降低交易成本、促进资本合作、改善收入水平、提升社会福利、维护生态环境、推进共同富裕等方面都具有组织功能,在维护群众利益、控制合作风险、协商创造收益、做大共同富裕"蛋糕"方面也具有重要的保障作用,是社会资本的主要表现形式,是推广生态旅游项目形成资本聚合效应的载体,是引入资本与村民建立互惠互利合作关系的联结者,是在基层群众中建立社会信任的社会网络导入者。社会网络的覆盖面直接关系到社会资本的来源渠道和资本量,而社会资本融入生态旅游项目所能获得的经济效益与生态文明建设的社会效益呈正比,这都需要基层党组织发挥互助联结功能,推进社会资本的市场化运作与基层管

理,充分调动起各方人财物力,为基层群众奔向共同富裕道路。

(二)充分利用安吉"公铁水空"立体式交通架构,打通生态旅游、服务、产品的运输网络

天子湖镇依托安吉港直达上海、宁波的交通便利条件和安吉县"公铁水空"的立体交通网络架构,采取二十村联营的方式发展天子湖旅游业,大力发展林业经济,实施农业"美丽工程",通过"村＋企业"的方式实现收益最大化,入选十九大期间"砥砺奋进的五年"大型成就展。受荣村地处高铁附近,可以充分利用安吉"公铁水空"的立体交通架构,打通生态旅游、生态服务和生态产品的交通运输网络,扩大生态服务范围,推广生态旅游品牌,开发生态服务产品种类,做出生态项目特色优势。

(三)发展受荣村生态文化服务体系,建设精品示范型"美丽乡村"

安吉是"绿水青山就是金山银山"理念诞生地、"生态立县"思路提出地和中国美丽乡村发源地。安吉县各村镇发挥当地生态资源环境优势,以生态经济推进村民共同富裕,走出了"乡村振兴的探索版、基础版和县域社会治理的有效途径",形成了生态资源环境与经济社会发展相互促进,生态文明与物质文明双丰收的良好局面。

建议受荣村从生态旅游向生态文化服务产业实现跨越,开发"山水受荣美丽乡村综合体"项目,打造山水文化艺术村,把文化艺术、乡村旅游与经营结合起来,做成具有环境特色、产业特色和人文特色的生态文化服务项目体系,如艺术会所、生态度假村或园林式主题公园,同时利用河滨亲水平台开设水库游步道、山地建设乡村 DIY 趣味农家乐、农事体验园等文化服务项目,塑造生态文化品牌,引进生态技术人才,利用乡村文化礼堂等硬件设施开发生态文化资本,形成共建共享的社会主义生态文明。

（四）鼓励社会资本参与生态保护与环境修复，提升美丽乡村的发展韧性

韧性（resilience）是指当遭遇外界干扰时或在系统固有平衡被打破时，系统阻止、抵御、吸收、适应外来干扰而维持其基本结构与功能、恢复原始状态、维持稳定、适应转型、学习和创新的能力。生态学领域的韧性是指生态系统所拥有的预期风险、化解外来冲击以及保持系统良性循环的功能，是自然生态在成长、衰退、修复、优化等循环周期中表现出来的生态张力，其影响因素包括自然生态的内循环力和人类对于自然环境的外在干预力。生态治理政策与制度体系是发展生态韧性的基础。生态经济的稳健持续发展要求制度保证经济结构的多样性、商业投资的多元化和生态贸易的制度化，这是为生态韧性提供制度保障。

国务院办公厅对于社会资本参与生态保护修复的支持，为受荣村引入社会资本参与生态产业提供了政策支持。安吉在对"工业立县"思路实施整改后，充分利用自然环境的资源优势和区位优势，布局了"东育、南优、西进、北拓、中间提升"的"生态立县"发展思路，大力发展绿色产业和休闲旅游业，全面启动"田园智城"教科文新区，积极引进名校名企入县，发挥人才、科技、信息等要素的发展后劲，展现出"逆城市化"的生态韧性。

受荣村对于生态环境的有效管理，为生态经济项目的投资者获取稳定的利益回报提供了环境基础，有利于鼓励个人或组织积极参与生态经济项目中来。同时，受荣村充分发挥基层党组织与政府的有效互动，实现自下而上的生态基础设施建设，大力宣传生态文化，在创建和谐县镇过程中发挥文化凝聚力，有针对性地提升县镇居民的生态文明观和低碳环保生活消费观，自下而上地提升生态韧性。

生态韧性的修复与优化工作决定了受荣村能否通过保护自然生态的核心资产，向生态经济实施转型，这是城乡之间、区域之间以及社

会各层级之间的社会协同性问题,要求通过社会资本参与到生态修复和环境保护,体现生态共同体、生命共同体和利益共同体的生态韧性,要求发挥生态技术创新、生态文化普及和生态制度治理的合力。

(五)科学规划合理布局发展方案,发展智能型生态旅游区

安吉县制定"十四五"发展规划,包括农业"机器换人"创新工程、数字农业和数字乡村建设工程、农村电商综合发展示范工程等智能型生态农业建设内容,这符合生态产业规模化提升的发展趋势。安吉县规划到 2025 年休闲农业与乡村旅游接待人数达到 1800 万人次,3A级景区村数量达到 50 个,农村居民年可支配收入达到 5 万元,形成一批生态保护型村庄、生态经济型村庄、特色农产品供给型村庄、城镇带动型村庄和旅游依托型村庄的生态产业示范区,推广一批民宿(农家乐)集聚村、美丽休闲乡村、乡村旅游重点村,集合生态型文创、度假、研学、夜游、康疗、美食、培训、电商等特色产业发展模式,推进一批山川、天荒坪、报福等民宿(农家乐)集聚区向品质化、主题化升级,以"民宿＋文创""民宿＋亲子""民宿＋运动""民宿＋研学"等经营模式打响"旅居安吉"乡村休闲度假品牌,引导家庭农场向特色产业多功能化的庄园经济转型,在特色农产品生产中,嵌入餐饮娱乐、休闲观光、科普教育、民俗体验等内容,打造 批各具特色的茶叶庄园、竹林庄园、果蔬庄园、花卉庄园。营造"夜乡村"景观,丰富夜间休闲活动,探索"夜乡村"休闲旅游模式。

受荣村基层党组织和天衡公司、天韵公司也可以尝试打造智能化生态旅游产业,以荣耀天空之城旅游度假区的"乐游云端、阳光沙滩"为主题,开发一批核心体验区,如:云端漂流、趣游水寨世界、悦享亲子乐园等板块,为游客提供了水光、山色、竹隐、茶趣的山水四季体验。由天衡公司将欢乐水寨,沙滩乐园,阳光沙滩等景点实施智能化升级,通过网络展示、网络预订、网络导航和后续网络服务,提升阳光沙滩景点的旅游体验,以更加优质的生态旅游服务让游客体验受荣村的绿水

青山，为村户村民实现共同富裕提供更加广阔的舞台。

（六）以生态致富经济为示范，筑建生态文化基地，书写生态教育新篇章

2018 年，安吉创建浙江省可持续发展创新示范区，获批国家农业科技园区。2019 年，安吉被列入"国家创新型县"全国首批创新型县（市）建设名单，安吉以践行"绿水青山就是金山银山"理念，走出一条科技支撑产业转型、绿色发展、乡村美丽的新路子。2022 年 1 月，安吉县受荣村积极参与国家生态景区评级活动，荣耀天空之城被评为"国家 3A 级景区"，更加注重遵照国家评级标准实施环境保护，为发展生态旅游产业增加了社会知名度。

受荣村将"生态绿"融入"党建红"，基层党组织开展以生态文明教育为主题的基层党日活动，从抓问题、落实地、拉清单、列项目、公开推进专项整治等方面发展和完善生态环境，具备了筑建生态文化基地的样板村要素，建议以本村生态致富经济模式为示范，宣传推广社会资本融入生态旅游产业经济的项目开发与环境保护等成功案例，吸引社会关注，广泛采纳专家学者对于相关主题的研究成果，为受荣村未来的发展书写生态教育的新篇章。

主要参考文献

[1] 周晔馨.社会资本是穷人的资本吗？——基于中国农户收入的经验证据[J].管理世界，2012(7)：83-95.

[2] 弗朗西斯.福山.信任：社会美德与创造经济繁荣[M].桂林：广西师范大学出版社，2016：14-15.

[3] 王渔.社会资本与旅游农业互动过程中的影响因素研究[J].农业经济，2020(11)：25-26.

[4] 受荣村村级班子"回头看"考察报告[EB/OL].(2022-03-09)[2024-02-06].https://www.renrendoc.com/paper/202123399.html.

[5] 共同富裕看"浙"里：从脱贫到共富"浙"里有一份秘笈待领取[N].浙江

日报,2021-07-17,

[6]《马克思恩格斯全集》(第 25 卷)[M].北京:人民出版社,2001:493.

[7]卢风.生态智慧与生态文明建设[J].哈尔滨工业大学学报(社会科学版),2020(3):121-128.

[8][美]霍尔姆斯·罗尔斯顿.环境伦理学[M].杨通进,译.许广明,校.北京:中国社会科学出版社,2000.

作者单位:嘉兴大学中国共同富裕研究院、马克思主义学院

第三单元
美丽乡村,善治共富

湖州市长兴县新川村：
以美丽乡村精品铸就乡村共富的新川样板

伏佳佳

摘要：美丽乡村建设是乡村振兴战略的重要组成部分,是实现乡村共同富裕的重要内容,因此探讨某个乡村美丽乡村建设的成效与经验、存在问题与发展建议具有重要的现实意义。长兴县煤山镇新川村在"八八战略"和"绿水青山就是金山银山"理念引领下,通过经济富民、生态富民、精神富民三位一体推动共同富裕,形成了美丽乡村精品铸就乡村共富的新川样板。基于新川村的实地调研,本文对新川村在党的领导下,打造产业高质高效、生活富裕富足、先富带动后富、环境宜居宜业、物质精神共富的农村现代化发展新模式展开阐释,以供其他地方学习借鉴。

关键词：新川村；美丽乡村；乡村共富

一、研究背景：以美丽乡村推动共同富裕

"生产、生活、生态"三位一体的系统工程,是乡村振兴战略的重要组成,是实现乡村共同富裕的重要内容。中国共产党第十六届五中全会提出,要按照"生产发展、生活宽裕、乡风文明、村容整洁、管理民主"的具体要求构建社会主义新乡村；2013 年中央一号文件第一次提出了建设"美丽乡村"的奋斗目标,对农村生态文明建设提出新要求。在推动共同富裕取得明显实质性进展的新阶段,习近平同志指出："促进

共同富裕，最艰巨最繁重的任务仍然在农村。"①习近平同志在《扎实推动共同富裕》一文中强调，"要全面推进乡村振兴，加快农业产业化，盘活农村资产，增加农民财产性收入，使更多农村居民勤劳致富。要加强农村基础设施和公共服务体系建设，改善农村人居环境"②。总之，美丽乡村是实现乡村共同富裕的必由之路。

美丽乡村建设不仅是政府关注的重点，也是学术界研究的热点之一。学术界对美丽乡村建设的早期研究多侧重于其概念及内涵、建设目标、重点及难点等。随着美丽乡村建设在各地的不断推进，学界逐渐偏重于实地调研和经验研究，而后聚焦于美丽乡村建设在实施过程中取得的成效和存在的问题，进而提出宏观性战略性政策建议。如于法稳、李萍通过对不同区域30个县（市、区）的实地调研，总体分析美丽乡村建设在政策和操作层面存在的问题，剖析生产、生活和生态等层面存在的不足，提出要从顶层制度设计上建立粮食种植的风险共担机制，建立农村基础设施与环境管理的创新机制，建立种植业和养殖业协调发展的产业体系，以及加强农村污水处理模式及技术的研究，加强对农民的义务教育等一系列建议。有学者对美丽乡村建设的几个成功案例进行比较分析，通过深入探讨其发展模式的特色、共同经验和普遍性问题，总结了政府主导、社会参与、规划引领、项目推进、产业支撑、乡村经营的共有经验。有学者将美丽乡村实践中面临的问题和对策进行交叉性探讨，证明了美丽乡村建设与生态文明建设、乡村振兴战略相互促进、密不可分的关系。《中华人民共和国国民经济和社会发展第十四个五年规划和2035年远景目标纲要》发布以后，学界更加关注"美丽乡村"与"全体人民共同富裕取得更为明显的实质性进展"关系，探讨从美丽乡村角度实现乡村共同富裕的要求与原则、问题与挑战、对策与建议等。浙江作为共同富裕的先行示范区，其乡村探

---

① 高举中国特色社会主义伟大旗帜 为全面建设社会主义现代化国家而团结奋斗[N].人民日报，2022-10-26.
② 习近平同志《论"三农"工作》主要篇目介绍[N].人民日报，2022-06-07.

索共富的经验得到了较多关注。

长兴县煤山镇新川村坚持"绿水青山就是金山银山"理念，通过村企共建、绿色发展、乡贤带富推进美丽乡村精品建设，使新川由一个"革命老区、贫穷山区、落后库区、传统工矿区"蝶变为"绿色工业园区、富饶生态库区、美丽旅游景区、共同富裕新区"。以美丽乡村精品铸就乡村共富的新川样板具有示范作用，能够为中国其他乡村在建设理念、资源配置、发展路径、突破瓶颈等方面提供有益启示和新的思路。于浙江而言，今年是浙江共同富裕示范区建设机制创新年、改革探索年、成果展示年，因此要进一步推动实现乡村共同富裕。分析和总结新川村先富带动后富的基本做法、成效与经验启示，对浙江省克服农村短板弱项，率先取得一批乡村共同富裕的成果具有重要作用。

二、主要做法：以三位一体实现共同富裕

新川村在"八八战略"和"绿水青山就是金山银山"理念引领下，把绿水青山和金山银山生动结合，通过经济富民、生态富民、精神富民三位一体建设推动共同富裕。

（一）通过村企共建、三产融合，实现经济富民

新川村做到共同富裕最有效的途径是村企共建、以工哺农，形成产业集群机制和利益共享机制。通过村企共建，走出了一条工业致富、以工哺农的乡村经济发展之路；通过积极发展村集体经济，为村庄发展带来空前活力；通过由二产带三产促一产，实现三产融合发展。

1. 村企共建带动村民增收致富

新川村和天能集团（下称天能）开展村企共建，使得新川走出一条产业致富之路。在村企合作之下，新川从产业带富到投资创富、创业致富，逐渐实现直接就业、股份分红、创新创业三类增收。新川村建立以天能为核心的工业主体，依托天能平台发展10多家新能源配套企业和现代商贸服务产业，让产业发展与村民致富紧密相连，为村民提

供了广阔的就业门路和创业平台。天能帮助新川村及周边村民 6000 多人就业,让村民在家门口增加工资收入,新川村平均每户 1.6 个人在天能上班。2003 年,天能对企业进行股份制改革,把村民变为股民,促进了企业与村民利益的密切联结。随着天能在香港主板上市,村民通过持股分红获得丰厚收入回报,一夜之间,许多人成为百万乃至千万富翁。随着产业集群化,约有 1/3 的新川人在外围绕天能集团的产品从事零售、服务以及自主经商,约有 150 多人成为上下游企业的创业带头人。

2. 共富公司激发村集体经济活力

2021 年新川村成立长兴新川股权投资合伙企业、长兴新川文化旅游发展有限公司、长兴新川建设发展有限公司等 3 家共富公司,引入现代股权基金模式,以现代企业管理模式运营乡村,拓宽村民致富新渠道。通过企业化股权化管理村集体资金、乡贤捐赠资金和村民闲置资金,解决了村庄发展资金短缺问题,为村集体经济发展提供造血功能。随着强村公司进行农业、旅游、文化等多产业的投资,新川村集体经济快速发展,增加家门口就业岗位超 100 个。共富公司获得的收益由村集体所有、村民共享。股金、薪金和租金大大增加了村民的增收渠道。

3. 三产融合实现村庄高质量发展

新川村抓住发展新能源电池工业的契机,大力支持本地龙头企业优先发展,形成龙头效应和辐射带动效应。在龙头企业的带领下,新川围绕新能源电池积极发展上下游加工和配套服务产业,建立了新能源电池的工业、商业、贸易、服务产业链群和产业集群,进一步拉动农村电商、餐饮、高级酒店、精品民宿、农副特产等多种新业态稳健发展。产业链条由短到长,产业规模由小到大。新川建成了一二三产良性互动的三产融合体系,形成了工业、农业、商业和旅游业共同发展的经济生态。产业体系既推动了由工业"一业独大"向三产融合发展的演进,更使村庄实现了高质量的发展速度、多样化的发展路径和良好的发展效益。

（二）通过优化环境、美丽经济，实现生态富民

在"绿水青山就是金山银山"理念的指引下，新川村一边"踩污染刹车"，一边"加绿色油门"，以数字化赋能乡村发展，带动产业转型，建构绿色产业体系，探索生态富民发展新模式。

1. 优化环境打造美丽乡村

在"两山"理念的指引下，新川村痛下决心、壮士断腕，坚决走美丽乡村发展道路，以环境治理为抓手，优化乡村环境，提升生态效益。新川以"宁愿不要发展，也要护美绿水青山"的勇气，仅用几年时间就关停 6 家污染矿山，淘汰 30 家金属冶炼厂、炼油厂、玻纤厂等污染落后企业，关闭小散乱污染企业 20 多家。同时，新川积极响应国家和省市的美丽乡村号召，抓住政策利好期和精品村落窗口期，大力推进美丽乡村建设，整治乡村生态环境和生活环境。一方面，新川大力整合村落自然风景资源，实施景观工程建设，融景于村，集中建成了齐文化风情街、溪涧景观公园、竹良庵高山农业观光园、乡村振兴案例馆和红色古道等新景观；另一方面，新川全面推进乡村生活环境治理，进行美丽庭院建设，融村于景，完成了"三化一改一分类"等多项民生实事。

2. 绿色转型催生美丽经济

新川的核心企业天能依托机器换人、信息化和工业化融合、大数据和云计算等数字化手段，改造升级自动化生产线、生产模式和工艺路线，大大提升了生产的绿色含量。在天能率先数字化改革的龙头作用引领下，全村企业进行产业升级和新型工业化改造，提升企业的科技含量，降低资源消耗，减少环境污染，形成了以动力电池为核心的高新能源、高新材料产业集群、产业链群。新川村现有高新企业 11 家，仅天能在 2020 年的产值就超过 2000 亿元。新川村以新能源高端制造为产业发展方向，实现了配套服务产业的优化升级和文旅产业的深

度融合,建构了特色的绿色产业体系,走上了绿色发展道路。

(三)通过党建引领、乡贤带动,实现精神富民

新川村始终坚持党的领导是富民兴村根本动力的信念,坚持发挥党组织凝聚人心、组织动员和团结共进的战斗堡垒作用,引导和组织新乡贤回乡带富。在持续提高村民收入水平、实现村民"富口袋"的同时,把"富脑袋"工程放到更加重要的位置,积极推进乡风文明建设。

1. 发挥村支书领头雁作用

中国新能源电池领军企业天能集团的董事长同时担任新川村党支部书记,自觉履行社会责任,发挥了村书记的带富示范作用。2008年以来,他主动带领天能集团和新川村进行村企共建,回村办厂,带领村民致富,在增加村民收入、组织乡贤带富、投资乡村建设、引导乡村转型等方面发挥了领头雁作用。

2. 实施新乡贤带富工程

新川大力发挥党组织的动员力量和党员的带富力量,实施新乡贤带富工程,以乡贤助共富。新川村乡贤致富思源,不忘初心,反哺家乡,充分利用自身人脉资源、经济资本、智力智慧,积极投身家乡发展,为新川村美丽乡村建设出智出力,全心全意打造共同富裕的精神高地。近年来,在村书记和党员的带动下,新乡贤在助力产业兴旺、乡风文明、社会治理、生态宜居、公益慈善等方面发挥着积极作用。截至2021年,乡贤共捐赠村庄发展建设资金5400余万元,带头创办企业130余家,调解矛盾纠纷150余起,建设村公益项目16个。此外,新川村连续举办三届乡贤大会,乡贤和村民围绕新川村发展规划展开讨论,积极为家乡建设建言献策,共聚共商新时代共同富裕发展之路;大会表彰捐款的乡贤和村民,形成爱国爱村的带动效应和乡贤风尚,努力营造"尊重乡贤、亲近乡贤、服务乡贤"的氛围。

3. 加强新农村乡风建设

新川村以社会主义核心价值观为引领,持续推进诚信文明建设,

弘扬农村优良传统礼俗。新川在诚信文明建设的过程中，实施"一户一档全覆盖，红榜黑榜全登记，线上线下全公开"，把诚信纳入个人征信、企业融资、集体分红和村庄治理的方方面面，把诚实守信、尊老爱幼、清廉守法等美德变成村规民约，公认于民，内化于心，实现了乡村德治和法治的有机融合。通过新时代文明实践站、农村文化礼堂、幸福之家等载体，开展"诚信文明档案""最美媳妇""最美家庭""十星文明户"等丰富多彩的群众性精神文明创建活动，活跃和丰富农村文化生活，改善农村文化环境。

三、实践成效：村庄兴旺富裕，宜居和谐

（一）产业兴旺，筑牢共同富裕经济底盘

"由二产带三产促一产，实现产业高质量发展"的三产融合发展模式使新川村实现了产业结构的优化发展，推动新川产业获得更大发展空间、更多价值回报和更高发展层级。全村目前拥有各类工商企业34家，建成有技术含量、有规模、有市场、绿色发展的优质企业12家。乡村旅游、高端民宿、电子商务等新产业蓬勃发展，新川共接待红色旅游共建团队10余万人次，餐饮民宿户均营业额40万元，净收益约18.5万元，旅游农副产品年销售额2000余万元。多产业、多业态、集群化的产业体系筑牢了新川共同富裕的根基底盘。

（二）村民富裕，夯实共同富裕物质基础

新川村通过发展富民经济，拓宽了农民就业和增收渠道，形成了以中等收入群体为主体的橄榄型收入结构。该村劳动年龄段近70%的人直接或间接在村里实现就业创业，200多户农户在全国各地从事新能源电池销售等服务产业。2020年，新川村实现村集体总收入719万元，百万户超600户，千万户达30户，其他普通村民存款达12亿元。村民年人均可支配收入超15万元，是同年浙江省农村居民人均可支配收入的5倍，城镇居民人均可支配收入的2倍。

(三)生态宜居,擦亮共同富裕生态底色

新川村通过环境治理和绿色转型,推动构建"村在景中,景在村中"的生态宜居村。如今,村内空气常年保持质量一级,山清水秀,环境优美,如在画中;河道溪涧水质达标率始终保持 100%;卫生厕所普及率和无害化卫生厕所普及率达 100%,全村生活垃圾收集覆盖率和无害化处理率达 100%;家庭清洁能源普及率均在 95% 以上;村民房前屋后营造了草坪、灌木、乔木等层次分明的绿化系统,全村绿化覆盖率高达 90%,村民步行 5 分钟可达公园绿地。新川先后获得浙江省绿化村、浙江省卫生村和浙江省"一村万树"示范村、浙江省美丽乡村特色精品村、浙江省 3A 级景区村庄等荣誉,擦亮了共同富裕的生态底色。

(四)乡风文明,构建共同富裕和谐家园

新川村通过推进乡风文明建设,丰富了群众的精神文化生活,涵养了诚信德善的文明乡风、守望相助的淳朴民风、孝老爱幼的良好家风。如今,创业文化、奋斗文化、诚信文化、乡贤文化已成为新川村民的精神标签,文明好习惯养成实现率和社会诚信度均在 95% 以上。乡村诚信体系建设打造了"法德合一"的善治体系,做到了党的声音有人传、文明风尚有人领、职业技能有人传、创业致富有人带、老弱病残有人帮、邻里纠纷有人劝、平安家园有人护,实现了矛盾纠纷就地协调和化解,探索了和谐友邻的新模式,最终形成了"我为人人、人人为我"的乡风文明,筑牢了共同富裕的平安家园。

四、经验启示:党建引领农村共富新模式

2022 年 12 月,习近平总书记在中央农村工作会议上强调"民族要

复兴,乡村必振兴"①。如何找准从乡村层面推动共同富裕的着力点和突破口?新川村提供了这样一个样本:在党的领导下,打造产业高质高效、生活富裕富足、先富带动后富、环境宜居宜业、物质精神共富的现代化农村。

(一)要坚持党的领导

党的领导是共同富裕的核心力量。乡村的蝶变发展,依赖于村党组织"火车头"的带动,依赖于村书记"驾驶员"的引领。新川村经验说明,村党组织和村支书把组织、领导作用发挥得越好,村庄就越充满活力,越治理有方。乡村振兴必须依靠村党组织和村书记的坚强领导,充分发挥村党组织的组织优势和服务职能,发挥村书记凝心聚力、开拓创新、组织协调的重要作用。必须通过党建引领,增强广大村民参与乡村建设的自觉性和主动性,共谋乡村共同富裕的新思路。

(二)产业高质高效

产业兴旺是乡村振兴的"牛鼻子"。新川村以新能源电池工业为龙头,拉动配套加工和服务产业协调发展,由二产带三产促一产,实现产业高质量发展。这条产业致富链说明,乡村振兴必须积极探索农村产业发展新路径,构建富民兴村产业体系,实现三产之间的相互融合和工农商旅间的相互促进;主动进行产业的转型升级,以生态经济带动农村经济的可持续发展,努力提高发展质量、拓宽发展路径、增强发展效益。

(三)农民富裕富足

乡村发展必须以让农民增收致富、过上美好生活为目标。新川村的经济富民模式证明,乡村必须发展富民经济,培育就业收入高、创新活力强、村民参与深的产业体系和生产方式,全面畅通村民就业和增

---

① 坚持把解决好"三农"问题作为全党工作重中之重 促进农业高质高效乡村宜居宜业农民富裕富足[N]. 人民日报,2020-12-30.

收渠道;发挥集体资本增加居民财富和实现共同富裕的重要作用。农村集体资本可以解决绝对贫困问题,缓解贫富分化,缩小贫富差距,实现全体村民共享发展红利和财产收益。它既缩小村民间的财富差距,又缩小农村居民和城市居民的财富差距,切实增进村民收入,推进乡村共同富裕。

(四)先富带动后富

乡村的共同富裕离不开先富带动后富。乡村应形成普遍慈善的乡贤风尚和社会鼓励机制。加强先富者的道德责任,增加其带动后富的荣誉感、使命感和幸福感;鼓励企业勇当创富、带富、帮富先锋;鼓励乡贤反哺桑梓、与村民分享优质资源,同时树立乡贤的典型榜样,鼓励村民积极奋斗、争先创业、勤劳致富、回馈家乡;乡村也应规范企业与乡贤共同推进财富横向转移的程序,实现捐赠资金使用的公开透明和切实有效。

(五)环境宜居宜业

新川村经验证明,美丽乡村是共同富裕的生态底色。乡村必须切实整治环境问题,实施村落自然和人文景观工程,全力打造美丽乡村和美丽经济升级版,建成"村在景中,景在村中"的全域美丽大花园,形成全域生态、全程生态和全民生态的生活方式,让良好生态成为乡村的"幸福不动产",切实实现生态惠民、生态利民、生态为民。

(六)口袋脑袋共富

物质条件富裕和精神世界富有是共同富裕的两个方面,两者相互促进、缺一不可。鼓了"口袋",更要富了"脑袋"。新川经验说明,在持续提高村民收入水平、实现"富口袋"的同时,把"富脑袋"放到更加重要的位置。乡村要以社会主义核心价值观为引领,持续推进乡风文明建设,弘扬农村优良传统礼俗,改善农村文化环境,提升村民精神风貌,满足群众美好精神文化生活新期待。

五、发展建议:充分发挥新乡贤共富效应

从新川经验来看,先富者回乡、在场和共富,是建设精品美丽乡村和实现共同富裕的关键问题,也是难点所在。要发挥好先富者优势,让他们回得来、留得住、干得好。实施新乡贤带富工程,要继续完善新乡贤带富机制,发挥和放大新乡贤的共富效应。为此,建议如下。

(一)发展先富者优势,大力开展新乡贤带富工程

把新乡贤带富作为推动乡村共同富裕的重要举措,继续大力实施新乡贤带富工程。在省级层面研究制订鼓励新乡贤群体"回乡"和"在场"的规范性条例,在全省开展新乡贤工作星级示范单位创建活动,推出新乡贤工作星级评定管理办法,推动各市县镇村全面提升新乡贤工作的组织建设、活动开展和作用发挥,打造 1000 个左右的新乡贤带富示范市(县)、镇(乡)、村(社区)。每年组织一次申请、考核、评定和总结,对于带富业绩突出者,由省委统战部给予奖励和宣传。

(二)制订新乡贤"万人计划",加强新乡贤回乡激励

界定新乡贤,加强其身份认同和物质精神激励,是做实新乡贤回乡的基本工作。一是在省级层面制定新乡贤"万人计划",开展新乡贤的资格认定工作,规范化界定新乡贤的类型、角色和功能,采用个人申请、群众举荐、组织推荐等多种渠道,每年组织评选新乡贤活动,挖掘在政治、经济、文化、道德等方面的人才资源,建立动态的新乡贤人才队伍数据库。二是奖励入选新乡贤"万人计划"的个人,对其推出慈善抵税、企税优惠、购房补贴、人才奖励等优惠政策,在全省范围内多渠道大力宣传其带富事迹,树立新乡贤典型榜样,增强先富者带后富、帮后富的责任感、荣誉感和幸福感,增进村民对新乡贤身份、功能和效果的认同,营造尊重乡贤、亲近乡贤、服务乡贤的浓厚氛围。

(三)破除回乡障碍,完善新乡贤在场机制

破除新乡贤的回乡障碍,强化政策供给,以新乡贤引导人力、资

本、技术等乡村发展要素顺畅回流，是实现强村富民的重要手段。一是各市县制订新乡贤"回乡筑巢"服务计划，健全新乡贤回归乡村、服务乡村、留在乡村的运行机制，解决新乡贤回归家乡的医疗、住房、交通等生活方面的问题，形成有效的生活保障机制。二是在乡镇、县市、省建立三级联动的乡贤会平台，上下联动，统一服务，以乡贤会平台做好乡贤回乡的服务协调工作，做实乡贤捐赠资金的使用监管工作，做优乡贤带动乡村发展的共富工作。

（四）支持新乡贤村企共建，做大做强共富产业集群

打造"万企兴万村"的共同富裕升级版，引导新乡贤带动企业深入有发展条件的乡村，以企业发展带动乡村发展，培育乡村产业集群和产业链群，构建富民兴村产业体系，带动当地村民就业增收和创业增收。对于村企共建的企业，给予用地支持、技术援助、税收减免等方面的政策优惠，建立多维度的发展资助项目，包括农村企业投资计划、小型企业发展援助计划和个人创业扶持计划。

（五）创新发展集体经济，放大新乡贤的物质共富效能

实现新乡贤带富，用好新乡贤的知识、资金、技术是关键。支持乡村以共同富裕为目的成立共富公司，发展创建村集体经济新模式。在具体运作方面，乡贤会和村民共同选出一定数量的代表充当股东；乡贤利用知识、技术和信息优势，做好投资决策，把资金主要用于发展乡村特色优势产业，助推富民产业集群化和链群化，推动村民致富模式多样化；投资收益与村民共享，以及用于养老、幼育、救助、技能培训等公共普惠事业。建议全省选取有条件的村庄，率先创建50个左右的乡村共富公司，为其提供资金、技术、人员、项目的支持，以发挥其重点示范作用，探索有益经验。

（六）建设乡贤文化场地，发挥新乡贤的精神共富作用

重经济富民，忽视文化富民，是推进乡贤带富的短板所在。要以文化场地建设为载体，弘扬乡贤风尚，塑造乡村共富精神。一是指导、

鼓励新乡贤投资建设文化场地，以文化礼堂、文化活动广场、生态古道等公共设施为载体，开展丰富多彩的文化活动。二是在文化场地中，设置优秀新乡贤榜单，将新乡贤优秀事迹上榜上墙。三是对于申报建设文化场地的乡村，给予一定的财政补贴。

主要参考文献

[1] 于法稳，李萍.美丽乡村建设中存在的问题及建议[J].江西社会科学，2014(9)：222-227.

[2] 吴理财，吴孔凡.美丽乡村建设四种模式及比较——基于安吉、永嘉、高淳、江宁四地的调查[J].华中农业大学学报(社会科学版)，2014(1)：15-22.

[3] 张远新.推进乡村生态振兴的必然逻辑、现实难题和实践路径[J].甘肃社会科学，2022(2)：116-124.

作者单位：浙江大学马克思主义学院

杭州市萧山区佛山村：
以善治促蝶变的强村富民之路

蒋卓余　　李拓宇

摘要：新时代推进乡村振兴，实现共同富裕，必须坚持抓基层打基础，发挥党建引领作用，建立健全共建共治共享的乡村善治体系，推动乡村治理的优势和活力转化为经济社会发展的效能和动力。萧山区戴村镇佛山村原本是萧山南部的经济欠发达村，近年来，佛山通过坚持党建引领，创新乡村治理手段，乘势而上发展产业经济，走出了一条具有佛山特色的强村富民蝶变道路。村集体年收入从 2017 年的 20 万元以下增加至 2019 年的 1100 多万元。此后两年，佛山村的发展从"输血"向"造血"转变，村集体收入一直保持在 300 万元以上，美丽乡村、数字乡村、产业乡村建设成效显著，村民幸福感和获得感得到了极大的提升。佛山村通过创新基层治理实现蝶变的实践，给浙江省高质量发展、建设共同富裕示范区提供了村庄样板，相关经验做法值得大力推广复制。

关键词：佛山村；基层治理；强村富民

一、研究背景：创新基层治理，实现高效发展

高质量发展、建设共同富裕示范区是党中央、国务院赋予浙江的一项重大任务。杭州作为示范区建设省会城市，肩负着探索和率先形成推动共同富裕体制机制的历史使命。为克服城乡差距这一制约实现共同富裕目标的突出短板，杭州市把高质量发展村集体经济作为坚持和完善农村基本经营制度、推动农村经济高质量发展的重要任务，

制定了《中共杭州市委办公厅杭州市人民政府关于实施消除集体经济相对薄弱村三年行动计划的若干意见》（市委办发〔2017〕91号）和《市委办公厅市政府办公厅转发市农办〈关于消除集体经济薄弱村〉》（市委办发〔2018〕57号）两个文件。在两个决策指引下，2019年底，全市2049个建制村全面完成"3010"（总收入30万元、经营性收入10万元）三年消薄目标。

然而，传统农村集体强村富民的总体能力依然有待提升，农村集体经济的发展潜力依然巨大，具有代表性、普适性的以新型农村集体经济发展推动共同富裕的体制机制有待进一步探索。乡村是农民生活的基本单元，也是共同富裕的基本单元。新时代推进乡村振兴，实现共同富裕，必须坚持抓基层打基础，发挥党建引领作用，建立健全共建共治共享的乡村善治体系，推动乡村治理的优势和活力转化为经济社会发展的效能和动力。本研究通过分析杭州市萧山区佛山村从"后进生"一跃成为"优等生"的案例，为创新基层治理实现新型集体经济高效发展的实践，为浙江省共同富裕示范区建设提供了村庄样板。

佛山村经验产生于农村闲置资源的整治。萧山区戴村镇佛山村原本是萧山南部的经济欠发达村。佛山村两委班子从"三改一拆"到紧抓全村土地综合整治的政策机遇，并聘请中国美术学院设计团队，打造市级美丽乡村示范村，逐步实现"美丽蝶变"的目标。

佛山村经验的创新在于，利用数字化平台赋能基层治理的"最后一公里"。伴随网络化、信息化和数字化的发展，数字乡村规划成为信息时代农村发展顺应新时代经济社会进步的新趋势，成为农村步入现代化发展和转型轨道的新节点。2019年7月，浙江大学计算机创新技术研究院和戴村合作，共同开发了"映山红乡村治理数字平台"。在此基础上，2020年佛山村推广升级2.0版的"工分宝"数字治理平台。2021年，毕业于软件工程专业的吴常乐担任佛山村党总支书记助理一职，佛山村党总支得以在数字乡村建设方面持续发力，推出了"佛山三宝"数字化平台，被列为杭州市首批数字乡村样板村。

二、主要做法：以"三治融合"实现乡村共富

萧山佛山村强村富民之路建设的总体思路是，在乡村治理体系中实现"领治、整治、智治"的"三治融合"，即通过坚持党建引领、发展红色文化为引擎，加速重振"后进生"奋起直追的信心，通过重构空间资源激活乡村重生的财富密码，通过"数字赋能＋全民参与"，实现"共治＋共富"的美好未来。

（一）领治有方：红色引领加速信心重振

强化党建引领是乡村发展行稳致远的根本保证。佛山村始终坚持党的全面领导，以红色文化为引擎，构筑长久发展硬核保障。一是铁血丹心基因红。佛山红色历史悠久、薪火相传，1928 年秋，村民钟阿马为保卫农民协会有效开展斗争，成立以党员为核心的"铁血团"，发动砍竹暴动，提出了"减租减息，大家有饭吃""锄强扶弱，互相帮助"等口号，打响了南乡农民革命运动的第一枪，铸就了佛山"铁血、忠血、热血"的红色基因。一代又一代佛山人从中汲取信仰力量，为实现乡村振兴、共同富裕坚定前行。二是不忘初心传承红。近年来，佛山深挖红色资源，传承红色精神，先后完成钟阿马烈士墓、抗战小道、爱国英烈事迹陈列馆等修缮布展工作，不断强化红色阵地建设，激励全村党员干部群众不忘初心、砥砺奋斗。成立红领巾小小讲解员 10 人队伍，打造红色精品研学路线 2 条，平均每年接待各类考察学习 80 余场 5200 余人次，辐射效应进一步显现。三是党群连心映山红。全面加强基层党组织建设，创设三组党建密码：通过"由内而外"，以红色精神为引领，积极建设浙江省红色美丽村庄；通过"自上而下"，以"支部领路、党员领衔"，带动全体村民凝心聚力、攻坚克难；通过"由小及大"，开展"党员联四邻"活动，全村除年老体弱党员外，均结对联系农户，共划分 26 个片区，联系农户 332 户，以小家带动大家，推动各项工作落地见效。2019 年佛山被评为浙江省善治（示范）村，全村党员群众，在

党的领导下,映山而红、漫山红遍。

(二)整治有效:空间重构助力乡村重生

佛山村域面积 3.93 平方公里,耕地 426 亩,山林 3744 亩,属于典型的"七山两水一分田"。山区交通不便,农业、工业用地缺乏导致佛山村常年集体收入不足,需要依靠政府"输血"补助。自 2018 年起,佛山村紧紧抓住政策机遇,从土地整治"落子",推动美丽乡村建设、产业项目导入,弈活乡村振兴、共同富裕"全盘棋"。一是土地整治"破局"。佛山村成功争取成为萧山区全域土地综合整治试点村,通过盘活土地存量资源,解决了乡村发展的资金、空间和动力三大难题。根据全域土地综合整治专项实施办法,大力推进"三改一拆""辅房整治"后的建设用地复垦、低丘缓坡生态修复、旱改水等土地整治项目,实现土地新增和财政资金补助。通过打好"搬、腾、整、提"组合拳,有效盘活低效利用的旧住宅、旧厂房等土地资源,以宅基地置换、淘汰关停和整治提升"低小散""四无"企业等举措,解决产业发展和村居环境的空间协调问题。二是美丽乡村"提档"。2019 年,佛山村被确定为萧山区美丽乡村提升村,全村聚力攻坚,通过"四个拆尽"("一户多宅"多余的拆尽、超面积辅房拆尽、危旧破房拆尽、有碍观瞻棚舍拆尽)、"三个打通"(溪流打通、断路打通、围墙打通),共拆除各类建筑物面积 3.2 万平方米,打通村庄道路 4 条。实现全村截污纳管、弱电线上改下、自来水一户一表改造、天然气入户四个百分之一百。强化拆后利用,聘请中国美术学院设计团队,按照"特色亮点打造、产业空间预留、景观功能重塑"同步推进原则,将美丽乡村建设与村庄历史、红色文化、乡村旅游、产业布局等项目有机融合。清腾、盘活闲置用房 7 间 350 平方米,新增物业及店面用房 900 平方米。完善公共配套设施:新建游客接待中心 1 个、共享洗衣房 3 个、公共厕所 7 座,新增停车位 400 余个。在通过提升村综合验收的基础上,佛山村继续实施微改造、精提升,全力打造美丽乡村示范村。三是产业导入"加码"。佛山村通过内挖潜力、外引项目，导入休闲旅游特色产业，深入践行绿色发展理念，实现绿水青山就是金山银山的转换机制。依托山林、骨干林道、水库和溪流等山水生态资源，畅通"两进两回"渠道，在戴村郊野运动特色品牌统一规划下，抱团借势发展壮大村集体经济，推动村强民富。如投资云山峡谷漂流、云石滑翔伞、高空秋千等乡贤投资的体旅项目，乡创客实践基地引入陶瓷研学项目，打造产、学、研、售一体化新业态模式等。

（三）智治有招：数字赋能推动制度重塑

近年来，佛山村主动拥抱数字变革，推动数字理念和技术助力村庄发展，主动探寻数字赋能乡村振兴的有效途径。一是构建数字乡村综合场景。2019年，佛山村联合浙江大学、浙江省数字经济学会，实施"映山红"数字乡村治理计划，开启数字乡村建设之路。2021年，佛山村成为杭州市首批数字乡村建设样板村后，积极建设数字乡村，围绕数字治理、数字产业、数字服务、数字生活和数字基建五大板块，推动"码上游"、清廉村社、智慧健康屋、无人机巡检等32个数字化应用场景落地，构建数字乡村综合场景。二是推动乡村治理体系重构。为了充分激发村民参与村集体治理和建设的能动性，破解"干部干、群众看"的乡村治理顽疾，2020年佛山村在1.0版"映山红"数字治理平台的基础上，推广升级2.0版的"工分宝"。"工分宝"是一个微信小程序，名字源自农村"挣工分"的那段历史，用接地气的"土味"让村民更易于接受新潮的数字治理。村民通过"我要参与""我来评议""心愿发布""我有话说"四大模块，以及志愿服务、公共事务、初心课堂等十二个场景赚取工分，以主人翁的角色参与村庄治理和建设。平台通过为每个村民配置唯一的二维码，全程记录和评价村民为集体发展做出的贡献。从激励村民参与的举措来看，通过"工分宝"赚取的"工分"，既可以在"工分商城"线上兑换话费、网费等，也可以在线下门店直接扫码购买油盐酱醋等日常用品。除了物质激励，小程序定期发布工分榜单，置顶展示"每周之星"。平台还专门进行了适老化设计，针对没有智能手机的老人，配套设计了实体"工分卡"，上面载入了姓名、照片、专属二维码等信息，凭卡即可参与活动积工分活动。截至 2021 年 10 月，佛山 1305 位村民中，共有注册用户 854 人，发放"工分卡"208 张，发起各类活动 341 个，发放工分 1760884 分，兑换工分 1307605 分。三是打通乡村发展增收闭环。围绕"治理＋发展"的核心理念，2021 年佛山村在"工分宝"的基础上，推出"信用宝"和"共富宝"，打通"治理形成信用、信用促进发展"的良性循环，形成"人人参与、人人尽力、人人共享"的发展格局。通过"信用宝积信用"，探索乡村信用体系建设。佛山村依托前期推广"工分宝"积累的大量村民行为数据，破解了在现有征信体系下对没有信贷记录的村民进行信用评价的难题，通过特定动态算法，从用户活跃程度、履约能力、身份特质、行为偏好和社会评价五个方面，客观展示个体信用状况的总体评价。积极参与乡村治理、贡献多、信用好的村民，能够优先或更高规格享有经济和社会发展权益，比如在参军入伍、荣誉申报、社工招募、小微工程承包等方面信用分可作为重要参考依据。此外，佛山村也在持续打通信用分应用场景，比如与建行、农商行达成合作意向，对于信用评级前 20％ 的村民，提供年利率 4％ 的 30 万元信贷额度。通过"共富宝帮共富"，面向村民、工商资本、游客三类用户，推出求职招聘、房屋租赁、乡村集市、土地承租、菜地认领、码上游等六大共富场景，盘活农村土地、劳力、房屋三大闲置资源，开辟村集体增收和村民致富新路径。

三、实践成效：资源、产业和数治共同发展

佛山村的集体年收入从 2017 年的 20 万元以下增加至 2019 年的 1100 多万元。此后几年，佛山村的发展从"输血"向"造血"转变，村集体收入一直保持在 300 万元以上。2019 年，村民所得占农村经济总收入的比重达 15.7％，仅次于义桥、进化和河上，发展成果全民共享程度较高。戴村镇 2019 年财政总收入 2.6 万元，比上年度增长 28.8％，增

长率位于萧山乡镇中首位。至 2021 年财政总收入 3.37 亿元,年增长率仍达 26.7%。2020 年,萧山区农村居民人均可支配收入为 43847 元,比 2017 年增加 9258 元,平均每年增加 3000 多元。总的来说,佛山村美丽乡村、数字乡村、产业乡村建设成效显著,村民幸福感和获得感得到了极大的提升。

(一)全域整治"破局",唤醒村民沉睡的财富

"三改一拆""辅房整治"及建设用地复垦、低丘缓坡生态修复、旱改水等土地整治项目,为佛山村带来新增耕地 33 亩,新增水田 19 亩。按照建设用地增减挂钩节余指标 60 万元/亩、水田占补平衡费 50 万元/亩的标准,村集体可享受政策红利 2500 余万元,有效解决了"发展资金从哪里来"的问题。以宅基地置换的方式解决了 52 户村民的宅基地需求,通过淘汰关停"低小散""四无"企业新增产业空间 3300 余平方米,有效盘活低效利用的旧住宅、旧厂房等土地资源,破解了"发展空间从哪里来"的问题。通过全域土地综合整治,佛山村实现了农村生态美与村民富的有机统一,全村党员干部群众干事创业信心大增,解决了"发展动力从哪里来"的问题。

(二)产业导入"加码",促进村民劳动创收

乡村要发展,产业是关键。佛山村将美丽乡村建设与村庄历史、红色文化、乡村旅游、产业布局等项目有机融合。佛山村红色研学路线平均每年接待各类考察学习 60 余场,接待游客 5200 余人次。依托自然资源引入项目也对本地收入、就业等起到重要推动作用。总投资 2000 万元的云山峡谷漂流项目年接待游客达 30 万人次;云石滑翔伞、高空秋千等乡贤投资的体旅项目享誉杭城内外,为 130 多人创建了就业岗位,每年为村集体增收 100 多万元。2020 年,第三届浙江省滑翔伞锦标赛成功举办;2022 年 5 月,云山峡谷漂流景点开放。佛山"郊野运动"品牌更加响亮,为乡村发展持续吸引流量,带动餐饮、民宿、农林特产品等旅游消费,增强了佛山村的发展活力。

（三）数字治理"赋能"，拓展村民共建共享路径

在基层治理方面，佛山村通过数字赋能，村两委从直接管理者转变为规则制订者，有效链接起村两委和村民，形成"村两委导治、村民自治、平台数治"的"三治联动"格局，极大地提升了村庄治理水平。运行一年来，节约保洁、社工等费用 12 万余元，信访纠纷、治安警情等负面指标下降 10% 以上，村民为村集体发展提出意见建议 240 条，解决问题 116 个。在经济发展方面，"映季"网上商城用于销售村民种植养殖的农产品，时令蔬菜、跑步鸡等畅销产品供不应求，上线一年多来，共销售蔬菜 500 余吨、跑步鸡 2.2 万余只，销售额 600 万余元。"码上游"全域数字旅游平台使数字地图、乡旅体验、食宿预订等旅游服务一键即达，为刺激乡旅绿色经济发展打下了坚实的技术基础。一系列激励手段的综合运用鼓励了村民更多地为村庄建设、发展作贡献，最终实现"共治＋共富"的美好未来。

四、经验启示：将治理优势转化为发展效能

佛山村通过创新基层治理手段，将乡村治理的优势和活力转化为经济社会发展的效能和动力。坚持抓基层打基础，发挥党建引领作用，建立健全共建共治共享的乡村善治体系，为浙江省共同富裕示范区建设提供了村级先行经验。

（一）以基层治理创新为基础，激发乡村共富内在动力

佛山村在村党支部和村两委会指导下，由村民进行信息沟通、资源互补，实现了自我教育、自我管理、自我服务、自我发展的村民自治，是村民互助自治推动共同富裕体制机制的典型代表。一方面，农村基层组织的职能由管理型转向服务型，增进了干部与村民之间的沟通和理解，促成团结互助、和谐共进的良好关系，增强了农村基层组织的凝聚力。另一方面极大地增强了农民的互助意识和民主意识，有力地展示了农民在村集体事务中的"主人翁"地位，也提高了农民的自

我发展能力,促进了村民自治和民主管理,激活了乡村发展的内在动力,使得共同富裕建设实现可持续推进。

（二）以要素配置创新为手段,增强乡村共富效力

村集体资产是发展壮大村庄经济、促进农民增收、实现共同富裕的重要物质基础。根据全国农村资产清产核资的工作可知,农村集体资产大量闲置,其盘活开发的潜力较大。此外,随着产业转型和城镇化的快速推进,农村转移人口不断增加,这导致大量承包到户的耕地资源和农村宅基地空置。因此,佛山村紧抓宅基地和建设用地整治,实现土地要素整合优化,有效激活了闲置、分散的土地资源,为改善村民生活条件、推动农村经济发展发挥了重要作用。

（三）以经营方式创新为依托,释放乡村共富活力

传统小农经营规模小、成本高,无论是在农业瓜果种植业中,还是村庄民宿和游乐等服务业中,都容易引发恶性竞争,而不注重区域品质,从而影响整个地区的体验和声誉。佛山村通过引入乡贤投资,积极探索与省、市国有企业及其他战略投资者的合作机会,共同开发特色农业和旅游资源,培育一批具有品牌知名度的农产品和休闲旅游线路;广泛运用"互联网+"创新合作模式,鼓励乡村民宿与大型旅游网站建立稳定合作关系,拓展更多稳定客源和更大市场。建设数字化产业园,引导若干电商平台龙头企业、农产品批发市场、大型超市等采用"农户(基地)+合作社+企业+市场"模式在佛山村建设农产品生产、加工、物流基地;以直播带货、网上农博会、浙里汇等新零售渠道为主,创建线上线下相结合的新型农副产品销售体系。通过产业化、品牌化、数字化释放乡村共富活力,甚至与村村、村镇联动,从村村点火的经营方式发展为块状集群经济。

（四）以产业内容创新为推力,凝聚乡村共富合力

产业是乡村振兴的基础,随着"千村示范、万村整治"的不断深入,乡村基础设施和人居环境大幅提升,产业随之蓬勃发展起来,有力推

进了乡村振兴。佛山村地理环境多山，在"绿水青山就是金山银山"理论的指导下，着力实现环境优势向经济优势的拓展。找准充分发掘和利用自然风光、历史文化、红色底蕴等优势资源，并将其与生态农业、绿色工业和休闲旅游等特色产业的发展结合起来的产业赛道，走出一条"生态致富、惠民富民"的新路。做好"农、旅、文"融合，开发注重体验的休闲旅游产业，促进历史文化村落、民俗民风、生态景观、红色旅游的融合发展，进一步激发乡村创新创业热情，开发多样化产品，开拓乡村旅游市场。

五、发展建议：完善治理机制，促进产业整合

在调研中，我们注意到，基层治理促共富过程中存在创新实践内卷化、小农户种植产业碎片化和高成本化、数字乡村建设对接缺乏标准化等问题。具体而言，在基层治理组织结构上，村（居）委会扮演着"双重代理人"角色，既维护当地政府的意志，也代表村民的利益。近年来乡镇职责向村社下沉使得村（居）委会的角色更受制于政府，组织的科层化与功能的行政化趋势越来越明显，工作中各类填表、汇报、迎检、考核、评比活动的负担增加。在农民经营性收入增长方面，小农户农资和物流成本难以降低，涉农金融与保险支持难以到位，综合成本难以控制。农业技术的服务和督导难以获得，农户人力资本难以提升，产品质量难以保障。区域公共品牌和地理标志认证难以得到授权，市场信息和销路的多层中间商垄断难以破解，增值渠道难以拓宽。在数字乡村治理方面，目前基层和部门各自为政开发数字化应用产品的情况较为突出，数据统计口径不一致和时效性较差等状况导致村村、村镇和职能部门等其他单位实时互联有难度，数字化标准仍不健全，难以形成复制推广或借鉴建设模式。

针对这些难点和痛点问题，需要从为村务工作人员减负提质、对农业产业链进行整合、建设数字乡村标准体系等方面发力。

首先，应该坚持放权赋能，在人力、财力、物力上尽量满足村庄需要，保证"基层事情基层办、基层权力给基层、基层事情有人办"。坚持"治理导向"，培育在地化乡村基层组织力量，实实在在地为基层减负，制订社区权责清单以及基层工作事项清单，抓好抓实村两委会干部队伍为村民办事的质量。

其次，借助外部力量，创设"产业导向"的乡村平台，将一定区域内的众多合作社并联接入。改变农户群体内部的农民专业合作社处于治理偏弱、规模偏小、效益偏低的困局，打造农民群体与外部农业龙头企业、供销合作社等涉农实体的产业价值链。

最后，构建"对接顶层、服务基层"的建设标准体系。加强与数字化改革"1612"体系、未来社区建设导则的衔接，将基层数字化治理纳入新型公共基础设施建设范围，在村镇、市省级层面，建立数字化共享设施设备标准、服务标准和空间标准，并持续推出数字技能培训和适老化改造等，充分发挥"多跨协同、共建共治"的作用。

主要参考文献

[1] 郭占恒.推动山区 26 县跨越式高质量发展[J].浙江经济,2022(2)：11-12.

[2] 顾益康,张永梅.破解农民共同富裕之难的创新路径研究——以浙江省为例[J].湖州师范学院学报,2022(1)：1-6.

[3] 李辉.迈向党委统领的乡村善治：中国乡村治理范式的新飞跃[J].探索,2021(5)：92-102,189.

[4] 邓大才,走向善治之路：自治、法治与德治的选择与组合——以乡村治理体系为研究对象[J].社会科学研究,2018(4)：32-38.

[5] 郁建兴,任杰.中国基层社会治理中的自治、法治与德治[J].学术月刊,2018,50(12)：64-74.

[6] 张文显,徐勇,何显明,等.推进自治法治德治融合建设,创新基层社会治理[J].治理研究,2018(6)：5-16.

[7] 管兵,梁江禄.数字赋权的层级效用[J].浙江学刊,2022(3):14-24,2.

[8] 黄新华,陈宝玲.治理困境、数字赋能与制度供给——基层治理数字化转型的现实逻辑[J].理论学刊,2022(1):144-151.

[9] 纪志耿,社区治理"内卷化"的特征及突破[J].人民论坛,2021(12):73-75.

[10] 数字赋能基层治理的戴村探索[N].中国社区报,2021-08-20.

[11] 构筑"治理＋发展"的双螺旋模式数字赋能乡村振兴 萧山戴村有"三宝"[N].浙江日报,2022-03-15.

作者单位:浙江大学共享与发展研究院

第四单元
集体经济,股份共富

宁波市奉化区滕头村：
以集体经济促进全面共同富裕

江力涵

摘要：宁波滕头村依靠"一犁耕到头"的奋斗精神，始终牢记习近平总书记的殷切嘱托，坚持集体经济，并在原来的模式中努力推陈出新，走上了一条全面共同富裕之路。本文首先从滕头村三代领导班子对村集体经济的不同实践出发，来回顾滕头村的发展历程；随后从教育、医疗保障、环境、精神文明、资源共享等方面介绍滕头村的共同富裕内涵并非简单的经济增长和可支配收入增加，而是一直坚守"以人为本"的核心理念。之后，本文从发展理念、发展思路、发展模式、主要思想、集体精神等角度出发，总结了滕头村特殊的集体经济——为村庄适应多变的市场经济环境，发挥自身比较优势，在新农村建设中脱颖而出提供了必备条件；最后，本文强调集体经济的实践和创新来源于共产党的领导、生态理念的坚守和集中力量办大事的决心。

关键词：滕头村；集体经济；以人为本

提到共同富裕，一定绕不开浙江省宁波市奉化区的滕头村。多年来，滕头村依靠"一犁耕到头"的奋斗精神，坚持"党建统领、绿色发展、共同富裕"的全面乡村振兴思路，坚持集体经济，牢牢记住习近平总书记的谆谆嘱托，自觉把生态建设和发展作为奋斗方向，人均收入从1991年的1712元增至2021年的7万多元，提前30年实现全面小康的建设目标。近年来，这个小小的村庄相继获"全球生态500佳""世界十佳和谐乡村""全国文明村"等70多项国家级及以上荣誉，先后吸引了多位国内外领导人和政要莅临参观，成为浙江乃至全国的共同富裕示范区样板村。以滕头为案例，回顾滕头的发展史，总结和挖掘其发展经验，有助于我们推进中国特色社会主义新农村建设以及更深层次的共同富裕实践。

一、研究背景：滕头村集体经济发展历史回顾

滕头村的发展成果根源于傅嘉良、傅企平、傅平均三代党组织书记领导下的村两委班子对于村集体经济的坚持和努力。本文从滕头村的集体经济实践出发，将滕头村的发展历程分为以下三个阶段。

（一）发展以土地为基础的集体经济

滕头村的地理位置有点偏，它隶属于宁波市奉化区，位于鄞奉平原和西部山区的交错地区，三面环山，一面平原，剡江从村庄北部流过，离村中主要生产区有一定距离。这使得大雨难以排水，大旱难以引水，1951 年之前平均亩产仅 100—150 公斤。但艰苦的生产条件也培养了滕头人敢于吃苦的集体精神。

在土地改革之后，各地开始摸索集体主义带动农民发展生产的道路，其中滕头村的集体经济格外有声有色。1961—1963 年，时任滕头大队党支部书记的傅嘉良发动村民开沟挖渠，局部改善耕地条件以抵御小旱小涝，使得粮食亩产达到 350 公斤。尝到甜头后，傅嘉良开启了旷日持久的改土造田计划。滕头村的改土造田工作主要包括两个方面：一方面，因为滕头村的耕地与周边村的耕地犬牙交错，需要与周边村庄以地换地，来平整土地；另一方面，需要对耕地进行改造，在高挖低填的基础上，剥离肥土层后又重新铺填。从 1965 年起，傅嘉良便身先士卒，走邻村、下农田，连春节也只休息三天。为了集体的劳作，村里上到六七十岁的老人，下到刚上学的小学生，都加入了改土造田的运动中。到 1980 年，在改土造田的 15 年内，滕头村总计投入 43 万个工分，把原来的 1200 多块耕地改造成 200 多块"南北走势、大小一

致、高低划一、沟渠纵横、排灌方便"的高产良田,共计 810 亩,亩产达 1003 公斤,年粮食总产量达到 83.25 万公斤。即使 1981 年遭遇自然灾害,亩产也达到了 744.5 公斤,村集体经济随之壮大。

改革开放之前对耕地的集中改造,使得滕头人认识到了村集体经济的优点和重要性,这也为未来对集体经济的坚守打下了基础。

(二)发展市场导向的集体经济

改革开放给经济发展注入了新动力,面对宽广的市场机会,各地大力推行市场化改革,摒弃原有大锅饭的集体模式,发挥个体的主观能动性,进行新时代的村庄建设。但滕头村的改革却是"不彻底"的,仍保留了较大比重的集体经济。

20 世纪 80 年代初期,全国农村开始推行家庭联产承包责任制,即"分田到户"。但傅嘉良按照中央"宜统则统,宜分则分"的原则,选择了更加适合滕头的发展方式,即实施家庭农场的改革方案:将土地进行划分,但并非划分到"户"。这种承包方式是承包者直接向村集体大面积承包耕地,实行适度规模经营,以发展规模种植的方式让土地经营权回归村集体。为了推行该方案,村集体还成立机耕农机服务队,为农场经营提供配套服务。当时,市场化浪潮推动各村兴办村集体企业,滕头村也在村集体的支持下兴办起了服装、羽毛制品、皮革、金刚石、石材等一系列村办企业。为了坚持发挥集体经济的优势,1988 年,滕头村着手组建集农工贸于一体的浙江兴奉实业有限公司(后更名滕头集团),下设工业公司 18 家,农业综合开发服务公司五场一队,"三资"企业 6 家。这一时期,滕头村党委书记、滕头集团董事长、总裁三职由第二代领导人傅企平一肩挑,使得各产业的经营管理权高度融合并归属于村集体。

到了 20 世纪 90 年代末期,市场经济的冲击倒逼集团企业转型改制,不少村集体企业所有改为私人所有,这与滕头多年来坚持的集体化道路是相冲突的。1999 年,傅企平提出企业转制方案:凡属于资源型的，一律由村集体经营，推行目标考核管理；对重点骨干企业，实行股份制改造，由村集体控股，经营者持股；对小型微利企业，进行兼并、租赁或直接转制为个体私营企业；对亏损或者资不抵债，并且前景不理想的企业实行破产。滕头村通过释放部分村集体的经营权，保证了企业在转制后产权明晰，利润的刺激又进一步提高了企业的盈利能力，让村集体获取更高收益。

滕头村坚持的集体经济模式，是一种市场导向的集体经济发展模式。在市场快速变化的竞争环境中，滕头人尊重市场规律，敢于淘汰落后企业，释放经营权，解决村集体经济普遍存在的尾大不掉的问题。同时，滕头村发挥集体经济的资金和人力优势，逐渐走出了属于自己的特色经济发展之路。

（三）发展以生态经济为特色的新型集体经济

1977 年，滕头村在对山、水、田、林、路进行全面规划时，就提出以生态农业带动村庄发展的目标。在具体发展中，一面强调保护环境，另一面强调资源的有效利用，并逐渐形成以绿色经济为主题的高度融合发展模式。

20 世纪 80 年代后期，滕头村农业生产基本形成了五种间作、轮作模式，大幅提高了种植效率，并形成了部分农作物的立体种植模式。到 90 年代末期，滕头开始围绕生态经济形成三产融合、相互促进的发展局面。1999 年，滕头发展以生态旅游和观光农业为主题的乡村旅游产业，成为全国最早卖门票的村庄之一。游客多了，农户家里的农副产品也搭上了顺风车走向了全国各地。2001 年，滕头生态旅游示范景区成为全国首批 4A 级景区之一。2006 年，滕头景区接待游客76.2 万人次，旅游综合收入 4500 万元。乡村旅游业的蓬勃发展间接带动了工业发展，2005 年新开辟的滕头经济园区引进村外企业 30 家，主推低碳环保项目，当年集团工业总产值达到 12.6 亿元。2010 年 4 月，滕头—溪口景区正式成为国家 5A 级景区。同年 5 月，滕头村成为全球唯一入选上海世博会的乡村案例馆，生态经济的名气进一步提升。之后，滕头村逐渐在全国范围内创建苗圃种植基地，2015年又承接政府对于保密纸的需求，组建滕头祥和纸业有限公司，并搭建纸板产业链。纸业公司成立仅一年，产值就达到了2.5亿元，成为中国循环经济产业发展中心会员单位。

在此期间，滕头村集体经济同样有了新发展。滕头集团及核心企业开始吸引外来人才担当要职，目前滕头集团除一把手之外的其他核心成员大都不是滕头村人。在不断的转制转型过程中，滕头在保障集体经济不受冲击的前提下，不断吸收社会资本加入，除农业公司、旅游公司等企业的产权完全归集体所有以外，村集体占爱伊美公司48%的股份，占其他核心企业，如园林、房地产、包装厂等公司51%股份。市场化的环境推动滕头对村集体经济进行创新。除了在核心企业的控制权和村集体收益的分享权上仍保留村集体经济的影子，滕头村更习惯用日趋专业化、市场化的模式来促进滕头经济的发展。

二、主要做法：以集体经济促进滕头共同富裕

滕头村在追求共同富裕道路上的多年实践不但致富一方百姓，更为中国特色社会主义新农村建设探索出具有普遍意义的村集体经济实践经验。

（一）一以贯之的发展理念

滕头村有限的资源条件造就了滕头人对资源和环境的重视。在具体实践中，第一任党组织书记傅嘉良强调提高土地的利用率，第二任党组织书记傅企平强调构建生态农业和绿色经济，第三任党组织书记傅平均则强调打造和传播生态理念。一以贯之的生态发展理念，避免了在内外部条件发生改变时对资源配置造成的损失和浪费，拓展了资源利用的宽度，这不但使得滕头在国内大部分地区大搞粗放型发展时就脱颖而出，而且也源源不断地为滕头带来了多种资源和商机，把

滕头打造成了一张长效的生态文明名片。村里的生态建设发展拉动了乡村旅游业的发展,第三产业的发展增加了农副产品的销售量,滕头村的名气响亮了,其他产业也随之发展起来了。滕头人多年对于绿色经济发展的坚持,使得对生态理念烙印在了每个滕头人的心上,这也是支持滕头村未来持续健康发展、走向更深层次共同富裕的内在动力。

(二)因地制宜的发展思路

滕头村的三任党组织书记虽然做事风格有差异,但有一个共同点:一旦国家领导人有重要讲话或者党中央国务院出台新的政策,他们就会要求领导班子成员反复学习,这造就了他们的共同特点:既了解政策,又了解如何把政策和滕头的实际情况相结合,从而选择更加适合滕头发展的方式。

在 20 世纪六七十年代,为了提高土地的利用率,傅嘉良提出了利用田头渠边垒土成墩来栽植橘树,但公社的领导认为应当"以粮为纲",栽种橘子属于资本主义的尾巴。而傅嘉良则认为,毛主席说的"以粮为纲",后面还有一句"全面发展",种植果树是更加全面正确地理解毛主席的指示。[①] 后来在多方磋商下,滕头终于栽种起了橘树,大幅提高了土地的利用率。80 年代,不断有地方领导提出,希望滕头把周边几个村兼并起来,学习当时声名远播的华西村。傅嘉良和傅企平进行实地调研和认真思考后,决定一切从实际出发,不要冒进。滕头村最终选择对周边村进行帮扶,而不是"兼并"。这种因地制宜的思维方式,使得滕头坚持自己所长,以灵活的方法和积极的策略应对不断变化的政策和市场环境。

(三)市场导向的发展模式

坚持集体经济但又不吃大锅饭,是滕头村与众不同的地方。面对

---

① 白永秀,任保平,何爱平,等.国共产党经济思想 90 年[M].北京:人民出版社,2011:286.

市场经济,滕头村从一开始就不想成为包罗万象的庞然大物,而是立足于自身有限的资源和优势,保持着敢于壮士断腕的勇气,在不断深化的市场竞争中确立自己的比较优势。适应市场、尊重市场,强调在市场经济下实现更加专业化的分工,保持灵活的产业结构,建设市场导向的发展模式是滕头村集体经济成功的秘诀。21世纪以来,滕头在绿色生态、绿色经济上的名片效应开始显现,村集体主动调整发展思路,发挥绿色产业的比较优势,打造生态旅游、参与绿色奥运、推广生态酒店、引进环保企业,将滕头的名字与绿色更加紧密地融合在一起,不断打开了村庄发展的新局面。

(四)取民用民的主导思想

滕头村的发展目标永远不是漂亮的统计数字,而是为了持续改进村民的生活条件,做到取之于民,用之于民。滕头集团在发展中,始终坚守一点,就是凡是赚钱且具有垄断性质的企业,集体必须占大头。这保证了村集体强大的经济实力,从而保障了村庄各项经济建设和乡村社会发展,尤其是村民福利。

提升村民整体福利的另一个表现,就是增强了村民对于滕头的归属感。绿色经济是滕头的招牌,它成为吸引和留住人才的重要砝码,使滕头的经济发展有强大的溢出效应。在市场化改革的浪潮中,作为偏僻村庄的滕头原本可能受到城镇化进程的巨大影响,但从1991年到2020年,滕头村的人口反而从781人增长到895人,增幅达14.6%。目前,常年居住在滕头村的外来务工人员已有1000多人,占据滕头村常住人口的大多数,这些人大部分都在奉化开发区和滕头开发区工作。为了提升这个人群的福利水平,滕头村会给予他们在租金上的优惠,并且在水电、物业、教育等方面提供和滕头村民相同的待遇。发展不忘群众,是滕头村可以持续保持活力的内在保证。

(五)吃苦耐劳的集体精神

滕头村的集体精神有"集"中,有整"体",是敢于冲锋的"集",是力往一处使的"体"。20 世纪 80 年代,为了推进发展家庭农场的改革方案实施,傅企平自告奋勇带队承包最远、条件最差的耕地,却实现劳动者年平均收入超万元的成绩。为了推进滕头科技企业——人造金刚石厂和有机氟制品厂的发展,傅嘉良和傅企平又带领领导班子四处联络人才和设备,曾在火车上度过两个大年夜。滕头村的集体精神是普遍的,普遍在于滕头人坚持并且愿意团结在核心领导的周围,克服发展路上的一道道关卡。滕头村的集体精神又是特殊的,特殊在于滕头集体资产的扩张,不是依赖于对村民个人资产的侵占,而是强调集体资金与个人资产的分享,强调在个人为集体服务的同时,发挥个人的主观能动作用。集体中有个人,个人中有集体,是滕头村的精神内核。

三、实践成效:滕头村形成以人为本共富成果

经过三代领导班子的不懈努力,滕头村在共同富裕的道路上收获了丰硕成果,深刻践行着"这里没有暴发户、贫困户,家家都是富裕户"的宗旨。但在滕头,共同富裕并不是简单的村集体经济增长和村民可支配收入增长,而是具有更加丰富的内涵,而这内涵的实质就是一直坚守的以人为本的理念。

(一)教育

滕头村对于村民教育一直保持着足够的重视,努力创造条件为村民提供免费或优惠的就学条件。1988 年,村里筹资 15 万元新建了一所小学,并逐步增加投资和教育设施建设,在全村低龄儿童内实行免费教育。1990 年,滕头村设立"育才教育基金",用以在"振兴滕头勤奋教育表彰大会"上奖励勤奋教育的好园丁、德才兼备的好学生和教子有方的好家长。1993 年,滕头村在《村规民约》中规定,对考上中专、高中和大学的学生给予 200—500 元的奖励。2003 年,又将考上大学的奖励提升至 2000 至 1 万元;考上研究生再奖励 1 万元。2006 年,对硕士和博士的奖励提高到 5 万元,即使是考进电大、函授大学的学

生,毕业后全部费用也由村集体报销。除了这些硬性的规定,针对村内有困难的家庭,村集体会报销其子女所有的求学费用。到目前为止,滕头村已经培养出 2 名博士研究生,15 名硕士研究生和近百名大学本科生。

（二）医疗和保障

滕头村同样注重收入分配。村民自出生起就有每月 1500 元的福利,即使有了劳动工资也继续发放,这意味着,一个三口之家一年有近 6 万元的收入。对于退休的村民,不论男女,每人每月最低可以领取 3500 元的退休金,养老保险都是由村集体上缴,对于生病的村民则提供免费医疗。

当村集体拥有一定富余资金后,滕头村首先想到的就是改善村民的住房条件。1979—1990 年,滕头村投资 311 万元,统一建设第二代住房,人均居住面积达到 35 平方米,户前皆有长方形庭院,经费则由村集体补助和村民旧房折价解决。1998 年,滕头开始兴建村内别墅。别墅分 196 平方米、230 平方米、360 平方米三种类型,人均居住面积超过了 80 平方米。村民只需要相应出资 8.5 万元、9.5 万元和 17 万元就可以购买,其他由村集体补贴。这几年,为了满足时下的居住需求,滕头村又开始兴建第四代住房——复式公寓套房。

（三）环境

优异的居住环境可以增强村民的认同感,也可以吸引外来居民加入。滕头村的领导班子多年来始终将村民的居住环境摆在重要位置,相关的环保意识领先 10 至 20 年。

1993 年,滕头村成立了全国第一家村庄环保委员会,对污染采取零容忍态度,几年内否决了 50 多个污染项目落地。同年,滕头村以村规民约的方式专门制定了《爱国卫生管理条例》,2002 年又出台了《保护生态环境和加强卫生管理实施细则》,使得自觉保护环境的理念很早就深入人心。为了进一步强化村民的环保意识,村两委会组织干部和村民代表去环保做得好和做得不好的村庄实地考察。1999年，滕头建起了全国首个村级环境空气质量监测站。目前滕头村绿化覆盖率达到67%，已经实现了雨污分离、污水联网，并逐步推进光伏发电，相关费用都由村集体全部承担。1993年，滕头村获"全球生态500佳"光荣称号，成为当年中国唯一获得此项殊荣的单位。2003年，傅企平获得了全国绿化委员会颁发的"全国绿化奖章"。2008年，滕头作为唯一的村级单位获得中国环境保护领域最高奖项——"中华环境奖"。

（四）精神文明

滕头有句流行语，叫"口袋富不算富，脑袋与口袋一起富，才是真正富裕"，而这也与共同富裕的内涵不谋而合。早在1982年，滕头就制定了以"奔小康、育新人、树新风"为目标的文明村创建规划，提出了从生活、身体、精神、文化和经济建设等多维度进行整体建设的要求。1995年，又发动全体村民制订"滕头人形象"八条标准：热爱祖国，关心集体；遵纪守法，维护公德；积极劳动，尽职尽责；相信科学，移风易俗；尊老爱幼，家庭和睦；团结友爱，礼貌待人；保护环境，讲究卫生；艰苦奋斗，建设滕头。精神文明建设有效地促进了村庄治理和村民自治，2005年，滕头村被评为"全国文明村"。

同时，滕头村还致力于提高村民的整体素质。早在1992年，滕头村就开始在村住宅区西侧建设图书馆。1997年，图书馆正式挂牌，面积有100多平方米，收集各类书籍1万多册，20余种报纸杂志，内有电子阅览室，供村民了解和掌握最新经济政策信息。2018年，为了进一步满足老年人口对于活动的需求，滕头又成立老年基金会，负责本村文体和老年协会的开支，满足老年人的精神需求。

（五）资源共享

除了满足自己的需求，滕头村还带动周边和欠发达村庄共同致富，努力实现更大范围的共同富裕。2008年后，滕头园林公司集中资源优势，在多地建立种植基地，推广种植技术。这帮助不少贫困地区更新发展观念,形成新的造血系统,良好的生态环境促进了当地旅游业的发展,还承办了山地自行车比赛等项目。同时,滕头也跟十几个欠发达村庄结对扶贫,傅企平和傅平均多次访问结对村庄,为其送去了捐款和发展经验。2020年,滕头村累计捐赠金额超9000万元。

2015年,在宁波市、奉化市领导的指导下,滕头村党委主动联合周边四村成立区域党建联合体,在不改变村庄边界、不增加管理层级、不违背各村意愿的前提下,立足滕头党建、经济、生态、民生的发展优势和辐射功能,带动周边四村共同发展。随后,滕头村党委书记傅平均又在此基础上,组建"区域经济联合体",联合周边村庄合力打造全域旅游,实现"田园变成公园,乡村变成景区,民居变成民宿,农产品变成旅游产品"的目标。2019年,滕头打造生态民俗美食园,免费向公众开放,重点展示具有奉化特色的传统小吃,挖掘潜在的奉化美食产业。同时,抓紧与网易等电子商务平台合作,线上推动农副产品销售。

四、发展建议:发挥集体优势,发展绿色经济

(一)集中力量办大事

"坚持全国一盘棋,调动各方面积极性,集中力量办大事"是我国国家制度和国家治理体系的显著优势之一。在滕头村的土地上,滕头人坚持的集体精神就是集中力量办大事的优秀体现。在未来的建设中,首先,从宏观上继续坚持强大的村党组织核心。滕头村党委应继续在工作中发扬吃苦耐劳、争做先锋的品质,在重要岗位的选择上保持任人唯贤、不避亲疏的标准,让村民愿意并相信领导班子,增强村集体的凝聚力。其次,从制度设计上充分发挥个体的能动性。兼顾企业股权结构的稳定性和利益分配的灵活性,将个体收益与企业收益挂钩,主动发挥谁创造谁获益机制的激励作用,保证村民工作的积极性和创造性,充分克服集体经济的不足之处。再次,从目的上更深层次地参与市场经济,丰富共同富裕的内涵。在市场竞争中努力寻找并深

化滕头村的竞争优势,将经济成果用于保证教育、医疗等资源得到公平的共享,搭建未来社区,以实现服务村民信息化、科技化,提升村民的生活档次。

(二)绿水青山就是金山银山

"绿水青山就是金山银山"理念深刻剖析了经济与生态持续发展的耦合关系。滕头对于生态经济的践行,推进了旅游业的发展,又反哺绿色农业和绿色工业,实现产业融合发展,进而促进了整村步入全面共同富裕。在未来发展中,滕头仍需专注于自身的生态优势,发展"专精特新"企业。围绕生态建设、农村生态旅游,探索更深层次的产业融合;突破村庄边界,形成多村庄优势互补、相互促进的发展格局。同时,借助滕头控股集团,积极发挥资金优势,参与更广泛的社会建设与分配,这不但是现在,更是未来滕头发展的长足动力。

(三)坚持共产党的领导

滕头村能有今日的成绩最根本的原因就是坚持中国共产党的领导。1994年,滕头村成立了党委,这对一个村庄而言是罕见的。到90年代中期,滕头村党组织就确定了"三先"原则,即凡是要求村民做到的,党员干部首先做到;凡是要求党员干部做到的,党委成员首先做到;凡是要求党委成员做到的,党委书记首先做到。同时,确立了"五抓五不忘"基本路线,即抓物质文明,不忘精神文明;抓工业,不忘农业;抓先富,不忘共富;抓改革开放,不忘党的建设;抓经济发展,不忘保护生态环境。多年来,正是因为滕头党委班子始终注重学习、吸收和创造性坚持和运用党的路线方针政策,把各项政策落到了实处,才有如今的发展成绩。未来应当更加积极建设党组织,将党的精神和理念深入到村的各个阶层,让村民树立起过上好日子的共同信念,团结起村民跟党走,以党风引领和促进村风、民风和家风建设,从而进一步构建和谐美好的滕头村。

台州市玉环市干江镇：
"股份众筹"赋能乡村蝶变的共富之路

郑　芳　吴婷莉

摘要：玉环市干江镇因地制宜，因势利导，推陈出新，传承弘扬股份合作内在机制，创造性地尝试"股份众筹"，集众人之资、众人之智、众人之力，以产业发展为重点，推进乡村振兴，壮大村集体经济，助农增收致富，可圈可点。这条村民共同富裕新路子，经由玉环市干江镇探索实践，被证明行之有效，初结硕果，堪称共同富裕的"干江模式"。依托独特的海岛环境与海洋区位优势，干江镇争创全省产村融合示范区，以产带村，以村促产，打造新时代产村融合示范乡村，紧扣"政府有形之手、市场无形之手、群众勤劳之手"同向发力，创新建立"村集体＋村民、村集体＋村集体、村集体＋专业公司"等多种股权结构模式，推动村民向"股民"转变、村庄向景区转变、资源向资产转变，让村民与村集体利益共享，形成上下同心共同推动家乡发展的新局面。为避免重复建设和恶性竞争，各村走差异化发展路子，分别实行多家合作和互补战略。针对新模式发展中产品可持续性欠佳、重工程轻文本、农村整体基础设施相对薄弱等问题，提出共同富裕固化路径，即强化品牌塑造，优化资源配置，深化产业融合。"干江模式"实现迭代升级，最终把广大农民对美好生活的向往化为推动乡村振兴实现乡村蝶变的动力。

关键词：干江镇；股份众筹；集体经济

一、研究背景:打造股份众筹试点样本,绘制共同富裕蓝图

社会主义的本质要求是共同富裕,"三农"问题更是关系国计民生的根本性问题,实现共同富裕,乡村振兴是重要保障。2017 年 10 月 25 日,习近平总书记在十九届中共中央政治局常委同中外记者见面时强调:"全面建成小康社会,一个也不能少;共同富裕路上,一个也不能掉队。"①实现"一个也不能掉队"的共同富裕,就是要聚焦社会主要矛盾的新变化,通过推动高质量发展,不断推进全民共享与全面共享,最终实现全体人民的共同富裕。随着农村集体产权制度改革向资产股份权能改革的纵深发展,共享脱贫攻坚和乡村振兴成果格局基本形成,拓宽了农民的致富渠道,提升了农民的精神风貌,打造了生态宜居安定和谐的美丽乡村。2022 年政府工作报告提出,要坚持以人民为中心的发展思想,依靠共同奋斗,去扎实推进共同富裕。促进共同富裕是新时代的必然要求,过上好日子、实现共同富裕是广大人民群众的热切期盼。步入新发展阶段以来,我国内外环境发生了深刻变化,必须走上高质量发展之路。

中共中央、国务院于 2018 年印发的《乡村振兴战略规划(2018—2022 年)》提出,需要深入推进农村集体产权制度改革,发展多种形式的股份合作。股份制作为最近数百年来,"活"得最长久、最有效的经济组织形式,得益于人民群众的首创精神,股份合作制曾为玉环市完成原始积累,作出了不可磨灭的历史性贡献,从资源禀赋岛屿,迈向东南沿海经济百强县,打下民营经济厚实家底。随着 2018 年全国第三批农村集体产权制度改革的东风吹遍大江南北,"农民持有财富"的模式,更是让股份合作制发源地之一的玉环市悄然发生着改变。

① 中共中央党史和文献研究院.习近平扶贫论述摘编[M].北京:中央文献出版社,2018:23.

玉环市干江镇因地制宜,因势利导,推陈出新,传承弘扬股份合作内在机制,创造性地尝试"打硬股 2.0 版",集众人之资、众人之智、众人之力,以产业发展为重点,推进乡村振兴。"4951"模式首先在干江镇上栈头村探索践行,村民变股民,资源变资产,村庄变景区。而后"股份众筹"机制,在干江镇的其他村落蔓延开来,实现乡村共同富裕。近年来,干江镇走上通过"村集体(51%)+村民(49%)股份合作制""工商资本投资、村集体每年 3% 分红合作制""多村联建、股份均分"等多种创新的共享共建模式去实现乡村振兴,助农增收致富,壮大集体经济的轨道。玉环干江农村综合改革集成建设项目"海湾明珠、乡村乐园",更有中国版"乡村迪士尼"的美誉,依托独特的海岛环境与海洋区位优势,玉环市干江镇争创全省产村融合示范区,聚集"加快乡村产业融合发展、建立创业平台股权制度、提升镇村公共服务水平、美化湾区村庄宜居环境"四个重点内容,以产带村,以村促产,以实现"产业兴旺、乡风文明、生态宜居、治理有效、生活富裕"的乡村振兴总目标,为壮大浙江海洋经济,探索富有特色的湾区渔农村综合改革集成建设新机制、新路径提供重要的共同富裕先行先试方案。

二、主要做法:以"干江模式"为支点撬动乡村振兴共同富裕总目标

社会主义经济制度的两条主线,发展的效率和分配的公平,是发挥社会主义基本经济制度优势,促进共同富裕的两大工作重点。"共同富裕要迈出坚实步伐,就意味着在'做大蛋糕'的同时要'切好蛋糕',这是浙江'共同富裕示范区'建设应有的使命。"以"股份众筹"的方式,集村民之资,统一使用,兴办文旅项目,赚来的钱按持股比例分红,增加村民资本性收入。这条村民共同富裕新路子,经由玉环市干江镇探索实践,被证明行之有效,初结硕果,堪称共同富裕的"干江模式"。

(一)"干江模式"1.0:有条件推广"4951"模式

2018 年以来,干江镇上栈头村最先探索出了"4951"模式,村民变股民,大家"股份众筹"发展乡村旅游业,最后将村里的资源变资产,村庄变景区,重要的是,村民的腰包鼓了,走在致富之路上,谁都没有落下。"股份众筹"机制,瞬间在干江镇的其他村落蔓延开来,为实现乡村共同富裕,他们贡献了独一无二的"干江样本"。"村集体+"的利益分配机制,实现了绿岛蓝湾也是金山银山的美丽蝶变,给村民带来实实在在的红利,"股份众筹"模式的热力因此得以激发。此次"股份众筹"改革,一致同意将 49% 的股权,平均分给愿意参股的每个村民,同村同权,一人一股,充分保证"共同富裕"。

利用"村集体+村民"利益联结"4951"共富模式,上栈台村投资建设的全国首个滨海玻璃吊桥率先成功。2019 年 4 月 15 日,上栈头村第一期分红 200 万元,共 980 位"村民股东"拿到了 98 万元的分红。随后仅不到半年时间,该村将分红不断投资,旅游项目从 1 个增加到 10 多个,总体投资 3000 多万元。古村在新兴的旅游产业中"苏醒",实现创收 600 多万元,时光隧道、高空缆车、神舟飞碟、VR 影院等多样的旅游业态,多样化的休闲娱乐项目在村里逐一落地,其中包括可视、可听、可体验的红色旅游阵地。2020 年和 2021 年,每位"村民股东"得到分红 1000 元和 1100 元。一花独放不是春,百花齐放香满园。干江镇充分尊重村民意愿,因势利导,在更多有条件的村推广"4951"模式。这一模式目前正在干江镇的多个项目进行复制推广,干江镇的其他村庄纷纷实行"股份众筹"机制,一同致富。"村集体+工商资本"利益联结模式助力炮台村的滨海高空玻璃漂流项目落地;垟坑村的荷塘主题乐园相继建成投入市场;滨海村的"野奢一号"、白马岙的"理想村"、炮台村的开元"一然村"、垟坑美食村等干江镇引进的工商资本投资的旅游项目,采取村集体每年收取项目营业额 3% 的非固定收益的合作模式,实行村集体与投资商共担风险、共享收益。此外,"村集体+N 个村集体"共建运营公司引进的滨海观光道及滨海小火车项目涉及的多个村庄联合,共享股份收益,实现人人配合,信息共享,参与规划,齐心办大事的成效。

(二)干江模式 2.0:探索实施"4060"模式

进入新时代,干江镇在走文旅融合实现共同富裕的路径上,聚焦乡村振兴战略实施,打造共同富裕示范镇,深化"4951"模式,成立文旅集团,实施"共富飞地"项目,串联各村旅游资源,建成更多跨村旅游项目,以旅游项目促增收。近年来,干江积极引进文旅产业项目,与上海"乡伴"、杭州"无华"等集团的合作正稳步推进,"花迹•那边"精品民宿、党群院落旅游业态功能区等项目也在紧锣密鼓进行中。此外,干江还积极推出特色文旅活动,打造旅游品牌,如每年一次的跨山越海活动、摄影大赛,国庆节推出的渔乐好运节等,将滨海小镇的美好娓娓道来,提升乡村旅游业内涵。

迭代升级共同富裕"干江模式"。干江镇及时推出 2.0 版——探索实施"4060"模式,即以镇经济发展公司占股 40%、15 个村各占股 4% 的股权比例,成立玉环干江悦来文旅发展集团有限公司,实施"共富飞地"项目,成片连线培育具有干江特色的全域共富产业带,集团通过专业化运营,全面提升景区品质与服务能力,打造丰富的文旅周边衍生品,做出干江文旅 IP,做足全域旅游文章,惠及更多村庄。2022年 3 月,玉环干江悦来文旅发展集团有限公司成立,破解了村集体经济发展难题,将小盆景串成大风景,优化资源整合,在现有旅游环境做大、做强、做品牌、做集团的思想下,大力建设干江滨江乡村旅游休闲度假区,力争创建国家 4A 级旅游景区,通过 A 级景区村建设、服务基础设施提升等举措全面提升村庄基础环境,按照"宜居、宜业、宜游"的标准,建设和提升镇域环境,打造海湾乡村的美丽气质。

(三)干江模式 3.0:改革分配制度,成立共富发展基金

"干江模式"1.0 和 2.0 版都是在做大蛋糕,促进共富布局和发展。

促进共同富裕,关键是如何在做大蛋糕的基础上分好蛋糕。分配制度是社会经济制度的重要组成部分,是所有制在分配关系上的体现。实现共同富裕的根本是发展经济,但分配制度也事关重大。干江模式2.0版已付诸实施,3.0版也呼之欲出,因此,改革分配制度,成立干江共富发展基金,为干江共富建设提供更好支撑,势在必行。共富发展基金可允许其从全社会筹集资金,可通过法定购买和自愿投资相结合,建立人人投资、共享共富的基金收益机制,并制定相关法规和配套政策,一部分用于共富项目投资,一部分用于低收入农户补贴及入股本金的发放。开发"数智干江共富发展平台",在村情运行、智慧村庄、智慧农业、智慧旅游、数智园区等"N 个智慧场景"中实现应用,村级以上栈头未来乡村省级试点建设为重点,镇级以滨港工业城数智园区打造及全域旅游智慧化平台为重点,全力打造数智支撑下的共富发展平台,打造城乡整体智治"干江模式"。

三、实践成效:创新模式不断推进经济、社会、环境融合发展

一是经济效益得到提升。随着"海湾明珠、乡村乐园"的良好形象日益凸显,已陆续投入运营的几大项目成了引爆乡村旅游业发展的重要引擎,不仅吸引了四面八方的游客深入村庄观光旅游消费,而且极大盘活了当地的土地资源,提升了村集体经济收入和村民收入。据统计,乡村乐园等几大主题乐园自开放运营以来,共接待游客 200 余万人次,拉动社会消费 6000 余万元,其中门票收入约 3000 万元。各项目村村集体经营性收入达 2500 万元,同比增长 120%,债务化解率达51%;农民人均收入达 3.88 万元,同比增长 8.8%;村民股东年利润回报率在 55% 以上。目前,村民集资金额达 1300 余万元。发展滨海风光游、田园体验游等旅游项目,培育"农业+""工业+""旅游+""文化+""养生+""体育+"等新型产业,2021 年,全镇固定资产投资增加

11亿元,达到22亿元;现代农业、数字农业基本普及,农业总产值达到6亿元;全镇旅游综合收入达1亿元;可引进规模以上企业130—270家、小微型企业390—580家,提供就业岗位2.2万—3.3万个。

二是社会效益日渐凸显。得益于培育玉环市乡村社会经济发展新模式,以及迅速增强的示范区的集聚效应和辐射功能,干江镇的基础设施得到了进一步完善,主导产业进一步壮大,人民群众的生活幸福感进一步提升。各个村级项目竞相投入运营,不仅创造了当地村民就地就业的机会,提供了数个就业岗位,还吸引了大批青年返乡创业,进一步带动了乡村振兴的人气和士气。村民在抱团探索共富之路过程中,增进沟通、加强联系,党群干群关系、邻里街坊关系更加和谐有序,潜移默化中加强了乡村社会治理效能。新时代美丽乡村全面建成,并逐步向全域景区升级,滨海景观带的建设,对大众创业、万众创新起到积极促进作用,形成"工业强、农业新、旅游广、贸易多"的产业深度融合模式,并带动了周边乡镇的发展。

三是生态环境逐步改善。以创建省级农村综合改革集成示范区为契机,玉环市示范区将真正实现"让乡村看得见山、望得见海,记得住乡愁",全镇新时代美丽乡村、美丽公路、美丽庭院、美丽农家等工程全面建成,各村"盆景"串点成线,以滨海生态旅游区为抓手,依托海岸线优势,砥砺奋进,守正创新,将下栈头、上栈头、炮台、白马岙、断岙等沿海村庄串联建设,全力打造滨海景观带。连线成面,建设立体化乡村旅游线路。海岸线生态环境得以全面保护,海洋生态系统维持平衡。项目建设将生态理念贯彻始终,坚持在"保护"的基础上修缮建设。投资500余万元开展炮台村传统村落保护、上栈头村渔家风情、美丽庭院修建等工作,突出海岛村庄庭院的观赏性和经济性,根据"经久耐用、简洁质朴、海岛特色、就地取材"的原则,打造一院一景、一院一韵的美丽村庄。投资2000余万元,完成炮台村至白马岙村沿海区域山林和海岸带整治工程,修建防护堤380米,步行道1.2公里,拆迁房屋3000余平米,整治地质灾害点2处,整治沙滩8万平方米,极大地改善了区域环境。

四是创新经验获得检验。"干江模式"在推进过程中，始终以"共同富裕"为目标，探索着乡村振兴之路。"打造利益共同体"成为干江镇在不断实践摸索中找寻到的一个方向。利益和谁联结？利益如何联结？干江镇顺着这个思路不断深挖，在充分征求村民群众意见，发挥村民群众集体智慧的基础上，创新提出"5149""村集体＋村民"集资模式，即村集体出资51％，村民集资49％。上栈头村率先实行"5149"模式，迅速解决了玻璃吊桥建设初期600多万元的启动资金难题。众人拾柴火焰高，成为股民的村民自发主动参与到工程建设，高效推动了项目进程。玻璃吊桥一炮而红，半年多时间，上栈头村因门票等收入分红200万元，980位"村民股东"分红98万元，这又进一步增强了村民共建家园的信心和决心。"5149"模式也成了上栈头村民和村集体利益捆绑的标准公式。在"上栈头模式"的基础上，垟坑村根据当地实际，进一步优化模式，创新提出集体占股51％，村民自由认购49％股份的"垟坑模式"，获得村民普遍认可。从实践中提炼经验，到实践中检验经验，干江镇探索创新的"村集体＋村民"利益共同体的共富经验也成为乡村振兴"玉环经验"的有力延伸。

四、经验启示：探索新模式，争创农旅结合示范区

（一）坚持党建引领，四治合一促改革

玉环市干江镇以农村党建工程为载体，在全镇布局"一路一带一城"党建示范带，推动党建＋项目建设、党建＋环境提升、党建＋社会管理、党建＋服务平台等项目建设，着力助推美丽乡村建设、环境卫生整治、社会治理网格建设、美丽村部建设等工作，使党建成为乡村振兴的核心引擎。以"有限党建，无限服务"为思路，规划了一幅党建与当地发展相融合的蓝图，将党建工作融入乡村发展的方方面面，成效显著。

让干部带动群众,积极发挥基层党组织的凝聚力和战斗力,村两委班子的凝聚力和战斗力,是"股份众筹"运作文旅产业项目获得成功的坚强保障。"干江模式"中,有一条经验特别重要,就是通过发动村干部、致富能人,为有意向参股但无力出资的困难户垫资入股,解决了一村一地"先富带后富,最终实现共同富裕"的路径难题。村两委成员尤其是一把手,必须是强担当、有智慧、乐奉献的"能人",才能带领村民走出一条可持续的共同富裕路子。基层自治、法治进一步强化,引导群众维护生态环境,创建美丽庭院,热心公益服务。让乡愁带动文化,深入挖掘孝德文化,发挥文化礼堂、党建院落功能,形成爱国爱家、和善向上的乡村文明新风尚,以乡风文明建设提升自治与法治的效能。以"互联网+乡村治理"的模式,强化基层党建,持续提升乡镇干部眼界和能力,打造智慧农业、智慧旅游、数字田园,推动乡村治理升级智治。通过自治、法治、德治、智治的有机结合、相互衔接,最终实现乡村治理现代化。

(二)加强多方聚力,美丽建设有保障

实施美丽城镇建设战略,资金投入是重点,是关键,也是难点。多渠道资金保障投入,为干江镇各村推出"股份众筹"改革带去了发展信心,创造了基础条件。资金筹措按照政府引导、多方聚力的模式,以市场化、企业化运作方式进行管理,其中公共基础设施项目建设以政府公共财政投资为主;其他建设项目以村民自筹、招商引资、龙头企业牵头为主,同时积极申请各级财政补助资金和开拓多种融资渠道。因巨量的乡村振兴资金投入,打通了共同富裕的通道,创造了美丽建设的条件。第一,乡村振兴,政府是最有力后盾。除了积极争取财政专项资金,干江镇还每年安排500万元专项资金集中推动乡村振兴工作,主要用于道路、路灯、停车场等配套设施建设。同时,乡镇还广泛对接农水、住建、旅游等多个职能部门,力争实现政策互补,发挥资金整合优势,体现集成效应,连续投入3年后,投入资金达1500万元。第二,抱团发展,共建共享是最有力保证。干江镇创新提出"5149"利益联结机制和共建利益共同体建设,组织共建、资源共享、产业共创、项目共谋、活动共办、问题共解,打造多方利益联动共同体,"一村一品牌"壮大村集体经济,广泛鼓励村民、村集体等群体组织开展共建共享合作模式,合力促进村集体经济、农户家庭经济、农民合作经济发展,激活了沉睡的乡村。第三,项目融资,工商资本是最给力途径。坚持多种所有制经济共同发展,加强培育农村各种所有制经济组织,鼓励农民、村集体、工商资本开展共建共享的合作经营,也就是说大力招商引资吸引外来资本注入这一手段必不可少。干江镇会同项目村经过多轮谈判筛选,先后引入上栈头"三悦里"文旅项目、滨海村"花迹那边"民宿、白马岙"理想村"、炮台"一然村"等多个工商资本助力项目,进一步丰富了融资渠道。

（三）统筹要素资源,集成示范促发展

推动农村资源资产转化对于实现共同富裕意义重大,农村资源丰富,但有很多尚未唤醒或完全唤醒,亟须进行深度挖掘,形成包括自然资源、非物质文化遗产等在内的最广泛的生产资源要素体系,推动农村产业发展和经济持续增长,夯实农村共同富裕的基础。干江镇党委、政府成立镇级乡村振兴办公室,这是台州市的首创,在全镇范围内推进"股份众筹"改革,充分发挥政府引导规划,集聚要素资源,盘活闲置资产,走要素集成路径。干江镇依山傍海,旅游资源、山林资源、渔村资源、农房资源、红色资源、土地资源、农村剩余劳动力等闲置率较高,盘活这些农村生产要素,可以全面推进"美丽乡村＋"系列。

首先,从实际出发进行农村集体产权股份合作制改革。依法赋予村集体产权抵押、担保、流转等权能,开展承包土地经营权、集体林权、农业类知识产权、村集体经营性资产等流转交易。建成集合市、镇、村三级联动的农村产权交易平台,组建农民合作经济组织,密切与农民的利益联结,提升基层组织经营服务能力。其次,继续推进"全域土地整治"。在前期干江镇 8 个村实施全域土地整治的基础上,继续拆迁复垦 400 亩废弃宅基地、坟地和盐碱地,提升改造 500 亩低效用地,置换出建设用地指标,为旅游项目开发和现代农业基地建设提供土地空间。再次,进一步激活闲置农房。积极探索资源盘活路径,激活农村闲置土地、闲置农房,通过资源整合,为乡村发展腾挪空间。干江镇闲置农房主要集中在炮台、白马岙、上栈头等高山移民村,将其闲置农房统一流转到村集体名下,去开发民宿、养老等业态,从而促进产业兴旺。最后,创新吸引优秀人才和优质市场主体参与乡村资源开发建设的有效路径。拓展工商资本"下乡"渠道,出台相关人才引进、服务培训等政策培育乡村建设人才,通过乡村旅游、乡村文创、民宿产业引入乡贤、知识青年、创客等人群带资金、带技术回乡创业,重构乡村人口结构。全面深化农村要素产权制度、城乡土地制度、投融资制度等方面的改革,推动人才、土地、资本等要素在乡村双向合理流动,激活农村人才和科技回归,全面推行"股份众筹"机制。

(四)激发首创精神,共建共享畅机制

尊重基层和群众的首创精神,是我国改革开放取得巨大成就的重要经验。村民是乡村振兴的动力之源,力量之基,只有充分激发他们的主人翁意识,调动其主动性、积极性和首创性,村庄建设才能良性、持久地运转起来。

干江镇充分把握了"尊重村民意愿,激发村庄首创精神"这一关键要素,真正让村民成为集成项目推动的参与者、决策者和建设者。"股份众筹"机制下村民自负盈亏,"入股有风险,投资须谨慎",在股本设置"投得起、亏得起"前提下,他们对"股份众筹"认识到位,既释放了发展经济、发家致富的强烈愿望,也表达了所有权和使用权分开后,对经营者的莫大信任。紧扣"政府有形之手、市场无形之手、群众勤劳之手"同向发力,创新建立"村集体+村民""村集体+村集体""村集体+专业公司"三种股权结构模式,通过创新集体股份众筹、村级股份联营、村企股份合作三种众筹融资模式，让村民与村集体实现利益共享，更好地调动村民参与家乡建设的积极性，形成上下同心共建共享共同推动家乡发展的新局面。各村走差异化发展路子，避免重复建设和恶性竞争，分别实行多家合作和互补战略。依托山海资源优势，推动村民向"股民"转变、村庄向景区转变、资源向资产转变，取得富民强村的良好成效，形成可复制可推广的共同富裕"干江模式"。"

五、发展建议：优化资源配置，拓宽共富路径

一是加强品牌塑造，完善农旅 IP 发展新布局。目前投入运营的农旅项目基本上以游乐设施为主，容易成为"网红"项目，资金成本回收快，但文化内涵相对欠缺，也无法打造有持续性、主题性的 IP，甜蜜期难以长久维持。干江镇可进一步发挥文旅带动作用，以促进经济高质量发展，坚定不移地用好区位优势，加强特色产业的品牌发展，进一步扩大干江农旅 IP 品牌影响力，规范本土化授权，与知名 IP 联名开发文创产品，打造丰富的文旅衍生品。以"母品牌＋子品牌"的顶层设计创新滨江风光海岸线集成项目和"一村一品"的关系，拓展多品牌融合，以更高站位、更高标准打造"海湾明珠"，积极推动农文旅融合。联手具备强大运营能力和丰富资源的合作方，整体化、系统化串联各大景区、景区村庄、特色自然村落，形成客源共享、优势互补联动大格局，全面提升竞争力。全方位多角度分享宣传干江镇"乡村乐园"形象，形成自有品牌，推出吉祥物，进一步提升干江镇特色农旅品牌知名度和美誉度，吸引省内外游客光顾打卡。

二是统筹规范化运营，助力乡村振兴加速度。目前景区建设、管理、运营团队全部为农渔民，基本没有接受过旅游行业的专业培训，缺乏管理和经营经验，粗放式管理的痕迹比较明显，资料收集、归档、留存等难度较大，容易出现重工程轻文本现象。第一，引进高水平管理团队，打造高品质项目。进一步争取上级资源和支持，充分发挥领导

小组统筹协调机制,通过联席会议、多部门协同办公等形式,组建"滨海计划"顾问组或者智囊团队,借助业内资深专家智慧打造高品质旅游项目,提升景区管理和服务水平。第二,实行便利化改造,提升游客出行体验。全长 18.8 公里的滨海风光精品环线,虽然是由镇政府、村集体、村民与投资商共同开发,一路串联起上栈头、炮台、白马呇、双兴等 10 余个历史文化、美丽宜居特色村落,但是道路狭窄不连通、停车位有限、公厕少等问题依然较突出。加强滨海大道沿线的游客中心建设,为游客提供更加人性化、更加便利化的服务,包括手机充电站、存包柜台、智能道路标识、智能匹配景区讲解等。第三,升级智慧化应用,优化全域服务功能。建设以智能化建设搭建干江智慧管控平台和大数据中心,精准提升乡村治理的效率,打好公共服务数字化、乡村治理数字化、乡村旅游数字化等"组合拳"实现便利化改造,优化发展滨海风光游、田园体验游等旅游项目。

三是完善产业融合,推动共同富裕新业态。干江镇可通过进一步培育多元化产业融合主体,培育"农业+""工业+""旅游+""文化+""养生+""体育+"等新型产业,激发产业融合发展活力。健全利益联结机制,积极探索资产股份合作制改革,创建"集体+村民集资"模式,实现多种所有制经济共同发展;涉及几个村共同开发的项目,由涉及或投资村作为股东,专门成立单独公司,实现资产资源"村+村"组合,发挥抱团发展优势;乡镇成立旅游公司和资金管理运营服务公司,全镇各村按照均等分配各占一股,以强村带弱村的方式,去深化拓展共同富裕发展道路,最终让农民更多分享产业增值收益。打通三农创收机制,破解产业融合发展瓶颈约束,凸显乡村旅游"干江模式"机制优势,打造"海湾明珠、乡村乐园"滨海渔农村。

主要参考文献

[1] 杨晋.以"资源换股权"模式壮大村集体经济助推共同富裕[J].智慧农业

导刊,2021(19):62-64.

[2] 黄亦斌.深化农村集体产权制度改革 引领农民逐步实现共同富裕——基于福建三明产改的实证[J].农村经济与科技,2021 (18):150-152.

[3] 黄筱.农民变"股东" 画出乡村"共富圈"[J].农民文摘,2021(9):39.

[4] 卢珍珍.村民变股民 村庄变景区[N].台州日报,2021-08-20.

[5] 林学富,张聆听.为何是"49%与51%"?[N].台州日报,2021-04-28.

[6] 郭晓鸣,王蔷.深化农村集体产权制度改革的创新经验及突破重点[J].经济纵横,2020(7):52-58.

[7] 孙伟,邴乃翰.乡村振兴战略背景下深化农村集体产权制度改革研究——基于江苏省苏州市 W 区的调研[J].改革与战略,2020 (7):94-101.

[8] 邢海洋.股权激励实现共同富裕?[J].中国海关,2006(10):80.

作者单位:杭州电子科技大学

第五单元
多元主体,全民共富

杭州市建德市千鹤村：
以妇女"半边天"的力量助推共同富裕

陆 洋 黄 熠 徐 晨

摘要：杭州建德市千鹤村是"妇女能顶半边天"精神的重要发源地。20世纪50年代,千鹤妇女积极响应党和政府的号召,在妇联的带领下,参加农业生产,解决了当时农村劳动力不足的问题。近年来,千鹤村依托区位条件优越、生态资源丰富、城镇化潜力巨大等发展优势,"立足浙江、面向全国"进行高起点谋划,以"一基地、一区块、一园多点"的模式高标准打造农文旅红色文化基地。千鹤妇女以"半边天"力量参与基层社会治理、助农创业增收、美化乡村环境,赋予了"千鹤妇女精神"新时代内涵。千鹤村的共富经验表明：要充分发挥党的组织力和领导力,抓住时代机遇,深入践行"绿水青山就是金山银山"理念,带动美丽经济发展,跑出乡村振兴和共同富裕的"加速度"。同时,千鹤村继续弘扬传承"千鹤妇女精神",通过吸引社会资本盘活红色资源、数字赋能公共服务、积极引才引智等举措,为建设"重要窗口"贡献千鹤智慧和力量。

关键词：千鹤妇女精神；半边天；红色资源

一、研究背景：新时代的"千鹤妇女精神"成为共富源动力

共同富裕的实质是注重公平发展、共享发展成果、全体人民共同

过上美好幸福的生活。推动共同富裕,实现包括广大妇女在内的全体人民的共同富裕,是践行男女平等基本国策和推进妇女事业发展的根本要义。在党和国家构建共建、共治、共享的社会治理格局的大背景下,社会治理体系的完善和国家治理能力的提高都离不开女性社会组织,其独特的性别视角和特有的柔性力量都为社会治理新格局的多元化贡献了力量。数字化赋能也为女性在促进经济赋权、参与社会治理、推动性别平等方面提供了有效途径。

　　浙江建德千鹤村是"妇女能顶半边天"精神的重要发源地。20世纪 50 年代,为了解决当下劳动力不足的困境,千鹤村妇女积极响应党和政府的号召,在妇联组织的带领下,团结一心,打破旧俗,走出家庭,走上田头,参加农业生产,孕育了"不等不靠、敢想敢干、团结协作、艰苦创业"的"千鹤妇女精神"。公平、公正是社会主义内在价值的体现,也是共同富裕的重要内涵之一。在不同的历史时期,党和国家高度重视促进男女平等和发挥妇女的主体性。1955 年,毛泽东同志为"千鹤妇女精神"亲自作出 512 字的批示,提出了"中国的妇女是一种伟大的人力资源"[①]的重要论断。习近平同志在浙江工作期间也高度重视并系统推进妇女事业发展。尤其是党的十八大以来,习近平同志更是从党和国家事业全局的战略高度,就做好妇女工作作出一系列重要论述,肯定了妇女在追求性别平等中的权利,认可了妇女在社会治理中不可或缺的地位,同时也深化了马克思主义妇女观。

　　历经 60 多年,"千鹤妇女精神"作为精神源动力,不仅仅鼓舞着千鹤人,更鼓励着我们大家自力更生、开拓进取。同时它也被赋予了新的时代内涵和使命——"自强奋斗撑起半边天,创新创业敢为天下先,忠诚奉献共圆家国梦"。新时代的"千鹤妇女精神"作为民族精神的重要组成部分,也是"重要窗口"建设的巾帼智慧和推进乡村振兴的重要力量。实现共同富裕的基础不仅是物质生活的富裕,更包括精神的自

---

① 中共中央文献研究室.毛泽东文集(第六卷)[M].北京:人民出版社,1999:476.

信、自立、自强，还包括宜居宜业的环境生活，和谐和睦的社会面貌，普遍包容的公共服务，丰富共享的文化产品等多方面。如今，千鹤人以新时代"千鹤精神"为精神源动力助推共同富裕之主体力量源泉，以妇女参与基层社会治理为抓手夯实共同富裕之农村集体经济基础，以数字化赋能为路径，铺就共同富裕之发展新路，以乡村振兴为契机推进共同富裕之目标达成，以"半边天"力量为主体建设共同富裕示范区打造"千鹤样板"。

二、主要做法：千鹤妇女以产业融合转型与治理创新促共富

近年来，千鹤村以"千鹤妇女精神"为主旋律，围绕"立足浙江、面向全国"进行高起点谋划，以"一基地、一区块、一园多点"的模式来高标准打造农文旅红色文化基地。在共建共享的过程中，千鹤妇女始终充分发挥"半边天"作用，弘扬了新时代"千鹤妇女精神"，实现了助农创业增收的经济目标，改善了乡村环境的治理，成为推进乡村振兴的主力军，助力了共同富裕的发展。

（一）传承"半边天"精神，以"农文旅"融合促共富

1. 建设"千鹤妇女精神"教育基地，传承"半边天"力量

2020年5月，一座以歌颂建德妇女群众成长史为出发点的"千鹤妇女精神"教育基地在千鹤村落成，截至2021年底，基地累计接待来自全国各地的研学培训团队1100余批次、15万余人次。千鹤妇女教育基地以"千鹤妇女精神"为核心，进行"一中心、一园多点"布局，创新数字化传播手段，采用线上展示和线下体验相结合的形式，以丰富翔实的历史资料为载体，生动还原了20世纪50年代"千鹤妇女精神"诞生的场景，通过女子民兵训练、劳动民俗体验、《千鹤女人》现代婺剧等现场教学方式让学员切身体会"千鹤妇女精神"的奋斗发展历程。2020年10月，"千鹤妇女精神"教育基地作为浙江省首个全国妇女爱

国主义教育基地，被全国妇联授予"全国妇女爱国主义教育基地"称号。因此，千鹤妇女精神教育基地被称为是"立足浙江、面向全国"的妇女爱国主义教育基地、农村基层党建教育基地、红色旅游教育基地。

2. 打造产业综合项目，壮大村集体经济

2020年以来，千鹤村在打造自身品牌时抓住时机，将红色故事"讲好""讲透"，将农文旅融合发展作为产业振兴主线，依托"千鹤妇女精神"的红色文化底蕴优势，以妇女带动为抓手，倾力打造"千鹤妇女精神"教育基地、"鹤彩乐园"田园综合体、乡愁记忆区块、农耕体验区块等产业项目，推出"同吃同住同劳动""我是鹤小兵"等沉浸式旅游产品，探索出一条"红＋绿＋旅"融合发展的好路子，让千鹤村成为红色旅游"网红"打卡地。近年来，千鹤村的游客接待量呈指数函数增长，2016年村集体总收入仅6万元，到2021年仅经营性收入就超过了100万元。

3. 盘活闲置土地资源，拓宽个体收入渠道

千鹤村通过土地流转盘活闲置资源，将闲置的土地用于建设农文旅产业项目。在村民自愿的基础上，采取流转耕地、土地入股等多种形式，让村民变"股民"，降低了种植风险，有效解放了生产劳动力，在壮大村集体经济的同时，也让个体的收入得到实实在在的提高。村民通过参与田园综合体、民宿改造等项目的土地流转，从原来的单一种田收入，变成"土地流转金＋务工收入"两份收入，而且还有更多的时间管理家务，这让千鹤村民对现在的生活心满意足，同时又对未来的日子有所期盼。

（二）凝聚"半边天"力量，妇女全方位参与治理促共富

1. 成立"千鹤志愿嫂"服务队，全方位参与乡村治理

在妇联组织的牵头带领下，千鹤村有一支由120多名妇女自愿组成的"千鹤志愿嫂"服务队，其中分为千鹤妇女议事队、巾帼创业队、女

子民兵连和爱心帮帮团等 6 个功能性小组。在"千鹤妇女精神"的鼓舞下，"千鹤志愿嫂"在全方位参与乡村治理中发挥着不可替代的"半边天"作用，已成为振兴千鹤村的中流砥柱。在新冠肺炎疫情防控的第一线，这群千鹤"娘子军"逐户上门摸排，构筑起群防群治的严密防线。"千鹤志愿嫂"先后参与了棚厕革命、附房革命、围墙革命等千鹤村环境整治项目。乡村治理工作中的重点与难点是拆建整治工作，而"千鹤嫂"在治理过程中，积极参与，带头响应拆建政策，并主动做好周围村民的协调工作。

2. 借助数字经济手段，打造妇联数字化工作特色平台

千鹤村已入选杭州市首批未来乡村试点，按照"五化十场景"的要求，以数字赋能突出精神文化特色，全力打造环境整洁、生活便捷、产业繁荣的美好乡村。近年来，千鹤妇女依托数字经济手段，充分释放女性"微主体"的强大正能量，创新工作方式方法，打造了一系列数字化管理平台。梅城镇妇联传承弘扬千鹤妇女精神，重算"家庭""妇情""执委"责任"三本账"，形成了妇联执委"两张清单一张榜""伊码办""千鹤嫂互助银行""垃圾分类数据管理系统"等妇联数字化工作特色品牌，实现线上数据、线下实践协同推进、共同提升。

（三）增强"半边天"动力，以产业转型促共富

1. 推动农村女性创业，助力妇女增收致富

在千鹤村，妇女回乡创业已成为一种趋势。在新时代"千鹤妇女精神"的号召下，梅城镇率先成立千鹤·三江口妇创大党委，打通"千鹤嫂"妇女创业街，搭建"千鹤嫂"创业联盟。作为女企业家，"千鹤嫂"帮助农民增收，实现其经济自我发展，进一步推动农村集体经济发展。如今，"千鹤嫂"创业街已入驻文创、民宿、非遗、餐饮等 50 多家女性主导的商铺，带动 110 多名当地女性创新创业。"千鹤嫂"创业联盟充分发挥资源优势，邀请阿里巴巴等大型电子商务公司的资深培训师，为"千鹤嫂"开展线上线下直播培训，创建"千鹤嫂"直播间，帮助更多的女性了解电商，学习直播，拓宽销售渠道。许多年轻创客开启了自己的直播业务，由此充分激活了女性创新创业的内生动力。

2. 创新当地特色农产品，增加其附加值

在"农文旅"相融合的红色之旅带动下，千鹤村妇女继续秉承着"吃苦耐劳、自强自立"的"千鹤妇女精神"，经她们的巧手精心制作的几百年传统农家菜——倒笃菜、"千鹤一面""千鹤晒鱼""千鹤土油""千鹤女酱"等系列农创产品应运而生，山间土特产加入了文化内涵，摇身一变成了精美的伴手礼，不少村民加入了农创大军。农产品附加值不断增加，使千鹤村实现了从"卖风景"到"卖产品"的产业转型升级，这不仅让各地游客能从农创产品中品味到当地农产品的特色，还能感受到背后"千鹤妇女精神"的传承，千鹤村随之逐步实现农村增色、农业增效、农民增富的发展目标。

3. 引入企业资本，促进多业态发展

在运营模式上，千鹤村尝试以市场化运营破题，以"红色资源"吸引"工商资本"，以"工商资本"盘活"红色资源"。基于"千鹤妇女精神"教育基地和"鹤彩乐园"田园综合体等人文、农业资源，千鹤村成立了杭州千鹤乡村旅游发展有限公司，全力打造红色培训主阵地。并通过与企业合作去盘活这些红色资源，把资源变资金，增强造血功能，为村集体经济创收增效。在浙江联众集团的投资下，千鹤村从原本单一的民宿业态转变为"住、吃、买"多种业态并行，并带动下高区块十余户农户将自家农房改造成民宿或农家乐。近年来，依托浙江联众集团，千鹤村以商招商，吸引浙江飞巡军旅文化有限公司、杭州新联航空文旅集团等4家企业投资5000余万元，打造了多个产业项目，如"千鹤一面""鹤彩乐园""千鹤妇女精神教育基地三期"等，最大程度挖掘利用当地红色资源，打响千鹤农旅品牌。

三、实践成效：千鹤妇女事业在共同富裕进程中取得新发展

（一）以"半边天"的力量成为基层社会治理的主力军

新中国成立初期，民间流传着"妇女下田，无米过年"的说法，但为了解决劳动力不足的问题，建德千鹤妇女打破传统旧俗，成功顶起解决温饱问题的"半边天"。时隔60余年，"千鹤妇女精神"经过时间的沉淀已转化为红色基因，千鹤妇女再次站在了时代的前沿，以"半边天"的力量成为助推乡村振兴和基层社会治理的主力军。

2019年是千鹤女子民兵连成立的50周年，120多名女性村民志愿组成"她"志愿服务队，其中包括千鹤妇女议事队、巾帼创业队和爱心帮帮团等6个功能性小组，还有女子民兵连、千鹤嫂代言人等，她们在村庄的各个方面发挥个人所长，实现自我价值，彰显妇女"半边天"力量。家庭是基层社会治理的源头，而家庭治理中女性的力量也是不容小觑。同样，在推进基层治理能力现代化的新时代，女性组织在参与基层行政，调解纠纷矛盾，推动乡村文明建设具有先天优势。在当地美丽乡村建设中，千鹤妇女们在"三改一拆""五水共治"、社会治理和环境整治等方面都发挥着不可替代的作用。

在巾帼护水队、美丽庭院帮帮团等群众组织引领下，全市美丽庭院进行"大比武"，建成"五美"庭院3.5万户、"洁化、序化"标准庭院10.3万户，进一步提升美丽建德发展底色；信访"最多反映一次"的代办制解决率、满意率高达98％；打破基层社会治理"自上而下"的线型治理模式，健全市场主体、社会力量广泛参与的网状治理模式，千鹤村涌现出新安婆婆、心安驿站等多个女性品牌调解组织，充分释放女性"微主体"的强大正能量，有效促进社会和谐。

（二）以"半边天"力量探索村民创业创新创富之路

背靠大山，地形狭窄，地理劣势可谓千鹤村发展的最大阻力，村集

体收入因此常年不足 15 万元。通过深入挖掘不等不靠、敢想敢干、团结协作、艰苦创业的"千鹤妇女精神"，通过发展红色旅游经济，村庄资源转化成了资金。2019 年，千鹤妇女们以乡村振兴为契机，以"半边天"精神为引领，探索创业创新创富的新方向，将经济转型升级转化为实现共同富裕的助推剂。

统筹农业、文化、旅游产业发展，千鹤村开创了农文旅融合发展的新纪元，红色旅游网红打卡地的名片也越来越亮。据了解，近几年千鹤村的游客接待量呈现指数函数增长，2021 年累计接待参观人员3000 余批，40 余万人次。如今的梅城古街充满了市场活力，从卖风景转变为卖产品的模式更是为村民们带来了可观的经济效益。比如，千鹤村引进的"千鹤一面"饭店吸引了络绎不绝的游客前来品尝和体验制面的全过程，更重要的是为妇女提供了就业的机会；引进的第一家民宿"欢庭・她宿"，通过宿、食、购多种业态并行的模式让千鹤村的"流量"转变为"留量"，也为村民改造农房起到了示范带头作用。应运而生的还有千鹤晒鱼、千鹤土油、千鹤女酱、千鹤荞麦酒、千鹤稻米、千鹤玉米等一系列农创产品，都颇受市场喜爱。"千鹤一茗"农村特产店将村庄的优质特产聚集起来售卖，并计划开通"千鹤嫂"抖音直播间，打造"线上＋线下"自产自销的新型经营模式。

（三）以"半边天"的力量传承千鹤精神推动全球妇女运动

1955 年，建德县妇联主任纂写的报告标题被毛主席亲笔改为《发动妇女投入生产，解决了劳动力不足的困难》，并题写珍贵按语。妇女自由是毛泽东思想的重要组成部分，是马克思主义妇女理论的重要内容，是中国共产党对妇女地位和作用的高度重视。[①] 从此，"妇女能顶半边天"口号在千鹤村生根发芽，鼓舞着千千万万的妇女自立、自主、自强。2020 年 10 月 1 日，国家主席习近平在纪念北京世界妇女大会

---

① 毛泽东妇女解放思想及其当代价值[N].中国妇女报,2023-12-26.

25周年高级别会议发表讲话，以促进性别平等，推动全球妇女事业发展。总书记指出，妇女的社会地位已明显改善，"半边天"的作用日益重要，性别平等和赋予妇女权力已成为《联合国2030年可持续发展议程》的重要目标。①

在"两个一百年"奋斗目标的历史交汇点，弘扬"千鹤妇女精神"、探讨共同富裕主题成为新时代妇女事业发展的新方向。2021年，第三届全球女性发展论坛就如何扎实推进共同富裕、促进妇女全面发展进行了深入探讨。它形成了展现女性新趋势、新责任、新成就的千鹤共识，并坚持以千鹤村发展的"一小步"，贡献全球妇女事业发展的"一大步"，为全球妇女事业发展贡献中国经验和中国方案。

四、经验启示：党建引领千鹤妇女跑出乡村美丽经济加速度

（一）党建引领，增强基层堡垒是关键

千鹤村的辉煌历程离不开各级领导干部和广大群众的苦干实干、巧干会干，而任何时候都必须充分发挥好党组织的领导力。20世纪50年代，通过县、乡、村三级党组织发动、组织和号召，千鹤村民白天搞生产，晚上抓学习，获得了物质和精神的双丰收。时代变迁，近几年千鹤村也曾产生村级组织引领作用不强、村干部整体战斗力不足、群众的反馈意见渠道不畅等问题，这使得村民对村务抱着事不关己的态度，村庄一度陷入"干部在干、群众在看"的困境。因此，农村基层党组织要在意识形态领域增强阵地意识，把自己当成村民的"主心骨"和"领路人"，成为人民群众避风避雨的港湾，群众阵地才能坚不可摧，才能引导广大人民群众听党话、跟党走，积极投身乡村振兴大潮。除此之外，新时代更要全面贯彻落实党的十九大精神，以习近平新时代中

---

① 习近平在联合国大会纪念北京世界妇女大会25周年高级别会议上发表重要讲话[N].人民日报，2020-10-02.

国特色社会主义思想为指导,以基层党组织为堡垒,扎实有序开展乡村建设工作,做好乡村治理重要工作,谱写乡村振兴新篇章。

（二）把握机遇,跑出乡村发展"加速度"是重要内容

在乡村振兴的大背景下,千鹤村的实践经验表现在抓住机遇、发挥优势、找准方向,以钉子精神做好乡村振兴大文章。主要体现在以下几个方面。第一,打好环境整治攻坚战,改善提升人居环境。自浙江省启动未来乡村建设工作以来,千鹤村持续深化"千村示范、万村整治"工程,按照"一基地一区块一园多点"规划进行建设,先减后加进行村容村貌改造,不断完善基础设施配套工程,以实际行动建设真正的美丽乡村。第二,发挥红色文化资源优势,发展红色产业,激活村集体经济。乘着全域旅游的东风,拥有红色基因的千鹤村,充分发挥"妇女能顶半边天"思想重要发源地的优势,走出一条农文旅融合发展的康庄大道,将新时代千鹤妇女精神与美丽乡村、鹤彩田园、美丽庭院等工作有机融合,以农耕研学、干教培训、数智农业为乡村运营发展方向,成功带动就业、提高收入、吸引人才。第三,以数字乡村为抓手,激活乡村振兴潜能。千鹤村搭建"千鹤一家"等信息化平台,让妇女群众参与基层民主管理,引领新时代妇女参与村庄治理。农村电商的引进,为千鹤村民搭建了农产品线上流通平台,持续促进农民增收致富。未来千鹤村还将开通线上直播、销售、溯源、招商引资、培训等功能,做好平台共享、资源共享、相互弥补、相互引流的工作。

（三）践行"绿水青山就是金山银山"理念,激活美丽经济是基本路径

深入贯彻"绿水青山就是金山银山"发展理念,经济发展与生态环保相辅相成,把美丽乡村建设作为基础目标,坚持带美农村、带强农业、带富农民,让村民获得实实在在的好处。千鹤村以"旅游＋"为路径,依托美丽环境、山水特色、人文禀赋,将农业、文化、旅游一体化的同心圆越画越大。截至2021年底,千鹤村已拆除违建共计1万余平

方米,完成沿线村庄供水系统连接、网络改进、美丽庭院大整治、民房统一规制等工程项目。如今的千鹤村,已告别了"灰头土脸"的模样,摇身一变,成为让人流连忘返的农村"综合体"。

乡村未来发展之路,必须行稳致远,持续激活乡村振兴内生动力,助推共同富裕。既要端稳端好绿水青山这个"金饭碗",又要搭建好产业发展的桥梁,让"土特产"更有价值和市场。千鹤村坚持将农文旅融合发展作为产业振兴主线,依托乡村文化底蕴和生态环境优势,倾力打造"鹤彩乐园"田园综合体,推动产业体系转型升级,逐步实现农村增色、农业增效、农民增富的发展目标,为建设共同富裕示范区的"乡村样板"贡献千鹤智慧和力量。

五、发展建议:活用红色资源引才引智推进数字乡村新发展

(一)活用红色资源,引入社会资本

2020年4月,农业农村部公布的《社会资本投资农业农村指引》认为,社会资本投资农业农村是巩固农业基础地位、推动农业农村优先发展的重要支撑,是应对新冠肺炎疫情影响和打赢脱贫攻坚战、全面建成小康社会的有效举措,也是实施乡村振兴战略的重要力量。

为突破经济效益的瓶颈,千鹤村依托红色文化品牌吸引"工商资本",以"工商资本"盘活"红色资源",以商招商吸引4家企业总投资逾5000万元。接下来,千鹤村可撬动更多社会资本流入乡村振兴的"资金池",找准村企双方的契合点,形成"村企合力"的良性互动。

借助便利的交通区位和推进新型城镇化的有利条件,千鹤村积极发力,盘活了梅城新城开发的现有土地、房屋和集体储备土地资源。与此同时,千鹤村可支持社会资本覆盖农村建设的众多领域。一方面,社会资本参与道路交通、水利设施、公共服务等基础设施的整治,畅通美丽乡村与美丽经济的渠道;另一方面,各级政府应鼓励大批企

业家建立高质量的农业生产基地，协助提升农产品加工能力，促进农业转型。特色农产品优势区是保护农业生产的重要功能区，从而可以实现社会资本和农业资本之间的互利共赢。

（二）推进智慧农业，以数字技术赋能乡村公共服务

数字乡村是实现乡村振兴的重要途径，更是我国乡村建设的重要内容。2022 年发布的中央一号文件指出，稳住农业基本盘、做好三农工作，接续全面推进乡村振兴；推进智慧农业发展，推动技术信息和农机融合应用，通过数字技术改善农村地区的公共服务，推动"互联网＋政务服务"在农村地区的扩展和普及。

千鹤村充分利用垃圾分类数据管理系统，采集每天的参与数量、分类质量照片、每月积分红黑榜等数据，并以数据图形模式精确地展现全村垃圾分类情况，直面薄弱环节，补齐短板弱项，实现线上数据、线下实践协同并进。下一步，千鹤村还需继续做到村中有"数"，加快大数据技术在农业、畜牧业、医疗服务、政府办事、基层治理等方面的覆盖，持续推动大数据在乡村振兴中发挥更大作用。

加快数字乡村建设的步伐将给千鹤妇女带来更多的选择和机遇。返乡创业女性利用互联网科技优势，兼顾工作与家务，在促进农村发展进程、营造乡村生态环境、助力文明乡风建设等方面发挥着积极的作用。除此之外，线上场景运用中建立的千鹤平台也吸引了企业家、文化工作者、退休干部、志愿者等群体投身乡村文化建设，形成新时代"千鹤妇女精神"引领下的社群社团。

当下，政策支持、融资环境以及科技进步等利好的大环境正激励着千鹤村妇女进行创业创新创富，充分发挥女性的自觉性、坚定性和创造性，从而助推村强民富的发展趋势，促成美丽乡村和美丽经济协同发展，让村民更有获得感、幸福感、安全感。

（三）积极引才引智，助力乡村振兴

人才引进是一种推进乡村振兴、解决农村发展问题的有效方法。

时代在进步，技术在发展，产业的选择、培育和长期发展都需要人才来推进，因村制宜制订产业发展措施，为乡村振兴提供源源不断的内在动力。同时，作为党与群众联系最密切的纽带，基层党组织同样离不开人才的支撑。建议千鹤村积极探索人才引进机制，将优秀的年轻人才吸纳进党组织。唯有努力打造愿意干事、能干事、干成事的村两委班子，才能带领千鹤村走上致富之路，切实高效地推进共同富裕进程。

比"引进"更重要的是"留住"，搭建好平台、出台好政策、优化好环境，建立用才、育才、惜才的可持续发展机制，才能留住扎根奉献的"新农人"，让"土专家""田秀才"更有干劲更有信心，才能吸引更多的"离乡人"回乡创业，真正发挥出筑巢引凤、腾笼换鸟的作用。

期待有更多具有新时代"千鹤妇女精神"的传承人，用榜样的力量，鼓舞和引领社会各界妇女扛起乡村振兴的"半边天"！

主要参考文献

[1] 李慧波，传承、弘扬、创新：发挥"半边天"作用实现共同富裕——第三届全球女性发展论坛综述[J].中华女子学院学报，2022(1)：116-121.

[2] 刘培林、钱滔、黄先海、董雪兵，共同富裕的内涵、实现路径与测度方法[J].管理世界，2021(8)：117-127.

[3] 童定干，传承"千鹤妇女精神"助力实现乡村振兴——建德市梅城镇城西村蹲点调研报告[N].浙江日报，2018-07-06.

[4] 徐施易，从田间地头流向课桌案头传承弘扬"千鹤妇女精神"[J].浙江妇女研究，2021(1)：147-148.

[5] 朱静宜，红色资源推动乡村振兴的实践与探索[J].新农村，2021(11)：5-6.

作者单位：陆洋、徐晨，同济大学浙江学院；黄熠，嘉兴大学南湖学院

温州市乐清市下山头村：
资源贫乏型村庄的乡贤助村共同富裕经验

刘炳辉　　牟泓帆

摘要：改革开放以来，温州市民营经济发展较快，走出了许多身家过亿的富豪。如何让这些富豪投身家乡建设，带领乡亲共同富裕？近年来，温州通过推行新乡贤"礼贤工程"走出了一条独特的共富之路。根据 2020 年 12 月《浙江日报》的报道，近 5 年温州共招引新乡贤回归投资项目 1635 个，总投资 5926 亿元。据温州市委统战部统计，当时已有超 1 万名新时代温州乡贤回流兴乡。以乐清市大荆镇下山头村为例，该村有 4 名亿万富翁，数名千万富翁。他们利用自己在外发展积累的资本回村发展产业、建设村庄、致富于民，将发展资源相对匮乏的小山村发展成为三产融合的产业兴旺村，基建完善、生态宜居的环境优美村。原本大量外流的村民纷纷返乡就业，并享受到各项村庄福利，包括村庄旅游开发后所带来的生活品质提升。

关键词：下山头村；资源贫乏型村庄；乡贤助村

一、发展背景：下山头资源贫乏窘境

下山头村坐落于雁荡山北麓，位于温州市乐清市大荆镇东面，紧挨镇区，距离温州市区约 1.5 小时车程。下山头村由下山头村、西岙村和高宅村三个自然村组成。下山头村域面积为 2.13 平方公里，有旱地 800 亩、水田 800 亩、林地 1500 余亩，其土地集中流转率达到

98%。村内有石斛种植园约 200 亩、百果园 600 亩,村民以种植铁皮石斛、水稻及水果为主。全村 15 个网格 30 个村民小组,农户 627 户共 2056 人,其中劳动力 1600 人,党员 39 人。

一个村的发展往往与其独特的自然禀赋有关,但下山头村原先自然禀赋并不好。它属于丘陵地貌,人多地少,人均土地面积仅 0.4 亩,土地难以养活众多人口。在社队时期,村民们经常要到山里采集山货才能填饱肚子。其次,下山头村的区位条件差,虽然地处东部沿海,距离海岸仅 50 公里,但由于东南北三面环山,所以只有西面毗邻大荆镇可以进出,而且只能依靠一条 3 米宽的土路与镇相通,交通十分不便。下山头村位于雁荡山山麓,此山是国家 5A 级旅游景区,历史悠久风景秀丽,但下山头村距离景区大门有 5 公里的距离,雁荡山旅游经济对村庄的辐射作用十分有限,可谓靠山却吃不到山。除了碎片式分布的耕地,村里没有什么独特资源。无资源、无产业往往意味着无出路,这使得村民只能外出谋生,尤其在分田到户之后,大量劳动力从农田上解放出来。年轻人有的外出务工,有的成了销售商。当时大量劳动力外流,导致村庄空心化严重,发展滞后。2003 年前,村集体唯一的收入来源是山上五六十株老梨树的租金,一年仅 2700 元。2002 年后,下山头村开始发展工业,村集体收入有所增加,但环境污染非常严重。

二、发展历程:乡贤助村的三个阶段

下山头村的发展离不开乡贤群体的在外发展与回村建设。在外成功创业致富的乡贤们不仅为村民创收致富提供了渠道,还主动承担社会责任,通过村企协作,投资在村项目,激活村庄资源,帮助村庄建设与发展,其中贡献最大的乡贤便是方玉友。

方玉友出生于 1969 年,20 世纪 90 年代前往石家庄等地从事化妆品营销工作,积累了一定的经验与财富后,自己创业研发化妆品。2003 年,方玉友开始打造珀莱雅化妆品品牌。2017 年 11 月,珀莱雅公司成为国内美妆第一 A 股。2020 年 5 月 12 日,方玉友与侯军呈以 107 亿元财富位列 2020 年《新财富 500 富人榜》第 292 位。

下山头村已经具备优质的乡贤资源,但如何将其转换为村庄持续发展的动力,是下山头村十几年来一直在探索的问题。在经历了多次试错后,逐渐形成了现在的"以企带村,以村促企"的村庄与乡贤协作发展模式,在此模式下,下山头村的发展与共富历程,经历了三个阶段。

（一）贤村结合,贤资聚力

21 世纪初,在东部沿海地区经济快速发展的背景下,"富人治村"成为一种普遍现象,乡贤与村庄紧密结合在一起,由乡贤直接介入村庄管理。方玉友本着感恩之心,在外创业时亦不忘建设家乡。2002—2008 年,他在村里担任过村委主任,其企业家禀赋一旦与经济资本、社会资本相结合,很快就为下山头村的发展打开了局面。任职期间,他做了两件大事,修路和建工业园。修路打通了村庄与外部的联系,工业园引入了工厂,为村庄持续创收打下了基础。

下山头村三面环山,进出村全靠一条 3 米宽的土路,一到下雨天就泥泞不堪。交通不便是下山头村产业不兴的重要原因之一。方玉友上任后,开始号召在外创业的乡贤们捐款修路,将道路升级为 6 米宽的双车道水泥路。如今,随着镇区的扩张与环村道路的几次整修,村东面与镇毗邻,道路直接通向镇区的环城公路,村民出入变得十分方便。工业园的开发也同步进行。大荆镇有铸造传统产业,20 世纪 90 年代,全镇大大小小的铸造企业共有 80 多家。利用靠近镇区的优势,2002 年,方玉友召集乡贤们先后投入了两三百万元用于村工业园的开发。工业园建成后,吸引了大量铸造企业入驻,每年为村庄提供十几万元的租金,还有部分就业岗位,下山头村得到了初步发展。

但企业家与村干部的双重身份,涉及个人的精力、能力、情感等诸多挑战。方玉友担任村委主任期间正是珀莱雅品牌刚刚创立、筚路蓝缕之时。个人精力有限,方玉友尽管有回报家乡之心,却无时间与精力两头兼顾。此外,村庄治理与企业管理存在很大不同,很多管理经验并不适用。在方玉友的带领下,一方面,下山头村潜在的工业禀赋得到了开发,这无疑推动了村集体经济的发展与村民的就业创收。另一方面,工业园区在村里的设立,破坏了村庄的环境,终日粉尘漫天、噪声隆隆,生态环境被污染。村民生活区与工业区没有很好地隔离,导致诸多村企矛盾。2012年,大荆镇在实施治水拆违的基础上,全力推进铸造业淘汰、工厂拆除,村里的铸造企业才全部退出。

(二)贤智引导,专业经营

从贤村结合、由乡贤出资激活村内资源到乡贤带企业参与村庄项目的转折发生于2013年,这是一次政策转变带来的非预期后果。2010年,大荆镇计划将石材市场和建材市场整合到一处。方玉友认为这是下山头村的一个机遇,组织乡贤们与村集体投资了2000万元,在村里建了一批标准厂房。然而2012年,在厂房刚刚建好即将投标之际,政府不再支持村里发展工业,项目还未落地就面临夭折。这就意味着,不仅建设投入将血本无归,而且由于先建后批,村建设用地指标不够,项目将面临拆违的风险。该如何是好?此时正好赶上国家调整农业产业结构,鼓励发展现代科技农业。大荆镇政府以石斛种植为特色产业,出台政策、招商引资。方玉友马上转变思路,转而发展现代石斛产业,目的是将建设用地指标先批下来,将新建的厂房保留下来。

这次方玉友不仅个人出资,还引入了他的公司——杭州珀莱雅股份有限公司,以企带村,村企共建,成立浙江聚优品生物科技股份有限公司。村集体以土地租赁的形式参股,先是由村民们将土地统一流转给下山头村股份经济合作社,再由股份经济合作社将土地经营权转让给浙江聚优品生物科技股份有限公司。村集体以30年的土地流转期折价参股。每年水田租金每亩1000元、旱地每亩240元,折合股金每亩水田3万元,每亩旱地7200元入股,全村流转土地、林地共计2500

亩。股金按注册资金 1 亿元计算,农户土地折价入股,未来村集体在项目经营收益中可获得 35% 的分红,再由村集体分配给农户。同时,村里与方玉友约定,这 35% 为固定份额,无论公司如何扩大规模,再投资或是引入其他工商资本,村合作社的股份保持不变。

全部土地的集中流转需要大量资金推动,除了未来的股份分红之外,村集体还需要给村民眼下实实在在的流转金收益。2013 年推动土地集中流转之际,下山头村农民已不从事农业,正值外地农户苗木经济盛行之时,有近 800 亩水田都流转给了外地农户种绿化树,每亩流转费为 500—600 元。为了推动土地集中流转,方玉友出资 100 多万元为村集体补上了土地流转金,定价每年水田 1000 元/亩,旱地 240 元/亩,每五年增长 10%,合同签订 30 年。

此时,乡贤不再直接介入村庄的日常管理,通过企业对村内的项目经营,盘活村内资源,村两委班子与乡贤能够更好发挥各自长处,合作社只负责将村庄资源统筹到企业,企业需要负责项目的具体经营,并承担经营风险,而项目盈利由双方共享。聚优品有限公司利用下山头村的土地优势进行铁皮石斛种植和水果作物种植,企业规模不断扩大。截至 2018 年,铁皮石斛种植 200 亩,果树种植 600 亩,年迎接游客万余人次,年创产值 2000 多万元。

相比村庄,公司具备更强的风险抵抗能力与灵活的风险应对措施。从单纯一产到一二产结合的转变,正是公司对石斛市场风险做出反应的结果。2013 年种下石斛时,石斛市场价格较好,每公斤 1000 多元。但大规模的石斛供应很快对市场造成了冲击,2014 年每公斤市场价格仅 100 多元,公司面临巨额的亏损。在这个关头,珀莱雅企业发挥了托底作用,继续对石斛现代农业项目投资开发,将石斛种植产业向二产延展。村里厂房被充分利用起来,进行石斛的研发提炼,生产石斛化妆品、酒、口服液、面膜等衍生产品,并借助珀莱雅企业的营销渠道进行销售。聚优品公司顺利度过了农产品价格波动的风险。

2015 年,经历了石斛市场风险后,方玉友认识到单一产业的脆弱性，必须在农村启动三产融合发展。相比一产到二产，开发三产的思路萌生较为自然，却走得更加艰难。一个"无好环境、无人文古迹、无特别景色"的"三无村"要如何做旅游产业？2015—2016年，方玉友组织村干部到台湾的乡村考察旅游开发项目。在多次谈判与请求后，台湾景点设计企业答应帮助策划。没有景点就人工造景，同时造文化、造设施，他们将世界99条著名滑梯搬到村里来，按两晚三天的标准建设成村庄景区——铁定溜溜。围绕铁定溜溜旅游开发，配套建设生态度假酒店、农耕乐园、石斛文创园等设施，形成"铁皮石斛＋文创旅游"产业模式，将吃住行游购娱集于一体，打造综合性的全域旅游度假区。铁定溜溜项目一期于2020年10月1日完成施工并投入运营。据村书记高秀明介绍，整个旅游区投入了5亿多元。景区开业后，国庆节、春节等假期每日接待游客1万余人次，预计公司年营业额可达2000多万元。尽管受到了新冠疫情的影响，铁定溜溜项目2021年接待游客数仍达到了10万人次，其中节假日平均每天接待7000人次，最高达到16000人次，当年营业额达到8000万元。

（三）产业推动，村为主体

在乡贤企业的项目推动下，下山头村的一二三产实现融合发展。一产以铁皮石斛种植和百果园为代表；二产开发了石斛冲剂、石斛口服液、石斛面膜等衍生产品；三产以铁定溜溜景点为中心，发展乡村旅游业，与生态度假酒店、农耕乐园、石斛文创园等形成产业链，这不仅激活了村庄的活力，还为村民们的共同富裕提供了产业基础。

兴旺的产业为村集体、村民创造了大量财富。大型景区建设不仅需要乡贤们的企业资金支持、技术支持，也离不开村庄提供空间、劳动力与基础设施及商业配套。下山头村为铁定溜溜项目点状供地70多亩，涉及大量厂房、门面房，每年租金创收100多万元。同时，景区提供了300个工作岗位，解决了村民在地就业难的问题。在聚优品公司的石斛加工区，村民工人收入可达200元/天。百果园每年聘请村民从事种植、采摘、销售等工作，每年仅工资就要支出 100 万—200 万元。在未来，景点会得到进一步发展，会吸引到更多的游客，将形成一个巨大的旅游市场，产生大量的住宿、停车及环境维护需要，这都会产生许多利润空间。目前，有发展民宿意向的村民 15 户，民宿将由公司统一装修，建成后统一分配客源，让村民分享文旅产业发展的红利。

与村庄产业发展相伴的，是村庄的环境治理与基础设施建设。2018 年，下山头村石斛文化园获评国家 3A 级旅游景区，被农业农村部授予"中国美丽休闲乡村"称号。如今，下山头村是省级美丽乡村精品村，"雁山溪谷—秀丽田园"乡村振兴示范带起点村。

三、实践成效：下山头共富效果显著

（一）生活富裕富足

当下，下山头村有了美丽的环境，通达的公路，形成了以铁皮石斛、特色水果、铁定溜溜为核心的农旅三产融合的新局面，为村庄发展提供了强有力的经济和产业支撑。村庄通过"公司＋集体＋农户"的分配模式，采取保底租金加利润分红形式，搭建起了下山头村民"租金＋股金＋薪金"的三金收入结构。2021 年，村集体收入 320 万元，村民人均收入 4 万多元。村里项目带动了三分之一村民的在村就业。据统计，全村有劳动力 1600 多人，在铁皮石斛种植园区，有 500 多名从事铁皮石斛种植和深加工的员工，其中下山头村及周边村庄的村民约占 95%；在铁定溜溜乐园，属于下山头村的员工约 100 多名，占总员工数的近三分之一。

（二）环境宜居宜业

美丽乡村改造、基础设施建设、旅游开发，三重叠加的环境整治工程令下山头村环境焕然一新，不仅有利于文旅产业的发展，更是让生活其中的村民享受到了实实在在的福利。百花、百果、百树林的环境规划，实现了"家在花园里，村在森林中，月月有花香，季季有水果"的规划理念。

过去淘汰的厂房被改造为下山头村民的公共活动空间,有老年活动室、图书馆、党员活动室等,散落于村庄各处。宽阔的环村道路不仅是旅游的重要配套设施,同时也是生活环境优美的直接体现,与整齐且富有设计感的住宅外立面一道将村庄整体打造成美丽田园。

围绕休闲观光农业,聚优品公司在村内打造了"农耕乐园""生态景观河道""樱花长廊""百果园"等观光景点,对村民们免费开放。村民们可以享受到旅游开发所带来的环境优化与生活品质提升。

(三)民生福利普惠

民生福利体现在对特殊人群的照顾与一般性村庄福利。下山头村有 60 岁以上老人 300 多人,残疾人 40 人,低保 14 人,均为临时救助对象。民生的保障既依托于村集体经济的壮大,也依靠于党员、志愿者、妇联等群体的服务。每年村里会在重阳佳节慰问村里老人,并送上礼品。村党支部带领党员按照"三五工作法"展开工作:每月 5 日开展志愿者服务,15 日举行主题党日活动,25 日入户走访联系群众,可谓从群众中来,到群众中去,切实服务人民群众。

针对老年人,村里建造"居家养老服务中心",中心建设集"健康追踪、生活照料、文娱交流、托幼聚乐"四大功能于一体。其中云诊室,为每一位老人建立健康档案,提供疾病防治、保健康复、心理卫生等老人健康服务。

村民强烈的住房需求是村里民生保障的头等大事。自 2011 年起,村党支部书记每年都会向镇里申请一些建设用地指标,集中起来用于村民建房需要。2017 年,村一期联建公寓完工,建房 70 多套。村里统筹村民住房情况与家庭人口等因素,让村民排队建房。获批后,由 15 户人家共建一栋房子,每栋房子 5 层,占地面积 140 平方米,最后抓阄入住。每栋房子平均造价约为 500 万元。今年 6 月份完成二期联建公寓建设,造房 20 多套,满足了部分村民的住房需求。

(四)精神自信自强

随着村庄经济发展与环境整治的推进,村民对村庄的认同感不断提高。如今全村 2000 余人中,有 1200 多人在村里生活。大荆镇上的居民谈起下山头村,都十分羡慕。

为提升村民们的精神文化生活质量,村里开展了大量文娱活动。村文化礼堂每年免费演出和公放影片 10 余场,在不同月份举办"新村祈福礼""耕读礼""儿童开蒙礼""民俗民风礼"等 8 项活动,且每月会开展一次主题活动。下山头村的产业资源与环境资源还撬动了镇上的活动,"大荆镇社区成人文化技术学校"与石斛种植基地合作,在村内设教学点;大荆镇五一环城跑以下山头村为起点与终点,将优美的环村道路纳入赛段,增强了村庄的知名度。此外,村里有舞蹈队、太极队等民间文化组织,通过支持、鼓励和组织村民参与文化队伍,增强村内的文化氛围和组织凝聚力。

每年村里都会依据村规民约,组织农户自评、群众互评、村两委审评,开展"五好家庭""十星级文明户"的评选活动,形成村庄由村民共建的良好发展氛围。

(五)村企共建共治

聚优品公司承载了村庄发展的大量项目,比如百果园、石斛种植基地和铁定溜溜等旅游业态的打造;而下山头村也为企业提供了重要支持,尤其是土地资源支持,而在项目落地过程中,村党支部发挥了重要的排头兵作用,在政策处理中发挥了联系纽带的作用。为了加强村庄与企业的联系,村党支部通过搭建村企共建平台,推进村、企党组织互通互融建设,从而实现企业发展、村庄建设和村民富裕的良性循环。村企两个党支部具体出台了"五共"制度:党建共抓、资源共享、公益共做、文化共育、事业共创。资源共享实现了资源利用的效率最大化,两套班子共同参加党建会议、公益活动、文化活动,为密切交流、情感建立打下基础,最终实现事业共创。在 2017、2018 年,下山头村党支部连续两年被评为"温州市先进基层党组织"。

四、经验总结：多元主体协作促共富

下山头村的共同富裕案例涉及了多元主体的参与，除了村党支部、村委会、企业，还有乡贤、村民、村集体与镇政府。处理好各方关系，保护主体村庄建设的积极性，营造共建共享的发展合作氛围是村庄向各方借力，持续发展，村民共同富裕的关键。

（一）有情有理的乡贤参与

乡贤产生于村民，与村民之间有着密切的社会往来与情感联系。下山头村有方、高、金三个大姓，代表三支宗族。村民的家族庞大，表亲众多，形成血缘、利益关系复杂的群体。乡情与宗族情构成了乡贤建设村庄的情感基础，而村内乡贤共建机制的建立与完善，为乡贤建设村庄搭建了平台，在感性基础上施以理性的规范。下山头村成立了乡贤参事会，作为村庄筹集贤资、汲取贤智、借力贤调的平台，以更好发挥乡贤的作用。村民们也以加入乡贤参事会为"有出息"，营造出衣锦荣归的乡贤参与村庄事务氛围。但乡贤的参与必须有相应的制度规范，若任由情感导航，将可能出现矛盾与不公等。

村两委班子与乡贤之间首先是主次关系，其次才是合作共建共治。以村两委为决策核心，主导村庄发展方向，乡贤参与议事，发挥各方面的专业能力。下山头村的乡贤主要有三种构成：退居二线的老党员、老干部、老教师、老模范，有能力的村民代表、复退军人、返乡创业者，为本村经济社会建设服务的志愿人士。不同群体在村庄发展与治理中发挥了不同的功能，具体表现为贤资——乡贤的经济资本与社会资本，贤智——乡贤发表的建设性意见，贤调——有威望的乡贤在矛盾纠纷、项目落地中发挥的调解作用。根据能力与职责，将乡贤安排在适合其发挥作用的领域：公益事业建设、邻里纠纷调解、推动村民自治等，才能最大程度发挥乡贤的作用。村两委要掌握政治、经济、民生等信息,统揽全局,做好统筹。

（二）政企共促的项目落地

下山头村的发展项目源自乡贤的筹划与启动,但真正项目落地却离不开地方政府的关注与政策支持,也就是说,在政企配合推动下项目才能完成落地,最终依托企业自身实现盈利。而村庄项目的建成,又成为地方发展的一大亮点,从而赢得更多资源倾斜。

乡贤的企业不可能为村庄提供全部资金,企业仍是以盈利为目的。村庄必须利用好乡贤及其企业提供的每一笔资金,通过研究政策,完成"以奖代补"项目,将它作为搭上城镇发展平台的启动金,最终实现发展成果与建设资金的双向循环。据书记介绍,一项工程所需资金往往由政府补贴80%,村里配套20%。在镇政府层面,也乐于与乡贤形成合力,推动村庄发展,为地区发展塑造典型。项目由易而难推进,在项目推进的同时,村庄完成了环境整治、社会治理、民生保障、产业发展等目标,让村民们共享发展的成果。在此过程中,村民逐渐建立主人翁意识,共同推动项目完成,减少了项目建设中的阻力。

（三）村企分置的风险分配

下山头村通过建立乡贤资本与乡村资源有效对接机制,形成了"以企带村、以村促企"的利益共同体,共同建立公司运营机制。村庄与企业分别置于利益与风险分配的对应位置:企业作为经营主体,承担高风险,获得高回报;村庄提供资源支持,承担低风险,获得稳定收益。

在风险社会中,社会成员根据风险承受能力与风险分配位置产生了分化。村集体资金有限,村民构成复杂,整体风险承受能力较弱,无法抵御巨大市场等风险。同时,村民对村庄形成盈利预期,亏损将招致他们对村两委公信力的质疑,甚至质疑村两委班子的合法性。故而在村庄共同富裕的进程中,应以最弱势村民的风险承受能力作为评估依据,不落下一个人。而企业有较多资本支撑,风险承受能力较强,比如,企业能够通过灵活的运营模式转变,将风险转化为新的发展资源。但在下山头村收益的实际分配中,乡贤企业具有公益事业性质,在考虑效率逻辑的同时,兼顾合法性逻辑,为村民土地流转入股提供了最大优惠,保证了35％的固定分红,并支付土地流转金。在做大蛋糕的同时,适当让利,让财富在村企间重新分配,惠及全村村民。

（四）共同富裕的文化传统

市场经济追求效率,效率竞争助推增长,但也同时拉开分化。社会主义内含共同富裕的价值追求,天下大同也是中国的文化底蕴,如何在市场经济中实现共同富裕,则成为一个巨大的历史使命。乡贤回归为我们提供了一种可能的视角和路径,尤其是为资源贫乏型村庄提供了有效借鉴。有形的资源非常宝贵,但最珍贵的资源还是人才。有了人才,没有资金可以引来资金,没有景色可以创造景观,没有产业可以开发项目,人才创造和盘活了各种可能的资源和空间。对待这些人才,不能简单地用"资本家"的经济视角来看待,还要看到其"家乡人"的社会属性,激发鼓励其"社会人"所包含的社会责任和公益心,由此形成一种取之于社会、反哺于社会的良性循环。在中国传统社会中,知识分子当官卸任之后都是返回家乡,成为帮助家乡与国家沟通的枢纽,成为兼顾国家与地方的有效桥梁。中国在这方面并不缺乏历史经验和文化传统,关键是如何在市场经济条件下重新去唤醒和激发这种资源。新中国国旗上有五星图案,其中一颗小星星就代表着民族资产阶级,将其视为党领导下的共和国重要组成部分,也是对这种传统的继承和发扬。帮助乡贤成长、鼓励乡贤回归、给予乡贤荣誉、促进共同富裕,以乡贤优势去撬动各种潜在的支持村庄发展的积极因素,或许是一个乡村可资借鉴的发展模式。

作者单位:刘炳辉,浙大宁波理工学院马克思主义学院;
牟泓帆,云南师范大学法学与社会学学院

第六单元
深挖潜力,资源共富

湖州市南浔区荃步村：
深挖本土资源强链延链促进共同富裕

朱华友　　吴莹丽

摘要：浙江省湖州市荃步村在乡村振兴战略的引领下，始终践行"绿水青山就是金山银山"理念，在共同富裕的道路上，不断深挖本土资源，进行全面科学的整合规划并延伸原有产业链，拓宽经济发展道路，同时推进美丽精品村建设，不断将资源优势转化为经济优势，铺设共同富裕之路。荃步村依托得天独厚的资源，始终坚持"先规划、后建设"的原则，充分挖掘传统文化元素，明确自己的规划定位，做到物尽其用，以美丽乡村建设促进美丽经济发展。针对荃步村产业发展不够均衡、缺乏下乡人才、湖羊品牌影响力不足、互联网产业建设不全面以及本村服务体系不健全的问题给出建议：需要从重视农村人才培养、接轨现代化互联网＋产业模式、持续延伸品牌效益以及完善服务体系，提升旅游服务人员素质等方面进行提升改善。

关键词：荃步村；湖羊品牌；强链延链

一、研究背景：乡村振兴战略引领共同富裕

党的十九大报告指出，国家规划和人民生活中最重要的问题就是农业、农村和农民问题，全党工作的重要任务就是解决"三农"问题，实施乡村振兴战略。实施农村发展战略，必须坚持党对农村工作的全面领导，优先发展农业和农村地区，维护农民的核心地位，坚持乡村全面

振兴，坚持城乡统筹发展，坚持人与自然和谐共生，坚持因地制宜、循序渐进。同时乡村振兴也是实现共同富裕的大背景，在促进共同富裕道路上，荃步村充分显示出了乡村振兴战略的先进性与可行性。

"荃步经验"的产生。湖州市南浔区练市镇荃步村水网交织，水陆交通便利，自然资源和历史文化资源丰富。荃步村用两条腿：一是挖掘本村特色资源——湖羊，围绕湖羊养殖主线，发展湖羊休闲观光农业，同时发展特色餐饮产业链，通过强链补链的方式提高湖羊产业活力。二是深挖人文、历史、民俗、美食、非遗等要素资源，加强规划，打造新业态，形成了"农庄＋游购""古村＋休闲"的乡村旅游业开发模式。2018年建成美丽乡村，入选浙江省3A级景区村庄名单，被评为2019年度浙江省善治示范村等荣誉称号。

"荃步经验"的创新。荃步村在实现共同富裕过程中不断创新，其主要创新之处在于：一是瞄准特色资源——湖羊和古建筑，完善产业规划，走延伸产业链和发展品牌经济之路；二是加强产业融合，将湖羊产业与文化产业深度融合，打造本村农旅特色产业品牌，实现"以节为媒、发展特色、推动旅游、促进共富"的目的；三是坚持多种所有制经济共同发展，通过村集体经济带动的方式实现共同富裕。荃步村村集体加入合作社，创新合作社运营模式，积极引进外商资源，采取"公司＋合作社＋农户"运作机制，优化了劳动、土地以及技术等资源要素的配置。

"荃步经验"的价值与促进共同富裕的融合。荃步村深度挖掘本村历史文化和自然资源，发挥特色产业优势，把发展乡村旅游业、现代民宿业、休闲农业作为美丽乡村建设的重要内容，不断激发"三农"发展的内生动力，美丽乡村建设、农旅融合发展、湖羊品牌打造，不仅改善了村庄整体环境，更拓宽了强村富民道路。此外，荃步村在深挖资源的基础上，对本村产业进行科学健全的规划，发展集约农业。村民和村集体入股，成立了强村公司，统一招引企业，统一管理，完成效益农业，实现村集体与村民共同增收的目标。

二、主要做法：深挖本土资源开拓共同富裕之路

荃步村总体发展途径是：首先，瞄准本村特色湖羊产业，以湖羊文化为引流点奋力打造湖羊品牌，壮大了湖羊经济；其次，面对本村拥有的人文历史和自然资源，因地制宜，细心挖掘整理并充分开发利用，建成 3A 级景区村庄，培育新产业，形成新业态，提升了本村的产业价值；再次，科学整合本村土地资源，同时鼓励资本下乡，引进社会资本投资本村农业；最后，让人才资源充分涌动，加强产业培育，吸引乡贤下乡发展，为振兴乡村产业注入新的活力。

（一）深挖湖羊品牌资源，提升湖羊产业价值

湖羊由于其自身的优良性状，成为国家重点保护的地方畜禽品种，其价值也越来越被重视。荃步村作为湖羊产业的重要生产基地，历年来家家户户都以养羊为业，湖羊产业成为村民的重要经济来源之一。为塑造湖羊产业品牌，荃步村自 2018 年起承办"湖羊文化节"，深入挖掘湖羊产业、产品、产地、人文等资源要素，建设湖羊文化馆、观光羊舍等设施，还原湖州湖羊历史，讲好湖州湖羊故事，弘扬湖州湖羊文化。以湖羊文化节、展销会、农交会、农博会、招商会等活动为载体，建立地区品牌，加强宣传力度，鼓励品牌营销，提升品牌价值，使得湖羊品牌的市场份额和知名度不断提升。

过去很长一段时间，荃步村湖羊养殖以农户散养为主，未能形成全产业链和商品链，导致湖羊有时候难以销售。为了更好地推动湖羊产业发展，在当地政府部门的大力支持下，荃步村在湖羊文化节基础上，以养殖为发展主线，以休闲观光农业为依托，发展特色餐饮产业链，通过强链补链的方式提高湖羊产业的发展活力。一是开发湖羊文化、乡村旅游一体化项目，实现湖羊产业发展与传统文化深度融合。鼓励有条件的主体开展集湖羊养殖、休闲观光、美食体验等项目于一体的牧旅融合综合体建设，促进乡村休闲旅游，带动乡村经济发展。

二是除了养殖湖羊和销售成品羊肉以外，还将湖羊油制作成护肤产品进行售卖。目前荃步村已经形成了湖羊饲养、售卖、餐饮及加工的完整产业链。同时，湖羊产业还作为东部和西部地区扶贫协作的特色产业，通过吸引投资，实行规范管理，提升了湖羊的产业价值，增加了村民的收入。

（二）深挖自然和历史文化资源，打造乡村休闲旅游业

荃步村深耕旅游资源，厚植文化优势，深入挖掘人文、历史、民俗、美食、非遗等要素资源，通过规划引领、项目建设、业态打造、基础完善、政策保障等多项举措，初步形成了"农庄＋游购""古村＋休闲"的乡村旅游业开发模式。首先是对村域进行科学健全的整体规划。为了创建美丽乡村小镇精品村，荃步村采取"先规划、后建设""精品规划、精品建设"的规划理念，大胆引入社会资本共同参与农村开发建设。根据浙江谷堆乡创旅游发展有限公司的建设规划，荃步村锚定了"湖羊产业示范基地"和"南浔区乡村旅游第一站"的初步规划，引入了"农耕亲子乐园"项目，以家庭亲子体验为主打亮点长期留存客户，吸引产业。其次，发展特色旅游业。荃步村有一座始建于唐代的护国报恩寺，也叫"千步院"，据说朱元璋曾在该寺避难，后来怀着报恩之心大规模重建了寺院，寺庙环境清幽，高僧甚众，香火不断。于是当地以报恩寺的"报恩文化"为核心，又扩建了报恩禅寺、报恩漾、报恩书画馆、报恩文化礼堂等景点，增加旅游元素，目的是打造集佛教禅宗与生态休闲观光相结合的景区，报恩文化节就在这个景区成功举办，既丰富了旅游体验，又传扬了当地特色文化。最后，坚持生态建村。荃步村非常注重环境整治与乡风文明建设，在村内种植了多种植物，打造出"一步一景"的美丽乡村景致，将乡村的生态韵味传播开来。为进一步扩大知名度和影响力，荃步村将乡村休闲旅游渗入周边的南浔古镇和乌镇两大国家5A级旅游景区，享受它们带来的旅游溢出效应，走互利共享共赢之路。

(三)深挖土地资源,成立合作社共享经济

荃步村村民们以前住得很分散,耕地分布也很散乱,并且村民传统的自耕自种生产模式致使农业产出量小,收入很不稳定。这不仅成为农业产业化规模经营的阻碍,也为农业市场化发展带来巨大的困难。为了让土地集约化利用,扭转土地浪费严重的局面,荃步村近年开始进行全域土地整治,将农房和农田集聚成片,改变了以往粗放式农业发展模式。以农民为主体,以合作与联合为纽带,通过合作共享的方式整合现有的零散土地资源,并引导村民集体入社,统一管理,追求效益农业。为进一步增强内生动力,荃前村积极探索引进工商资本,对村庄进行商业化运作、标准化开发,大力发展新兴业态。因此荃步村创新创建了幸福合作社,是由强村公司+专业运营团队+农户结合而成的村庄旅游资源经营平台。以强村公司的形式,把"资源"变为"资本",由村民共同出资组建荃虹农旅公司,进行基础设施建设,收购闲置的农房,流转土地;引入了"谷堆乡创"的专业运营团队,规划旅游项目以及整体市场运营;吸纳农家乐、乡间民宿、种植养殖户等各种经营主体加入合作社,形成集景区建设、市场运营、农民增收于一体的乡村经济发展共同体。到 2021 年,该社已经拥有社员 18 户,衍生出农村美食、非遗表演、家庭农场、农家乐等多种配套项目。荃步村通过合作社与村民形成利益共同体,进一步促进了共同富裕的实现。

(四)深挖本土人才资源,探索培育产业新业态

荃步村聚焦本村主要产业,进行招商引资、招才引智等一系列活动,鼓励乡贤返乡投资兴业创业,变农村资源为创富资本,变乡村为创业乐园,把更多的资金、项目、人才、技术带回家乡用于村庄发展,培育本村新业态,激发本村新动力,激活本村新经济。在乡贤能人的带领下,荃步村注重产业的培育,让村庄活起来,让百姓富起来。一是不断加强优质村庄的农家乐(民宿)的培育工作,引导村民发展农家乐、乡村民宿,开拓农民"就地就近就业"门路,创建致富新渠道,同时做好已

建农家乐(民宿)的扩面、评星定级等一系列工作,以鼓励农家乐(民宿)发展,为农家乐(民宿)茁壮发展提供强有力的支撑。二是做好招商大文章,立足资源禀赋、生态条件,着重引进了一批旅游项目、休闲观光农业、家庭农场、营地项目等符合村庄生态发展的新业态,吸引青年创客扎根乡村,为居民拓宽就业渠道、提供创业机会,防止乡村人才流失的同时为乡村持续健康发展提供了不竭动力。

三、实践成效:在经济、社会、生态中突显与民共富

(一)依托自然与特色文化旅游发展增加农民收入

十多年前,荃步村只是一个不起眼的小村庄,村集体年收入仅有20万元,村内只有一条1.5米宽的狭窄小道弯弯曲曲地通向村外,村民大多从事生猪养殖、水稻种植等传统农业,农村产业链单一且村民经济收入低微。守着土地的荃步人,2011年人均收入只有12174元。在乡村振兴战略的引领下,荃步村着力于依托自身自然环境与特色文化,积极建设美丽乡村,激活美丽经济,发展文化旅游以及休闲农业旅游。随着休闲农业旅游以及特色文化旅游产业链的发展延伸,荃步村经济得到飞速发展,2019年,荃步村集体收入约60万元,村民人均收入达2.3万元,并且在2020年,荃步村村集体收入达到100万元,村民人均可支配收入超过37000元。如今的荃步村,通过解锁自然与特色文旅的发展密码,迈出坚实的共同富裕之路。

(二)打造产业品牌提升了"荃步"社会名片的影响力

要展现当地农耕文明与民俗文化,乡村节庆活动是一种行之有效的手段,节庆活动能够在振兴乡村旅游、发展农村经济中起到动力作用。为弘扬本村特色历史文化资源以及特色湖羊产业,荃步村精心铺设了自己的发展道路,运用创新思维,发挥比较优势,避免重复雷同,形成自己独有的内涵,使游客既能体验到当地特色,又能欣赏到本村文化底蕴。首先尝试申办湖羊文化节,以打响湖羊品牌,传播湖羊文

化,吸引大批游客;其次以湖羊文化节为契机,在荃步村文脉底蕴深厚的优势中,融入本村特色报恩文化,提升了村庄景区魅力,打造"湖羊+文旅"的一站式旅游体验项目,促进产业兴旺的同时成就了专属于自己的品牌"荃步",巩固游客的同时提升本村知名度,集聚了更多的人气,助推了乡村旅游业的蓬勃发展。如今,荃步村湖羊文化节已经多次成功举办,围绕报恩文化打造的特色文化旅游也大受欢迎,许多游客慕名而来体验佛教禅修文化以及非遗文化。荃步村文化节活动突出了本村特色产业和文化特色,带来明显的社会效益,并且确保社会效益带来的经济效益是可持续健康发展的。

(三)坚持绿色生态引领改善了村庄环境

10年前的荃步村,只有一条狭窄的小道通向村外,生猪养殖等污染问题一度成为村里的"疮疤",整体基础设施薄弱,污染严重。乡村振兴战略要实施,改善村庄环境成为首要举措。荃步村以乡村振兴战略为导向,在南浔区政府的支持下,围绕创建标准以及"四个有"(有品牌、有场所、有产品、有机制)的要求,去推进美丽乡村小镇(精品村)建设。首先推进全域化治理。健全农村环境治理长效机制,引导村民参与到清洁家园、美丽田园、垃圾分类等环境提升工作中。统筹各项补助资金,将财政、社会等各类资金充分利用到美丽村庄打造上。其次在发展美丽经济方面,加大业态引进,激发农村发展内生动力,促进产村互融互补。广泛开展村庄经营,建立健全一套适合本村的运营管理机制,促进村庄发展。最后做好文旅融合、农旅融合,依托本村自然生态改善村庄旅游环境,突显自然绿色乡村美景,开发农村旅游项目,并且利用一年一度的湖羊文化节、报恩节等各类旅游节日,加大宣传力度,吸引人流。荃步村于2018年底完成美丽乡村小镇(精品村)验收。为促进美丽乡村建设更上一个台阶,荃步村对一批优质项目进行包装、推荐,结合各类特色旅游节日,积极对接上海、杭州等长三角都市圈,强化营销,不断提升影响力和声誉。

四、经验启示：抓住自身优势发展产业，促进共同富裕

(一)立足自身资源优势，铺设共富之路

建设美丽乡村，是要让乡村具备游玩、休闲、度假、养生、观光等迥异于城市的魅力，其目的是促进"产业兴旺"，大力鼓励和支持农民参与其中。如果产业不兴旺，就没有农民持久的富裕源头，也就没有农村发展的根本支撑，实现乡村振兴更是无从谈起。荃步村在推动产业发展时，立足于自身产业优势，摸清本村历史人文资源情况，认清自身个性、特色及优势，然后充分挖掘和利用本土资源禀赋、历史人文、民俗风情所蕴含的文化价值、社会价值、景观价值等多元价值，对本村历史文化产业发展项目进行系统谋划、规划、策划、计划，开拓产业发展思路、提升产业发展价值，形成一条完整的文化旅游产业链条。

首先，荃步村利用自身自然风光和自然资源，依托乡村田园特色，因地制宜，打造有特色、有内涵、有文化的景区村庄。不仅继承了原始淳朴的乡村历史风貌，也体现出现代化农业特色，展示出美丽乡村的魅力。其次，荃步村积极探索乡村旅游与乡风文明的融合发展，打造了产业特色鲜明、生态环境优美的乡村休闲农业旅游，不断发挥在新时期开展文明实践活动中的作用，使得乡村面貌焕然一新、素质旅游深入人心、文明乡风浸润美丽乡村。最后，寻找村庄发展着力点，着力点就是农业与旅游产业、文化产业、绿色产业的契合点。荃步村充分吸取周边村庄特色农业与文化节结合的成功经验，用旅游化的思维来筹划村内农业园区，主动参与到全域旅游的大环境中，根据科学的可持续发展思维进行规划建设，实现农业孵化工业、三产带动一产，打造多种产业融合的复合体。

(二)注重特色产业发展，推动共富发展进程

湖羊是江南唯一的地方优良绵羊品种，已经成为浙江省的一个特色畜种，更是湖州养殖业的重点，练市镇被授予为"湖羊文化名镇"。

作为练市镇三大中心村之一，荃步村利用得天独厚的条件，紧抓湖羊特色产业，推进循环发展，加快三产融合，打造区域品牌促进湖羊产业高质量发展。为了壮大可持续发展的湖羊产业，让其走得远、走得稳、走得长，荃步村坚持整体联动，进一步完善产业规划，努力增加产品附加值、扩展产业链条，围绕"食、宿、游、购、娱"五个方面，积极发展观赏性、体验式、互动性的特色湖羊产业项目，形成养殖、生产、加工、销售一条三产联合的完整产业链。此外，荃步村借助文化节活动，打造了本村农旅特色产业品牌，持续推动旅游、经济的快速发展，以实现"以节为媒、发展特色、推动旅游、促进共富"的目的。

（三）探索集体经济，巩固共富成果

荃步村坚持多种所有制经济共同发展，统一规划整合资源发展，通过集体经济方式实现村民共同富裕。荃步村成立村集体参与的合作社，创新合作社运营模式，在原有的基础上，对农村产业进行改造和提升，进行培优升级，加强农村企业"引进来、走出去"的双向融合。积极引进外商资源，采取"公司＋合作社＋农户"的运作方式，充分利用合作社的制度优势，整合分散的小农户，改进劳动、土地以及技术等资源要素的配置，在降低生产成本的同时扩大生产经营规模。同时建立健全管理体系，推动人才、资本等城乡要素的相互流通与均衡交换，实现小农户与现代化农业的有机联结，形成了"资源变为资产，资金变为股金，农民变为股东"的局面，盘活本村农户以及村集体闲置资产，激发村集体经济发展的活力，促进村集体经济发展壮大、农户增收和产业振兴。

五、发展建议：加强先进要素保障，巩固经济产业链

通过调研，我们发现荃步村虽然在产业振兴的道路上快速发展，但是总体上存在乡土人才缺乏，且人才类型比较单一的情况，导致了农业现代化推进进展缓慢，湖羊产业后续发展动力不足，品牌影响扩

散范围不够广泛，互联网产业建设保障不足，导致当前互联网推动农村产业发展滞后，以及本村旅游业服务体系不够完善，农村旅游工作者的整体素质与服务水平不高的问题。解决这些问题，需要从重视人才培育、跟进现代化互联网产业发展、延续湖羊品牌影响力、完善服务体系等方面加强改进。

（一）重视农村人才培养，为产业创新注入活力

农民是农村经济活动和劳动的主体。农民作为农业产业结构优化和乡村振兴战略的主体和受益者，加强其劳动能力和素质，提高其农民群众的科学与文化水平，优化农村劳动力资源结构，才能满足农业产业结构优化创新的迫切要求。总体上看，荃步村依然存在技术人才不足、管理方式不够系统的问题。荃步村首先应将农村人力资本的培育放在关键位置，以贴近乡村振兴、农村产业发展需要为原则，拓宽引才渠道，实施灵活多样的引才方式，跳出仅靠青年创客为产业创新提供新动力的困境，加快培育懂技术、善管理的新农民，促进新农业新业态的持续延伸。其次应提高乡土专家的待遇和地位，强调人才、专家在农业科学和技术方面对农业发展的主导作用，为现代化农村产业发展提供智库保障，为农村经济高质量发展作出卓越贡献。最后应探索完善农村实用人才激励体系，为乡村振兴搭建干事平台，使得各类人才能够各得其所、各尽其用，最大限度地发挥乡贤人才在乡村产业振兴中的引导力，把最优秀的人才放在最合适的位置，让农村实用人才在乡村振兴中脱颖而出。

（二）与时俱进，推动"互联网＋产业"发展

随着现代化互联网技术的飞速发展，网络经济在乡村产业振兴中发挥着越来越重要的作用。互联网一头连着城市，一头连着农村，将会为农民的生活方式带来更多的变化，并产生一系列新的经济形态，从而使乡村振兴生机勃勃。因此荃步村可大力建设"互联网＋产业"的发展体系，积极探索农产品现代化营销方式，发展农村产业电商化，

拓宽本地产品销路,打破地域限制与城乡差距,打通城市与农村的信息壁垒,实现部分农产品线上线下同步销售模式。其次,荃步村可以尝试借助短视频网络平台,宣传本地特色湖羊产业与旅游产业,良好的口碑经过互联网传播,拉近与消费者的心理距离,增进消费者的信任感,以此吸引更多消费者。与此同时,乡村"互联网+产业"的发展需要政府、农民、乡村、市场、企业等方方面面力量的共同参与,只有多方共同努力,引领物流、信息流、资金流与人流向农村,才能凸显出"互联网+"的发展对乡村振兴起到的促进作用。

(三)持续延伸湖羊品牌效益,促进产业可持续发展

品牌反映的是消费者对产品的质量品质、售后服务、文化价值的认可度。品牌,是企业文化的载体,是企业竞争力的核心组成部分,也是赢得市场的重要资源优势。品牌具有一定的经济价值,是一笔重要的无形资产。在市场经济中,品牌竞争力是一个企业能够区别于或领先于其竞争对手的核心能力。湖羊作为荃步村产业振兴的一大产业,是具有明显地方特色的优良产业。荃步村湖羊品牌当前仍存在后续发展动力不足的情况,荃步村可以积极借助新媒体传播优势,利用微博、抖音、小红书等社交媒体进行品牌推广,深化公众对湖羊品牌的认识,在湖羊品牌推广过程中持续发力,将湖羊品牌效益最大化,不断激发湖羊品牌后续影响力。

(四)完善服务体系,提升服务人员专业素质

乡村旅游产业范畴包括农业、生态环境、旅游、乡俗文化等,因此建构现代化的乡村旅游体系,需要培养具备综合性知识的专门人员,需要进行科学规范的管理。荃步村乡村旅游服务人员专业素质参差不齐,在一定程度上阻碍了旅游行业的持续发展。为摆脱当前困境,更好提升游客体验感并促进本村旅游产业的健康发展,荃步村应注重提升本村旅游服务人员的专业素质。首先做好岗前培训,专业人做专业事,结合荃步村旅游业发展的实际和需要,完善乡村旅游人才培训

的相关措施,不断提升服务人员的专业素质。其次做好岗中进步,对于从事乡村旅游的人员,仍然要加强学习培训,不断提升优秀服务人员的品质。最后做好考核奖励工作,可以充分利用考核制度,激发服务人员竞争意识,以此保障重点工作事项的落实,使得旅游业服务体系更上一层楼。

主要参考文献

[1] 方沁怡.乡村振兴战略背景下产业振兴研究[D].杭州:浙江理工大学,2021.

[2] 叶中洋.农业产业结构优化推进乡村振兴的途径研究[D].舟山:浙江海洋大学,2019.

[3] 丁良娇."互联网+农业"发展及对农业结构调整的影响研究[D].杭州:浙江工商大学,2018.

[4] 湖羊文化源远流长 南浔练市特色产业助力乡村振兴[N].浙江日报,2019-10-23.

[5] 钱三雄.发展现代农业 建设美丽乡村[EB/OL].(2018-12-03)[2023-12-05]. http://www. huzhou. gov. cn/art/2018/12/3/art_1229213608_54836870. html.

作者单位:浙江师范大学经济与管理学院

绍兴市嵊州市温泉湖村:激活沉睡资源 打造乡村振兴先行示范村的实践

邱晓军

摘要:推动共同富裕,短板弱项在农业农村,发展潜力也在农业农村。实施乡村振兴战略是实现全体人民共同富裕的必然选择。本文以嵊州市崇仁镇温泉湖村为例,通过梳理该村十余年来通过实施乡村振兴发生的巨大变化以及盘活沉睡资源的实践路径,来提供农村实现共同富裕的经验启示。

关键词:温泉湖村;激活资源;乡村振兴

一、研究背景:村庄共富基础薄弱

崇仁镇温泉湖村位于浙江省嵊州市西北部的会稽山丘陵地带,距市区 13 公里。温泉湖村是 2019 年嵊州市区域规划调整后形成的一个新的建制村,下辖董郎岗、湖村桥、宋家墩、地雅园等四个自然村,区域面积 7.82 平方千米,现有农户 1150 户、人口 3314 人,村两委会驻原董郎岗村。董郎岗村是一个名副其实的古村,据《董氏宗谱》记载:"五代周末,龙游县有董湜者,系知县之后裔游经剡县嵊大山南麓,赘于此,人称董郎后子孙繁衍,定村名为董郎岗。"董郎岗村三面环山,以前只有村南一条陡峭的机耕路出入,是一个信息闭塞、贫穷落后的小山村,在整个嵊州市都是有名的,一直有"有女不嫁董郎岗"的说法。以前的董郎岗村主要存在"三少"现象。一是村民收入少。村里的土地以山地为主，高低不平，土地贫瘠，一直以来，这里的村民主要依靠种植茶叶、板栗等经济作物作为收入来源，农业经济单一，村民收入不高，生活很艰辛。二是常住人口少。由于经济来源单一，青壮年劳动力大多外出打工谋生，村内常住人口比重不到50%，且以妇女、老人为主。三是资金投入少。由于村集体经济薄弱，自身造血功能缺乏，基础设施投入十分有限，村中几条大小道路都是土路，可谓"晴天一身灰，雨天一身泥"，因此也被称为"烂泥岗"。同时很多房屋破旧不堪，人居环境脏乱差。

二、发展现状：乡村振兴效果显著

2006年，苏州中翔集团拟投资22亿元，在崇仁镇董郎岗村规划建设集温泉度假、特色观光、商务会议、文化体验、生态休闲、健康养生等功能于一体的国际性度假旅游区；2010年项目正式开始建设，温泉湖村也迎来了发展的转机，与嵊州市区和崇仁镇相连的道路拓宽了，大量的资金、人流开始涌进来，这个沉寂的小山村一下子沸腾了起来。温泉湖村立足独特的绿水青山资源禀赋，借助美丽乡村建设、乡村振兴东风，依托"千村示范、万村整治""三改一拆"、农房激活、农村"五星争创 三A 达标"、乡贤回归等工作载体，通过盘活闲置农房、闲置农地，激活"沉睡资源"，因地制宜大力发展生态旅游经济和美丽经济，将村庄打造成了一个设施齐全、环境幽雅、生态经济发达的温泉之村、民宿之村、宜居之村，实现了从一产为主到三产为主的华丽转身。2021年，温泉湖村集体收入达到77.1万元，高于全市60.84万元的平均水平；居民人均收入39125元，高于全市平均水平（37876元）。一个曾经"嵊州姑娘不敢嫁"的地方，引来了全国各地的游客，温泉湖村成为远近闻名的"和美越乡"精品村、省级农家乐示范村、省美丽乡村"特色精品村"，省休闲旅游度假村，先后承办了嵊州市第三届健康运动节暨2020"中国体育彩票杯"公开水域游泳比赛、迎亚运·2021年绍兴市青少年武术散打锦标赛等项目。

三、主要做法:激活本地沉睡资源

(一)激活红色资源

董郎岗村是被孙中山先生誉为"东南英杰"的辛亥革命志士——王金发的故里,村内现存有王金发故居四合院两座及王金发幼时习武的操场,王金发 18 岁前居住于此。王金发故居是嵊州市文物保护单位、嵊州市爱国教育基地。故居所在台门为四合院式,是晚清建筑,占地 409 平方米,王金发故居为正屋靠西北角两间,堂前间公用,前厅外墙仍留有王金发当时练枪法的弹洞。红色资源是不可再生、不可替代的珍贵资源,也是最宝贵的精神财富。如何顺应时代,用好、用活"红色资源",让红色故事拥有符合时代语境的表达和展现方式,使之在新时代新征程上绽放出更加耀眼的光彩,是摆在温泉湖村两委班子面前的一大课题。经过多方外出调研考察、多次组织专家论证,形成了王金发故居提升改造方案。2020 年起,在市政府的大力支持下,筹集资金 300 多万元,在原来陈列馆的基础上,增加了以王金发故事为主题的沉浸式体验馆,通过 AR、VR 等新媒体新技术,以新的形式讲述王金发的革命故事,让展览馆"活起来""动起来"。同时在故居外围建设了一个可容纳百人的爱国教育大广场。2021 年,共接待 75 个党组织 3200 多位党员开展党日活动,成为温泉湖村一张红色的金名片。

(二)激活生态资源

在董郎岗村附近,有一个天然的沸水水库,据嵊州第一部县志《剡录》记载:"县西,山有龙潭,下有沸水在溪穴间,周二三尺如汤沸,滚滚四时不休。"在市、镇、村三级干部的重视下,2006 年,温泉湖村引入了苏州中翔集团,总投资 22 亿元,拟建设一个核心景区 5.9 平方公里的以温泉为主题的大型旅游度假区。主要包括温泉中心、五星级酒店、森林浴场、温泉客栈、温泉沙滩、戏水温泉、亲子嬉水、康疗中心等活动项目与景观设施。2011年9月,绍兴温泉城一期建成开业,一时间吸引了多地游客涌入,小山村顿时热闹起来。村民发现,络绎不绝的游客温泉泡得舒爽,吃住却要去10多公里外的市区解决。"在村里开农家乐或民宿说不定有生意。"几个头脑活络的村民开始谋划,村里也因势利导,积极向相关部门争取补助资金,助推发展旅游产业,重点发展民宿经济。在党员干部的引领和带动下,群众发展民宿的热情被迅速点燃。然而,过分依附温泉城的弊端却慢慢显现出来,因为泡温泉有淡季、旺季之分,造成游客有时多、有时少,村民的生意也随之有了淡旺季。于是村里又及时调整发展思路,全面提升村容村貌。2018年以来,累计投入2500多万元,对村环境进行彻底整治,同时建设了村游客中心、休闲公园,改造了水管网络、硬化亮化了村主干道,打造了爱情大道、荷塘月色等特色景点,登山漫步、骑车休闲、品茶听越剧、携家泡温泉、成为村里最亮丽的时尚。曾经的泥沙路变成了宽敞干净的柏油路,曾经破旧的房子变成了白墙黑瓦、古朴清新的风貌。一个现代化的花园村渐渐形成,被董郎岗村的美景和环境吸引的游客越来越多,三产经营的淡旺季之困也得到破解,村庄经济结构从一产为主变为三产为主。目前,温泉湖村的民宿和农家乐超过30家,年接待量达到30万人次,有效带动就业205人,增加村民收入超800万元。温泉湖村先后获得了省级农家乐示范村、浙江省民宿重点村、浙江省美丽乡村特色精品村等荣誉称号。毗邻温泉湖村的地雅园、湖村桥、宋家墩等自然村依托温泉湖的游客量,大力发展乡村水果采摘游、农副产品加工销售、花海摄影游等,带给游客丰富的旅游体验,推动了乡村旅游业的发展。

(三)激活乡贤资源

"栽下梧桐树,引得凤凰来",随着温泉湖村名声不断扩大,外地游客也越来越多,有的一住就是个把月。一些原来在外地打工的村民,目睹村里日新月异的变化,看到了乡村旅游的发展前景,也纷纷回家创业,有的开民宿,有的发展乡村旅游,有的发展乡村采摘。像村民邹学良、应国锋以前都在外地开实体店,受网上经济的冲击,实体店经济呈现下降趋势,便毅然选择回村开民宿。特别是乡贤王金龙,长期在外地从事建筑施工业,又是一个旅游迷,2018 年,他投资 2000 多万元,利用村里废弃的厂房和闲置的土地,打造了集农业、观光、旅游于一体的石林花海景区,在 1500 余亩的景区内配套了玻璃滑道漂流、高空玻璃卡丁车、悬崖秋千、"网红"飞椅、动感单车、自控飞机等"网红"游乐设施。自 2020 年 11 月开业以来,石林花海成为燃爆嵊州的"网红"打卡地,每到周末或节假日,景区日接待量达到 1500 人次,有时甚至超过 2000 人次。

四、经验启示:"人、地、钱、业"促共富

农村有着优质的生态、广阔的土地、悠远的乡愁,散落着不少沉睡的资源,如何让这些资源活起来、火起来,变低端存量为发展增量,成为乡村振兴的"源头活水"和"澎湃动能",是一个现实而重要的问题。

农业强、农村美、农民富,这是乡村振兴的美好图景。嵊州市崇仁镇温泉湖村为什么能从一个资源贫瘠、交通闭塞、吃不饱饭的小村逆袭成为今天绍兴市乡村振兴示范先行村?因为在共富路上,它率先探出身位,为乡村振兴提供了一个很好的实践范例,也为我们推动共同富裕带来了启示。

(一)坚持改革创新,激活闲置土地资源,解决"地"的问题,是实现共同富裕的根本

土地是民生之本、发展之基、财富之母。在经济社会转型的背景下,土地作为一种稀缺资源,其经济社会价值日益凸显。在现有的法律制度框架下,农民虽然拥有承包地、宅基地等资源,但大多无法从这些稀有的资源中获取相应的经济收益。温泉湖村地处丘陵地带,土地高低不平,不适合大规模的农业种植。同时,大量年轻人外出创业,大

量土地荒芜,大量农房闲置。温泉湖村这种现象在嵊州市大量存在。如何激活广袤的乡土发展基因,真正走向共同富裕?近年来,嵊州市围绕农村土地制度改革,开展了大量的实践探索。一方面,积极推进"闲置农房激活",通过修缮破损"闲置房",整治散乱"空倒房",原先村内无人居住、破败杂乱的房屋经过项目投入和专业设计改造,成为村内有特色的"景色","空心村"变为"度假村","闲置房"化身"创作室"。用 3 年时间,温泉湖村流转集体建设用地建成红色精品民宿 4 家,改造荒废破旧房屋为休闲民宿 12 家。另一方面,积极推动土地流转,允许农民采取流转、入股等方式,实现土地规模化经营。像石林花海项目的 1500 多亩土地,90% 以上都是通过向农户流转得到,既推动了旅游项目建设,又促进了农户增收,实现了业主、农户共赢。为此,要推动乡村振兴,实现共同富裕,必须牢牢抓住改革这个牛鼻子,深化农村土地改革,特别是要通过宅基地"三权分置"改革来盘活闲置农房和宅基地,使它能够商品化为抵押物,可以交易,以此撬动城市资本下乡,投资农村建设。

(二)坚持市场推动,实现多元化投资,解决"钱"的问题,是实现共同富裕的基石

农村基础设施不足、公共服务落后,城乡发展不平衡、农村发展不充分,城乡居民收入差距明显,这是全国各地的普遍性问题。特别是在乡村振兴战略实施过程中,由于项目建设投入大,如果单靠政府财政投入,势必造成相当压力,甚至难以为继。所幸,随着农村基础设施的完善、生产、生活条件的改善,乡村的吸引力明显增强,乡村的功能价值日益凸显,近年来,以各种形式出现的新回乡现象,新上山下乡现象大量出现,显示着乡村的吸引力在一些地区明显增强、看好乡村发展机遇的人不在少数。与此同时,嵊州市积极创新社会资本投融资模式,温泉湖村主干道路硬化、水管网络改造、整村环境整治等基础设施建设投入累计 2500 多万元,都由政府买单;而温泉湖项目、石林花海

项目都按照市场规律，引入社会资本，由业主具体负责项目的投融资、开发建设和运营，这样不仅获得了持久的资金动力来源，而且资金利用效率也得到了大大提高。几个项目建成后，村里每年增加收入 30 多万元，从而使村集体经济实现"撑杆跳"，真正做到了"资源变资产"，实现了政府、社会资本、农民等多方共赢。为此，要推动乡村振兴，实现共同富裕，需要改变固有观念，既要坚持政府主导，强化财政投入，也要放开市场准入闸门，依靠市场的力量，来推动产业兴旺，依靠市场来配置资源，依靠市场的需求来开发产品，让乡村振兴成为资金流入的洼地。

（三）坚持错位发展，突出特色建设，解决"产业"的问题，是实现共同富裕的关键

产业兴则乡村兴。产业兴旺是乡村振兴的基础，也是推进经济建设的首要任务。只有产业振兴，才能增强乡村吸引力，带动资本、人才等生产要素向乡村汇聚，才能让农民看到"农业强、农村美、农民富"的希望。乡村产业内涵丰富，既有传统的一产，也有新兴二产、三产，更有正在崛起的第六产业。近年来，新农村建设同质化问题非常突出，主导产业的定位不明晰、特色资源挖掘不够深，一些地方把"建城市一样的房屋，过城里人一样的生活"当成新农村建设的目标，一味地强调"大干快上""推倒重来""全部翻新"。在大拆大建的推土机下，很多蕴含着丰富农耕文化元素的文物古迹消失了，原本风土人情味浓郁的乡村变得"城不像城，村不像村"，这些都是需要我们规避的。温泉湖村距离拥有宋朝遗风、明清特色，面积达 30 公顷的崇仁古镇只有 10 公里，距离国家 2A 级旅游区百丈飞瀑 30 公里，其旅游资源较为丰富，特别是随着温泉城的开发建成，旅游的特色和优势更加凸显。温泉湖村坚持因地制宜、立足特色资源禀赋，锁定发展"生态、休闲、文化、旅游"等新的业态，通过激活红色资源、绿色资源、乡贤资源，把闲置或低效利用的厂房、土地、山林等，通过规划、提升和改造，串点成线、连线成

片，建设成涵盖食、住、游、购、娱等多种体验项目的旅游业配套设施，将乡村资源优势、生态优势转化为经济优势、发展优势，让美丽村庄孕育美丽经济，大大增强了乡村旅游产品的供给能力。特色和个性是一座村庄的神韵，一个村庄有没有久远的生命力和魅力，关键在于它有无个性和特色。为此，要推进乡村振兴，实现共同富裕，农村的产业必须坚持差异发展、特色取胜，农村一定要能够体现农村特色、生态特色、人文特色，富含农村气息，存在乡村的价值，发挥"人无我有、人有我优、人优我特"的比较优势，广泛带动农民群众参与发展，实现城乡、产业双向借力、联动发展，最终实现共同富裕。

（四）坚持共建共享，充分发挥主体作用，解决"人"的问题，是实现共同富裕的核心

乡村振兴是包括产业振兴、人才振兴、文化振兴、生态振兴、组织振兴的全面振兴。乡村要振兴，人才是关键。只有充分发挥农民的主体作用，把农民的积极性、主动性、创造性真正调动起来，实现农业强起来、农民富起来、农村美起来的目标，乡村振兴战略才能落地生根。这几年来，嵊州市通过"五星达标、三A争创"创建，基层组织建设得到加强。同时通过持续的"乡贤回归"工作，吸引了一批本地在外成功人士回乡投资，从而为村庄注入了技术、人才、资金新动能，带动了产业振兴。温泉湖村的快速发展，一方面得益于村两委的凝心聚力、敢想敢干；另一方面得益于一大批乡贤、有志青年的回归，包括外地大学生到农村投资创业，同时引进了专业的运营团队，既带来了新技术新业态，也带来了新思想新观念，有力助推了乡村振兴。农民是乡村振兴的主体，也是最直接的受益者。要推动乡村振兴，实现共同富裕，既要积极探索建立农民教育培训体系，大力培养更多懂技术、善经营、敢创新的新型职业农民；也要建立健全城乡人才资源双向流动制度和奖励补助政策，支持和鼓励大学生、返乡农民工等各路人才成为推动乡村产业发展的生力军；还要打好"乡情牌"，引导能人回乡创业，用活用足

他们的资本、技术、市场渠道等优势。

　　近年来，嵊州市崇仁镇温泉湖村积极践行"绿水青山就是金山银山"理念，依托温泉生态环境和红色文化基因，挖掘乡间尘封遗存，唤醒乡村沉睡资源，激活农村沉寂风景，全面推动城与乡一体发展、居与业互促共进、建与营有机结合、点与面串联整合、村与民共同增收、先与后互帮互促，走出了一条乡村形态整体提升的共同富裕之路。

主要参考文献

[1] 高昕,庄少峰.发挥农民主体作用服务乡村振兴战略[J].决策探索,2018(10):70-72.

[2] 李林峰.发展乡村产业要避免同质化[N].重庆日报,2019-04-17.

[3] 陈立民.激活乡村"沉睡的资源"[N].新华日报,2021-09-22.

作者单位：中共嵊州市委党校

宁波市慈溪市傅家路村：
党建引领的共同富裕之路

闭明雄　徐群芳　潘均柏　林志森　徐裕华

摘要：2021 年，国务院提出要将浙江省建设成共同富裕示范区，按照中央政府的部署，浙江省启动了共同富裕示范区建设试点工作，其中，宁波慈溪市被列入全省首批缩小城乡差距领域的试点名单。慈溪市是全国百强县，在区域经济发展和城乡统筹发展方面具有良好的基础，其中崇寿镇的傅家路村无论是产业发展还是公共服务，都走在全市前列。通过调研分析，我们归纳了其共同富裕的几个主要做法，一是党建引领，为共同富裕提供强大的组织保障；二是能人治村，开拓发展思路盘活政策和存量资源；三是壮大实体经济，助力村民增产增收；四是网格化管理与数字化融合，推进公共服务的精细化；五是拓宽村民参事议事渠道，促进村务治理权力的平等配置；六是先富带后富，与周边乡村组建发展联合体，谋求共同富裕；七是以文化构筑共同富裕精神家园。从傅家路村推进共同富裕的实践中，不难得出几个结论：一是共同富裕是以市场力量为基础的政府与市场共同作用的结果；二是共同富裕离不开政府、企业和社会组织的广泛参与；三是数字化推进必须以乡村振兴和共同富裕为目标，进行通盘谋划和整体布局；四是经济发展和公共服务的共建共享离不开能人带动和专业人才队伍。

关键词：傅家路村；党建引领；全面发展；共同富裕

一、研究背景:宁波慈溪共同富裕建设成效显著

共同富裕是社会主义的内在要求,也是人民群众的共同期待。改革开放以来,我国允许一部分人、一部分地区先富起来,然后先富带后富,如此,极大地解放和发展了生产力,人民群众的生活水平也得到了不断提高。但是,我国收入不均的问题仍然突出,共同富裕是一项长期而艰巨的任务,需要选取部分发展基础和条件较好地区先行先试、作出示范。《中华人民共和国国民经济和社会发展第十四个五年规划和 2035 年远景目标纲要》明确赋予浙江高质量发展建设共同富裕示范区的重大任务。2021 年 6 月 11 日,《中共中央、国务院关于支持浙江高质量发展建设共同富裕示范区的意见》颁布(下称《意见》),要求将浙江省建设成共同富裕示范区,目标是,在 2025 年,取得明显实质性进展;到 2035 年,基本实现共同富裕。为全面落实《意见》,浙江省出台了《浙江高质量发展建设共同富裕示范区实施方案(2021—2025年)》,对共同富裕示范区的建设作出了具体部署,按照该方案部署,浙江省启动了共同富裕示范区建设首批试点工作,其中,宁波市被确定为公共服务优质共享领域试点,宁波慈溪市被确定为缩小城乡差距领域的试点。宁波是浙江省经济发达地区,而慈溪多年以来一直入围中国县域经济与县域基本竞争力百强县(市)名单,在共同富裕方面已有较多的探索,并积累了较丰富的经验,可以说,慈溪经济发展和探索共同富裕的经验,是浙江乃至全国的样板。本案例聚焦于慈溪市崇寿镇傅家路村,总结慈溪在乡村振兴和共同富裕方面的经验,为全国其他地区实施乡村振兴和共同富裕提供经验借鉴。

二、发展现状:"三无村"发展成为共富"典范村"

傅家路村位于宁波市慈溪市崇寿镇西部,六塘公路贯穿其中,东邻镇工业园区,南邻市绿色食品园区,西接傅福村,北连七塘江。2000

年,由原傅家路村、四灶路村、老湾村、农场村合并而成,村域面积5.1平方公里,其中耕地面积2631亩,总户数2197户,户籍人口5359人,外来人口4700余人,村民小组46个,村党委下设6个网格党支部,共有党员213人。2019年,村庄总收入10.9亿元,村集体收入1456万元,村民人均收入3.9万元,2020年达到4.3万元,是2013年的2.25倍,完成了从"无资金、无资源、无特色"的"三无村"到"典范村"的华丽转变,更一跃成为浙江省美丽乡村特色精品村和全国乡村治理示范村。

近年来,傅家路村先后获得全国妇联基层组织建设示范村、浙江省文化示范村、浙江省农村社区建设示范村、浙江省卫生村、浙江省森林村庄、浙江省农村体育俱乐部、宁波市农村文化活动先进村、宁波市级生态村、宁波市绿化示范村、宁波市千村绿化工程示范村、宁波市水环境整治示范村、宁波市群众体育先进单位、慈溪市先进党组织、慈溪市十强农村文化礼堂、慈溪市民族工作六进示范点、"美丽乡村、幸福家园"建设优秀村等多种荣誉称号。

三、主要做法:党建引领傅家路村全面发展促共富

(一)党建引领,为乡村振兴和共同富裕提供强大的组织保障

傅家路村在乡村振兴和共同富裕中始终坚持党建引领,将党建放在工作首位,以党建为引领,为群众办实事、解难事,推进产业发展和公共服务共建共享。

1.优化组织结构保发展

傅家路村由傅家路村、四灶路村、老湾村、农场村于2000年合并而成。为加强村民交流、提高凝聚力,傅家路村党委重新组合和划分网格党支部,建立起"村党委—网格党支部—党员中心户—党员—村民"的基层组织网络架构,有效推动了大村融合,实现了并村并心的目标。全村6个网格党支部和20多个先锋户联站上线,207个党员与

2000多个农户结对联系,构建起横向到边、纵向到底的农村基层组织网格,有效推动了大村融合。

2.班子齐心协力显担当

村党委书记作风正派,在党员和群众中威望高,在工作中以身作则深入群众,同时要求村领导班子成员具备"三熟二能"——人熟、地熟、政策熟,能吃苦、能吃亏的基本功。领导班子齐心协力不断开拓创新,是傅家路村共同富裕道路上的力量源泉。

3.先锋户联促发展

傅家路村推进"先锋户联"工程,即在每个网格党支部下设立3~4个先锋户联站,每个站有约10名党员,要求每名党员联系10户左右的农户,每月走访联系群众1次以上。"先锋户联"工程确保了每个党员都有直接联系的群众、每个群众都有党员联系帮扶,真正发挥了党员干部在致富道路上的先锋作用,也形成了"党群齐心、上下同欲"的良好氛围。

4.党员身先士卒做表率

党员以村集体利益为先,在个人利益与集体利益发生矛盾时,主动牺牲个人利益,成为傅家路村建设的秘诀之一。如在塘角区块的道路建设工程中,4名党员带头退让宅基地,拆除7间房屋,带动了整个区块内1500多平方米的违法建筑顺利平稳拆除。党员勇当"排头兵",村民也唱起了主角。党员带动村民对村内公共设施、道路绿地、河道水体等进行包干认领,形成了共建共享的良好氛围。

（二）能人治村,开拓发展思路盘活政策和存量资源

2006年,陈沸沸临危受命到傅家路村担任党总支书记,他理出了傅家路"万人村"如何发展的思路,提出了"利用创建求发展、利用政策筹资金、利用项目改面貌"的工作总体要求。陈沸沸到任之初,就把原来计划建造办公楼的地方建起了2500平方米的农贸市场,当年收入20万元;利用政策盘活复垦土地,获得建设资金120万元;筹建了

2300 平方米标准厂房,获土地有偿租金 210 万元;利用土地出租和合作银行租房的契机,拓宽财源、发展三产。通过几年的努力,村集体的年收入从十几万元跃升至几百万元。2010 年后,又借政策先机得到市、镇资金补助 830 万元,各类捐款 146 万元,并争取到了五个市、镇项目:中心村培育、农房"两改"、1065 亩农田标准化建设、污水纳管工程、房黄路江砌坎和拓疏工程,争取资金 920 万元。在党委书记的带领和经营之下,村庄公共基础建设和环境设施有了巨大的提升:硬化道路 4.8 万平方米,河道砌坎 7700 米,安装路灯 630 盏,建造桥梁 9 座、绿化面积 18 万平方米,新建 1500 平方米的办公大楼,结束了十年租房办公的历史,摘除了十年的市级贫困村帽子。可以说,傅家路村从一个"三无村"发展成为"典范村",离不开体制机制,更离不开经济能人。

(三)壮大实体经济,助力村民增产增收

2018 年 9 月 21 日,习近平在十九届中央政治局第八次集体学习时指出,"产业兴旺,是解决农村一切问题的前提"①。没有产业的发展,乡村振兴和共同富裕就是空中楼阁。傅家路村在壮大实体经济方面,主要做了以下工作。

1. 打造"数字工业地图",为工业企业提供全方位精细化服务

崇寿镇城镇化加速的推进,使得各乡村产业结构中工业均占主导地位,民营企业多、企业规模小、产业结构多元是崇寿镇的共同特征。基于这些特征,傅家路村的工作思路就是为辖区内中小企业提供全方位精细化的服务。根据崇寿镇创新打造"数字工业地图"的部署,傅家路村对域内的全部企业实体建立"一企一码",通过企业码不仅可以查询企业的基本信息并实现动态更新,还能够综合分析企业相关信息,划定以亩均论英雄为主要指标的产出高线,以隐患风险等级为主要内

---

① 中共中央党史和文献研究院.习近平关于"三农"工作论述摘编[M].北京:中央文献出版社,2019:22.

容的安全底线，从而实现可视化标识和分类管理。凭借"数字工业地图"，傅家路村对辖区内和工业区各企业进行了精准分类，并通过数据分析，对不同企业进行了分类管控，实现了工业地图"一码监管"。通过将"数字工业地图"和乡村网格化管理体系进行融合，傅家路村能及时发现问题，快速响应企业需求，大大提高了公共服务供给的效率。"数字工业地图"在排查企业隐患、消防、安全生产、环保、改造提升数字化车间、企业招聘、技术需求等方面发挥了重要的作用。得益于公共服务的高效与便捷，傅家路村企业实体不断增多，2020 年全村经济总收入 11.9 亿元，全村创造的就业岗位也连年增加，当年总户籍人口 5338 人，而外来人口达到 4700 余人，这些外来人口，几乎全部就业于工业企业中。

2. 以农业基地为依托，推动电商产业发展，促进村民增产增收

2014 年，傅家路村利用本村周边农产品加工企业较多和村里年轻人电商经验丰富这两大优势，大力发展电商产业，探索"基地＋展销中心＋网店"模式，促进农特产品销售。经过几年的发展，傅家路村已经初步形成了以宁波（慈溪）绿色农产品加工基地、浙麦冬产业园为主平台，以洋蓟、巧克力草莓、葡萄等特色基地为补充的农产品基地。在农产品基地建设的基础上，设立农特产品展销馆和直播中心，联合崇寿镇开发宜众网上商城，并利用抖音直播平台，线上线下推动产品销售，实现农副产品"一网销售"。以宁波（慈溪）绿色农产品加工基地为依托，利用闲置厂房建立物流仓储中心，大大提高了农产品网络销售的配送效率，为电商园区发展拓展了空间，也为村民就业、创业、创收提供了更多的选择。同时，傅家路村依托镇级农事服务中心、新型庄稼医院、"益农宝"智慧农资服务平台，为农户提供线下服务和线上农业精准帮扶，2021 年开设"三农"服务中心，培训村民 1800 人次。互联网电商的发展对傅家路村附近的企业形成了有力支持，为乡村经济注入了活力。

3. 依托乡村特色，开辟精品旅游线路，拓宽村民增收渠道

近年来，在国家级和省市级的诸多荣誉加持下，傅家路村迅速成为浙江省的"网红"村庄。依托于"网红"村的荣誉，组建三惠有限公司，负责整合村庄的旅游资源，开发了红色游、研学游、休闲游三条精品旅游线路。傅家路村将旅游资源与线上地图相结合，实现乡村旅游一图导览。在旅游资源地图中，文化礼堂、咖啡馆、农家乐等"院落商铺"和"可食地景"等热门景点一目了然，线路行程和食宿方位一键点击即可动态显示游客接待量和开放时间等信息，并配有中英文双语解说。2021 年上半年已吸引游客 1000 余人次，预计为片区集体经济增收 10% 以上，大大增强了村集体的造血功能和带动村民共同富裕的能力。

（四）网格化管理与数字化技术相融合，推进公共服务精细化

傅家路村将现实中的社区网格化管理与数字化技术相融合，依托于手机、电脑等现代电子设备，推进两网融合提升治理效能。全村划分为 8 个片区，设立 8 名网格员，网格员平时的工作覆盖事项通知、政策宣传、通知动员、民情反映、隐患排查、矛盾化解、公共设施维护、环境监督、疫情防控，每天须下沉到片区巡查，排查各类安全隐患，收集各类社情民意，开展平安宣传。在网格化管理过程中，要求每位网格员每个工作日都要出勤 4 小时行程 3000 米，到自己负责的网格内进行实地走访，对于问题可以直接解决的就地解决，否则就将问题分门别类及时录入"E 宁波移动终端"信息系统上报网格长（由村干部担任），后者根据具体事件或信息的分类，将指令下派到村庄相关管理部门，限期处理；网格长不能解决的问题，再通过系统直接上报到网格总管（村支书）；重大问题则进一步上报至镇一级。问题解决以后，再由相关管理部门将处理结果反馈录入系统，最后由上报信息的网格长反馈处理结果，最后将事件信息在系统进行关闭。"E 宁波移动终端"信息系统与网格化治理的结合，极大地方便了网格长的日常工作，为傅

家路村公共服务的精细化提供了强大的技术支持。

（五）拓宽村民参事议事渠道，促进村务治理权力的平等配置

一是充分调动社会各界精英参与村务治理。建立"五位一体"人才机制，即以党员中心户为核心，协同发挥党员、企业能人、宗教人士、外来人口及归正人员的作用，充分发挥五类人员在社会治理工作中的先锋、经济、信仰、乡音等各自优势作用，为不同领域开展社会治理工作铺垫优势人脉资源。二是拓展参事议事平台，促进乡村治理的共建共享。村党委先后搭建了和谐促进会、傅商商会、协商民主小组、平安巡防队、村级调委会、少数民族工作委员会、文体戏曲协会、红十字会等议事平台，并同步开通相应的网上议事平台，确保村民最有效地参与村务的治理，走出了具有傅家路特色的"众家治村"之路——"集众家智慧众人商、聚众家力量众人办、定众家规约众人守、建众家礼堂众人用、谋众家福祉众人享"。三是开发"众治分"，激发群众参与治理热情。开发"众治分"，搭建"众人商、众人办、众人享"网上平台，"众治分"可享相关经济权益、评先评优精神奖励、服务帮扶等特享权益，并设家庭榜、先锋榜、村民榜等排行榜，以增强村民参与感荣誉感，构建起自治、法治、德治的"三治融合"农村信用评价体系。

（六）先富带后富，与周边乡村组建发展联合体，谋求共同富裕

一是通过党建联盟、规划联体、产业联动、社会联治的方式，共谋片区发展。随着经济的进一步发展以及"众家治村"的成功经验复制的外在要求，傅家路村与邻村产生了抱团发展的内在需求。2019年，在镇政府的牵头下，傅家路村与傅福村、健民村成立了片区联合党委，形成乡村发展联合体。片区联合党委由镇干部、各村的书记和企业能人组成，成为村与村、村与企业协商统筹、协同发展的平台。在联合党委的主导下先后搭建的和谐促进会、傅商商会、协商民主小组、少数民族工作委员会、文体戏曲协会、红十字会等议事平台，极大地提高了片区的凝聚力，也走出了具有创新特色的"众家治村"之路，即"集众家智

慧众人商、聚众家力量众人办、定众家规约众人守、建众家礼堂众人用、谋众家福祉众人享"。片区成立 1 年后,健民村、傅福村的景观、道路都有了很大的改观,村集体经济增长率也达到了 30%。

二是扩展优质公共资源覆盖面,打造 15 分钟公共服务共享圈。近年来,傅家路村在村务治理、经济发展、公共服务、环境卫生等方面先进性突出,而构建开放共享的公共服务制度,则使周边群众同样享受到高质量的公共资源,而这正是实现共同富裕的重要内容。2019年 10 月 8 日,傅家路片区便民服务中心开始运营,成为慈溪市首个进村的片区便民服务中心。傅家路片区便民服务中心服务范围覆盖傅家路、傅福、健民 3 个村和 1 个绿色农产品加工基地。该中心拥有叫号机、医院挂号预约机、人社自助办理一体机等设备,兼具取号、查询、办理等服务功能。立足村民办事不出村,积极推进"最多跑一次"延伸到村庄。建成全市首个傅家路片区数字便民服务中心,该中心兼具挂取号、查询、办理等服务功能,6 个服务窗口可办理市镇人社、民政、计生、城建等事项 19 类 94 项,代办事项 11 类 21 项,实现微信在线业务咨询、网上中医院挂号、e 公证等服务功能,依托网格员、综治调解员、党员志愿者等人群建立"跑小二"队伍,变群众跑为数据跑、"小二跑",实现村民足不出户全程办理。2020 年,便民服务中心共办理各类事项 1200 余件次,好评率 100%。

(七)以文化构筑共同富裕精神家园

精神文化是人们生活的重要组成部分,也是衡量人们生活质量的重要尺度。傅家路村坚持"以文化民、以文润村"理念,将文化建设作为乡村振兴和共同富裕的关键一环。其做法可归纳为三点。

一是把文化礼堂建成现代村民的"众家祠堂"。文化礼堂展示了村庄发展历史、乡风文明,陈列着当地村民捐赠的最具当地生产生活特色的家具、瓷器、书画、蝴蝶标本、诗集等物件,弘扬本地特色文化。以红色文化、海塘文化、民族文化等为主题,不断进行改造提升,配合休闲、绿化、亲水栈道等设施建设,全面提升众家祠堂硬件水平。二是采取"活动开展＋阵地建设"软硬件并重的文化建设模式。傅家路村将社会主义核心价值观与村庄优秀传统文化相结合,建设了党群服务中心、文化公园、农民广场、农民戏台、文化礼堂、少数民族文化馆等场馆,形成集党建、文化、休闲、娱乐、文明于一体的"农村文化综合体"。三是以文化活动丰富村民文化生活。积极发挥乡村文化队伍、文艺爱好者、民间艺人作用,开展戏剧演出、太极拳太极剑表演、书法、绘画、义诊、亲子交流等各类广场文化活动,构建众家参与的文化大舞台,并挖掘十字绣、标本、剪纸等民间文化艺术,全面丰富群众文化生活。

四、经验启示:多元主体共作用,数字赋能需统筹

（一）共同富裕是以市场力量为基础政府与市场共同作用的结果

共同富裕中,"富裕"是前提,它来自市场力量,它离不开开放和亲商的社会环境以及活跃的民间资本。乡村要振兴,产业必振兴,没有产业的发展,乡村振兴和共同富裕就是空中楼阁。没有产业作为支撑,共同富裕就成为无源之水、无本之木。在"共同"方面,政府的作用,特别是政府的转移支付作用十分重要。从我们调研的乡村来看,相当部分缺乏稳定的村集体性收入,而乡村建设的投入又是巨大的,文化礼堂的建设、乡村道路的修建、公共设施的维护、老人日间照料中心等设施的建设,需要的资金远远超过一般乡村的集体性收入。这些设施的建设基本上完全依赖于地方政府的投入,这些投入在解决城乡收入差距中起着非常重要的作用。2019 年,傅家路村集体收入 1456 万元,尚难以支撑起自身的基础设施建设,更不用说其他只有几十万元集体性收入的一般村庄了。而政府转移支付能力又取决于区域经济发展,没有区域经济的发展,政府就不可能有雄厚的财力用以转移支付。经济发展是市场力量作用的结果,因此无论是"富裕"还是"共

同",都须奠定在市场力量发挥作用的基础上。同时,共同富裕涵盖的内容相当广泛,浙江省区分了共同富裕的六大领域:缩小地区差距领域、缩小城乡差距领域、缩小收入差距领域、公共服务优质共享领域、打造精神文明高地领域、建设共同富裕现代化基本单元领域等,这些行动是市场力量难以解决的,需要政府的适当作为。但是政府作用的前提不应以市场规律破坏为代价,而是在充分发挥市场规律的前提下弥补市场的某些不足。

(二)共同富裕离不开政府、企业和社会组织的广泛参与

共同富裕首先需要群众自己想富,主动要求富裕,只有这样,外界的干预力量才能有效发挥作用。因此共同富裕不仅需要人民群众的自觉主动追求富裕,也要发挥社会多元力量的作用,构建广泛参与参事议事框架。因此,多元参与的社会共治模式是推进乡村治理现代化的重要方式。共同富裕的推进必须在遵从市场规律的基础上,由政府主导,只有政府才具有统筹社会整体推进的能力,只有自上而下地推进基础设施建设才具有规模经济的效应。企业是共同富裕的重要支撑力量,也是慈溪等经济相对发达地区的一股重要社会力量,引导他们在共同富裕中自觉履行社会责任,在产业融合、税收、员工薪酬福利、环境治理、资源共享、疫情防控、数字化协同等方面付诸更多的行动。例如,有些企业受自身能力限制,无法与乡村产业发展需要相结合;部分企业项目仅停留在公益状态,未形成成熟的商业模式,缺乏与乡村共同发展的决心和策略;一些企业只关注短期利益,缺乏长远视角。只有打破这些局限,注重政府与企业的呼应,才能实现共同富裕的美好愿景。共同富裕归根到底是增进村民和居民的幸福感,因此拓展群众参事议事的途径,发挥民主监督的力量,促进乡村治理的现代化是共同富裕的应有之义。傅家路村先后搭建了和谐促进会、傅商商会、协商民主小组、少数民族工作委员会、文体戏曲协会、红十字会等线上线下议事平台,确保了村民最大程度地参与村务治理。此外,共

同富裕必须要发挥民主的作用，广泛征询社会组织和村民的意见，使各项惠民工程更符合当地实际，更方便群众生活。

（三）数字化推进必须以乡村振兴和共同富裕为目标，进行通盘谋划和整体布局

当前数字乡村建设如火如荼，数字化乡村的建设对经济发展有重要的促进作用，能一定程度地促进农民增产增收；同时，数字化有利于拓展村民自治的边界，提升政府的治理能力，数字化能跨越信息的鸿沟，促进公共服务均等化，等等，这些皆是数字化在促进共同富裕中的作用。但是，数字化是技术进步的必然结果，通过政府来引导和促进有可能脱离经济发展规律，演变成为数字化而数字化，为完成上级任务而数字化。因此，数字化的推进必须有一个明确的目标，无论是从政府层面还是从村组织层面，都要将乡村振兴和共同富裕作为数字化的最终目标，在此基础上通盘谋划。数字化乡村的建设不仅是一个乡村的数字化或一个乡镇的数字化，而且是整体的自上而下的全系统的数字化。数字化建设不仅仅是设计一个网页界面进行信息的展示和乡村风貌的宣传，更是工作横向和纵向的协同，它需要结合基层工作模块开发接地气的数字系统，而系统开发的投入是巨大的，没有足够的用户使用量是无法弥补其开发投入的，因此，从经济规律角度上看，数字化系统的应用应具有规模性。而从实际工作角度看，信息的传递和反馈不只是在乡村内闭环进行，还要与镇、市乃至省进行开放性的对接，而镇、市和省面对的是众多的乡村，只有自上而下地整体布局和全面推进，才能发挥数字系统的优势。调研中我们发现，部分乡村所使用的程序或系统只是局部性的，如桥头分作为数字建设的一部分，只是由桥头镇开发的小程序；"慈晓"只是慈溪市推行的一款面向社会的展示 App。局部区域开发的数字系统不仅难以与整体系统对接，也无助于乡村振兴和共同富裕，反而增加了基层人员的负担，浪费了研发资源和维护投入。

（四）经济发展和公共服务的共建共享离不开能人带动

共同富裕既包括经济层面的共富，也包括公共服务上的共享。经济发展靠市场，公共服务的供给和均等化靠政府，而无论是经济发展还是公共服务，都需要能人带动。在农村，一个能人往往能带动整个村的转型和发展，从我们调研的情况看，诸多乡村的发展都烙上能人的色彩。如傅家路村就具有浓烈的陈沸沸的个人色彩，傅家路村的转型和发展离不开他的毅力、意志、信念和才能。共同富裕的推进，不仅是经济发展的问题，还涉及生态治理、精神文明、数字化建设等方面，这些方面既具专业性又具综合性，需要同时具备专业知识和管理知识的人才队伍。但是，随着城市化的推进，年轻的和有知识的人才大都离开了农村，即使在慈溪这样发达的县域，有知识的年轻人也向城市中心和高回报部门流动。农村虽然小企业众多，但产品的知识含量和技术要求较低，从业人员大都是在外务工人员，知识水平也不高，即使是小企业领导班子，也缺乏经济发展和乡村治理的专门人才。这说明在推进共同富裕过程中缺乏长远的规划和整体布局，在操作层面缺乏专业的指导。因此，在推进共同富裕过程中，村庄要高度重视人才的作用，地方政府要从待遇、晋升通道、人文关怀、社会地位等方面吸引人才、留住人才，鼓励人才下沉到乡村助力实现共同富裕。

主要参考文献

[1] 王晨辉,陈醉. 众家治村,慈溪傅家路的治理"秘笈"[N].浙江日报,2021-05-10.

[2] 四村合并的万人村如何拧成一股绳 慈溪傅家路有"秘笈"[N]. 浙江日报,2021-05-10.

[3] 中共慈溪市委组织部.党建引领乡村振兴的傅家路村经验[J].政策瞭望 2018(5):44-45.

作者单位：宁波大学商学院